电气化铁路劳动安全知识

《电气化铁路劳动安全知识》编委会　编

中国铁道出版社有限公司

2024年·北　京

内 容 简 介

本书主要包括电气化铁路劳动安全的通用知识和供电、机务、车务、工务、电务、车辆、房建等系统电气化铁路劳动安全的专业知识，对电气事故和触电救护作了简要介绍，并提供了电气化铁路典型事故案例的分析与防控措施，实用性较强，能够对现场作业提供较好的参考和指导。

本书可作为电气化铁路劳动安全的培训教材和从业人员学习的参考资料。

图书在版编目(CIP)数据

电气化铁路劳动安全知识/《电气化铁路劳动安全知识》编委会编.—北京:中国铁道出版社有限公司,2024.1
ISBN 978-7-113-30728-8

Ⅰ.①电… Ⅱ.①电… Ⅲ.①电气化铁道-劳动安全 Ⅳ.①U229

中国国家版本馆 CIP 数据核字(2023)第 227637 号

书　　名：**电气化铁路劳动安全知识**
作　　者：《电气化铁路劳动安全知识》编委会

责任编辑：聂宏伟　秦绪涛　　　**编辑部电话**：(010)51873024
编辑助理：李纯一
封面设计：高博越
责任校对：刘　畅
责任印制：赵星辰

出版发行：中国铁道出版社有限公司(100054，北京市西城区右安门西街 8 号)
网　　址：http://www.tdpress.com
印　　刷：北京联兴盛业印刷股份有限公司
版　　次：2024 年 1 月第 1 版　2024 年 1 月第 1 次印刷
开　　本：880 mm×1 230 mm　1/32　**印张**：10.75　**字数**：240 千
书　　号：ISBN 978-7-113-30728-8
定　　价：32.00 元

前　言

在“交通强国、铁路先行”目标任务的引领下，我国电气化铁路正在加快建设发展，持续改造升级的既有普速铁路网络和不断延伸织密的“八纵八横”高铁网，有力地推动着中华民族向现代化交通强国迈进的步伐。

近年来，随着多条高速、城际和普速铁路相继开通运营，我国现有的电气化铁路逐年增加。截至2022年底，全国铁路营业里程达15.5万公里，其中高铁4.2万公里，电气化率达到73.8%，高速铁路及电气化铁路运营里程居世界首位。中国将继续推动高速铁路建设，探索新型电气化铁路系统，加快技术进步，提升运营效率，保障运营安全，同时为高效、安全、绿色的铁路运输体系发展做出更大的贡献。

电气化铁路开通运营里程的迅速增加，为提高铁路运输效率和社会、经济效益提供了更加有利的条件，但同时也对确保设备高压带电、维修高处作业、列车高速运行状态下的安全生产提出了更高的要求，也将给铁路从业人员的劳动安全带来相应的风险。

为了适应电气化铁路建设发展规模与变化，结合电气化铁路区段劳动安全管理的特点和要求，更加有效地超前防范触电、高处坠落等伤亡事故风险，确保铁路从业人员的生命健康安全和铁路运输及生产经营的安全顺畅，我们本着立足防范、教育为先的理念，组织编写了这本《电气化铁路劳动安全知识》。

《电气化铁路劳动安全知识》一书，依据国家铁路局和国铁集团现行规章要求，在《电气化铁路劳动安全知识读本》的基础上，作了较大的修订改编。本书主要汇集了电气化铁路劳动安全的通用知识和供电、机务、车务、工务、电务、车辆、房建等系统的劳动安全相关专业知识，以及近年来的典型事故案例分析与相应的教训和措施，可作为电气化铁路劳动安全教育培训教材和从业人员学习的参考资料。

本书由袁东泉任主编，陈树森、边辉杰、屈波参与编写。在编写过程中，有关专业管理人员提出了很好的建议和意见，在此表示衷心感谢。

由于编修时间紧迫、编者水平所限，本书内容难免存在一些疏漏，敬请各位读者提出宝贵意见。

编　者

2023年11月

目　录

第一章 概 述

第一节 电气化铁路的优势与发展趋势

1961 年 8 月，位于宝成线宝鸡至凤州段全长 93 km 的我国第一条电气化铁路正式通车。

由于电力机车的功率比蒸汽机车和内燃机车明显增大，用其牵引的列车承载重量大，运行速度快，爬坡能力强，安全性能好，既综合利用了资源，又保护了自然环境，还改善了劳动条件，具有蒸汽机车和内燃机车均不具备的优越性，现已逐步发展成为铁路运输的主要牵引动力。

20 世纪 80 年代以来，我国的电气化铁路得到迅速发展。1992 年，第一条以运煤为主开行万吨重载单元列车的大秦双线电气化铁路的开通，标志着我国电气化铁路技术装备已经接近或达到国际先进水平。1998 年，第一条时速 200 km 的准高速铁路——广深电气化铁路开通。2007 年，“4·18”铁路第六次大面积提速，时速 200 km 的动车组大面积上线开行。2016 年，国务院审议通过了新的《中长期铁路网规划》，国家高速铁路主通道规划由“四纵四横”跃升为“八纵八横”。2017 年 9 月 21 日，中国标准动车组列车“复兴号”开始以 350 km 的时速在京沪高铁线上投入运营，标志着我国电气化铁路开始进入高速发展的新时代。2021 年 12 月 3 日，连接中国云南省昆明市与老挝万象市的第一条以中方为主投资建设、共同运营并与中国铁路网直接连通的跨国铁路昆万电气化铁路全线通车运营。2023 年 9 月 7 日，中国和印度尼西亚合作建设的雅加达至万隆间的时速 350 km 高铁开通运营，标志着中国标准设计建造的高速铁路和动车组走出了国门，开启世界电气化铁路发展的新篇章，展示了中印尼共建“一带一路”取得重大标志性成果。

“十三五”期间，我国铁路营业里程达到 14.63 万 km，其中高铁达到 3.79 万 km，提前建成“四纵四横”高铁网，“八纵八横”高铁网加密成型。时速 160 km 至 350 km 的复兴号全系列动车组全部投入运用，高速、高原、高寒、重载铁路技术达到世界领先水平。

新时代十年，全国铁路营业里程由 9.8 万 km 增加到 15.5 万 km、增长 58.6%，其中高铁里程由 0.9 万 km 增加到 4.2 万 km、增长 351.4%，复线率由 44.8%增长到 59.6%，电气化率由 52.3%增长到 73.8%，建成世界最大的高速铁路网和先进的铁路网。

按照国家《“十四五”现代综合交通运输体系发展规划》方案，预计 2025 年铁路营业里程达到 16.5 万 km，其中高铁营业里程达 5 万 km。高铁覆盖 95%以上的 50 万人口以上城市，基本形成全国“123”高铁出行圈和方便快捷的交通网络，体现铁路发展的质量和效率双跃升，满足国家战略需求。

《新时代交通强国铁路先行规划纲要》提出，到 2035 年，全国铁路网运营里程将达到 20 万 km，其中高铁 7 万 km 左右，全国 1、2、3 小时高铁出行网和全国 1、2、3 天快货物流网全面形成，率先建成服务安全优质、保障加强有力、实力国际领先的现代化铁路强国。到 2050 年,构建现代高效的高速铁路网,形成覆盖广泛的普速铁路网。构建以干线铁路、高速铁路和城际市域铁路为骨干,与其他运输方式紧密衔接的大容量、集约化快速轨道客运系统;构建以铁路为主体的绿色低碳经济货运网络体系,实现中国铁路安全、高效、绿色、现代化的发展目标,全面建成更高水平的现代化铁路强国。

第二节 电气化铁路的安全风险

我国电气化铁路的高速发展,对于提高铁路运输装备的科技含量,增强铁路运输企业的综合实力,缓解铁路运输能力的紧张状况,改善作业人员的劳动条件产生积极作用。毋庸讳言,由于电气化铁路具有“设备高压带电、检修高处作业、列车高速运行”的特点,从业人员在电气化铁路区段作业时,主要存在以下安全风险。

一、触电伤害

我国电气化铁路采用单相工频交流制供电,而单相触电对人体的危害与电压高低有关,架设在铁路线路上空的接触网通常带有 25 kV 的高压电,其最高工作电压为 27.5 kV,短时(5 min)最高工作电压为 29 kV,最低工作电压为 19 kV,任何人、任何物体接触或接近接触网及带电部分,都有发生触电或放电起火的危险;特别是作业区域供电单元停电之后,相邻供电单元内继续供电及存在机车车辆运行时还会在停电区域产生感应电,都直接威胁作业人员的劳动安全。我国自第一条电气化铁路开通以来,作业人员因违反操作规程和违反劳动纪律等导致的触电伤亡事故屡有发生。触电伤害一直是铁路劳动安全的防控重点。

二、高处坠落伤害

电气化铁路的接触网和电力机车的受电弓等设备，都是室外露天设置的，常年处于风吹、日晒、雨淋的自然环境，为了确保电气化铁路的安全运行，作业人员必须按照规定或现场实际需要，及时对接触网、受电弓等电气化设施设备进行保养和检修。由于接触网、受电弓等设备距离钢轨轨面的高度均在2 m以上，其中接触网一般在6 m左右，最低也在5.33 m以上，最高可达6.5 m。所以，作业人员在对接触网、受电弓等电气化设施设备进行保养和检修时，不仅存在触电伤害风险，同时存在高处坠落伤害风险。

三、机车车辆伤害

铁路机车车辆是指在铁路线路上运行的铁路机车、客车、货车、动车组及各类自轮运转特种设备等。铁路机车车辆伤害，是指铁路机车车辆在运行过程中碰、撞、轧、压、挤、摔等造成铁路作业人员伤亡的事故。

铁路作业人员在站场作业和行走时，要随时注意两邻线来往的机车车辆和货物装载状态；严禁在轨枕头、道心、车底下、车端部和站台边坐、立、闲谈、休息、避雨或乘凉；顺线路行走时，不走道心和轨枕头。横过线路和道口时，注意瞭望机车车辆，执行“一站、二看、三通过”，并执行“眼看、手比、口呼”有形化措施。如果未执行作业安全标准，作业时防控不到位，极易造成机车车辆伤害。电气化铁路区段，由于列车开行密度大、运营速度快，发生机车车辆伤害的风险更高。掌握相关劳动安全知识，提高作业防护技能，是避免机车车辆伤害，保证作业人员劳动安全的前提。

第三节 电气化铁路劳动安全通用知识

对于每一名作业人员来说，要确保在高压带电设备、高处维修作业、高速列车运行情形下的劳动安全，就必须首先掌握电气化铁路劳动安全的基础知识和基本要求，并自觉地遵照执行。

一、接触网送电的规定

接触网及其相连接的部件上是否有电，人们难以直观判断。所以送电初期如不加强宣传教育，不能做到“家喻户晓，人人皆知”，加上一些人员误操作，就可能发生触电事故。

《电气化铁路有关人员电气安全规则》第 2 条规定：“新建电气化铁路在牵引供电设备送电前 15 天，建设单位应将送电日期通告铁路沿线路内外各有关单位。自通告之日起，视为牵引供电设备带电，有关人员均须遵守本规则相关规定。”同时要依靠当地政府和各种新闻媒体加强宣传教育，严防发生触电伤亡事故。

二、保持安全距离的规定

为了防止人体触及或接近带电体造成触电伤害，避免车辆及其他工具触及或过分接近带电体造成放电、火灾和各种短路事故，在带电体与地面之间，带电体与其他设备之间，带电体与带电体之间均应保持一定的安全距离。

在电气化铁路的下列设备、部件上，通常或可能带有 25 kV 的高压电：

1. 接触网及其相连接的部件，包括导线、承力索。

2. 电力机车主变压器的一次侧。

3. 当接触网的绝缘失效且未装接地线或接地线不良时，接触网支柱及其金属结构上、回流线与钢轨的连接点上都可能带有高压电。

因此，为保证人身安全，除牵引供电专业人员按规定作业外，任何人员及所携带的物件、作业工器具等须与牵引供电设备高压带电部分保持 2 m 以上的距离，与回流线、架空地线、保护线保持 1 m 以上距离，距离不足时，牵引供电设备须停电。

电气化铁路区段，具有升降、伸缩、移动平台等功能的机械设备进行施工、装卸等作业时，作业范围与牵引供电设备高压带电部分须保持 2 m 以上的距离，与回流线、架空地线、保护线保持 1 m 以上距离，距离不足时，牵引供电设备须停电。

在距牵引供电设备高压带电部分 2 m 以外，与回流线、架空地线、保护线 1 m 以外，邻近铁路营业线作业时，牵引供电设备可不停电，但须按照铁路营业线施工安全管理有关规定执行。

牵引供电设备故障时，与牵引供电设备相连接的支柱、接地引下线、综合接地线等可能出现高电压，未采取安全措施前，禁止与其接触，并保持安全距离。

机车、动车及各种车辆上方的接触网设备未停电并办理安全防护措施前，禁止任何人员攀登到车顶或车辆装载的货物上。

电气化区段上水、保洁、施工等作业，不得将水管向供电线路方向喷射，站车保洁不得采用向车体上部喷水方式洗刷车体。

三、发现牵引供电设备断线时的处理

发现牵引供电设备断线或其部件损坏，或发现牵引供电设备上挂有线头、绳索、塑料布或脱落搭接等异物，均不得与之接触，应立即通知附近车站，在牵引供电设备检修人员到达未采取措施以前，任何人员均应距已断线、损坏部件、绳索或异物处所10 m以外。

因为接触网的断线、接触网上悬挂垂落的线头、绳索等物件，很可能由于接触导电体而发生接地故障，如果此时变电所的断路器未跳闸，就会产生接地电流。显然，距离接地处所越近，电压就越大，对人身安全的威胁也越严重。当发现已经侵入已断线索或异物处所的10 m以内范围时，不得大步奔跑，而要单足或并足跳离断线、绳索接触地点20 m以外的地方。

当接触网的断线侵入建筑限界时，为了确保行车及作业人员和旅客的安全，应立即向列车开来方向发出停车信号：昼间——展开的红色信号旗，无红色信号旗时，两臂高举头上向两侧急剧摇动；夜间——红色灯光，无红色灯光时，白色灯光上下急剧摇动。

四、车辆行人通过道口安全规定

通过道口车辆限界及货物装载高度（从地面算起）不得超过4.5 m，超过时，应绕行立交道口或进行货物倒装。

通过道口车辆上部或其货物装载高度（从地面算起）超过2 m通过平交道口时，车辆上部及装载货物上严禁坐人。

行人持有长大、飘动等物件通过道口时，不得高举挥动，应与牵引供电设备带电部分保持2 m以上的距离。

上述内容应制成揭示牌（图1-1），固定在道口两面限界门右侧门框上，由供电设备管理单位负责安装及维护。

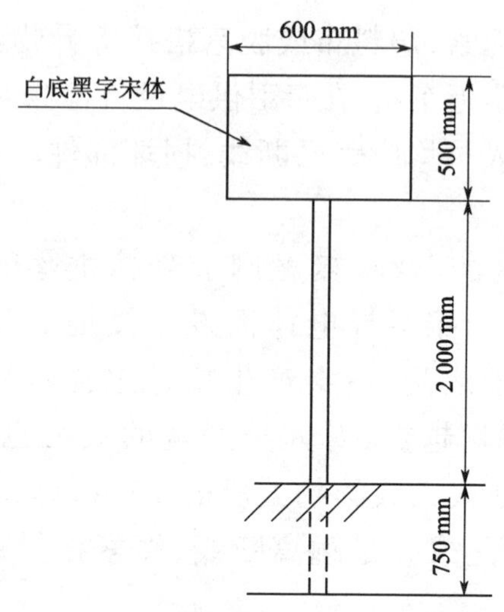

图 1-1　电气化铁路平交道口安全揭示牌

注:1. 安全揭示牌设于限界门汽车前进方向右侧的立柱上(距路面高 2.5 m)。

2. 限界门安全揭示牌的尺寸为:厚度为 1.0～2.0 mm 钢板制成,规格 600 mm×500 mm。

五、跨线桥等构筑物的安全防范事项

由于在接触网上方跨越的各种桥梁距离带电部分较近,为了屏蔽感应电流,防止造成人身伤害,一般都设有防护栅网,栅网由所附属结构的产权或工程建设单位负责安设。防护栅网安设“高压危险”标志(语),警示标志(语)由供电设备管理单位制作安装。桥上人员不得触摸或用物件穿捅防护栅网,不得向桥下抛掷金属线、绳索、卷尺等物品和倾洒液体,因为直接或间接与接触网带电部分接触都十分危险。

电气化铁路区段的车站风雨棚、跨线桥、隧道等构建物应安装牢固,状态良好,不得脱落。距牵引供电设备 2 m 范围内不得出现漏水、悬挂冰凌等现象。附挂在跨线桥、渠上的管路,以及通信、照明等线缆,须设专门固定设施,且安装可靠,不得脱落。

电力线路、光电缆、管路等跨越电气化铁路施工时,须在接触网停电并做好安全防护措施后进行。

六、电气化铁路附近消防的安全规定

电气化铁路附近发生火灾时,应遵守下列规定:

1. 距牵引供电设备带电部分不足 4 m 的燃着物体,使用水或灭火器灭火时,牵引供电设备必须停电。

2. 距牵引供电设备带电部分超过 2 m 的燃着物体,使用沙土灭火时,牵引供电设备可不停电,但须保持灭火机具及沙土等与带电部分的距离在 2 m 以上。

同时须注意,使用水或灭火器灭火时,水管和灭火器不准朝接触网方向喷射,水流与接触网带电部分应保持 2 m 以上安全距离。为此,消防人员应站在接触网同一侧,向接触网相反方向喷水灭火。站在消防车上灭火时,要注意人体、消防器材与接触网带电部分保持 2 m 以上安全距离。

七、配备劳动防护用品的规定

有关单位要根据作业特点和安全需要,为作业人员或作业班组配备符合国家标准或行业标准的绝缘手套、绝缘靴、绝缘杆(棒)、绝缘垫、验电器等防触电劳动防护用品和绝缘作业工具,建立健全防触电劳动防护用品(绝缘工具)的采购、验收、发放、使用、报废制度,按规定定期进行检测检验和更新,作业人员必须按规定佩戴和使用。

防触电劳动防护用品(绝缘工具)每次使用前,要仔细检查有无损坏,并用清洁干燥的抹布擦拭有效绝缘部分。防触电劳动防护用品(绝缘工具)要指定专人保管,进行编号、登记、整理、监督,按规定试验和正确使用。

八、警示(告)标志(语)的设置和管理

在电气化区段运行的机车、动车、车辆及自轮运转设备,其上部可以攀登到车顶或作业平台的梯子、天窗等处所,均应设置"电化区段严禁攀登"的警告标志(语)。

站内和行人较多的地段,牵引供电设备支柱在距轨面2.5 m高处均要设白底黑字"高压危险"并有红色闪电符号的警示标志(语)。禁止借助接触网支柱搭脚手架,必须借助接触网支柱登高时,必须有供电专业人员现场监护。

天桥、跨线桥靠近或跨越牵引供电设备的地方,须设置防护栅网,栅网由所附属结构的产权或工程建设单位负责安设。防护栅网安设"高压危险"标志(语),警示标志(语)由供电设备管理单位制作安装。

有关单位要加强电气化铁路警示(告)标志(语)的管理,按规定设置到位并做好日常检查维护,确保警示(告)标志(语)齐全完好、清晰醒目;作业人员除严格按照警示(告)标志(语)的提示规范和约束自己的行为外,还应尽到保护警示(告)标志(语)和督促路外人员遵照执行的责任。

九、接地保护的安全规定

电气化铁路区段房建、通信、信号、电力、给水、信息、照明、广播、防灾、视频、红外、安全监控等各种室外设备金属箱体、外壳等均应安装牢固,除专业特殊规定外应可靠接地。

电气化铁路区段电缆在切割电缆外皮或打开电缆套管之

前，要将电缆(不含全塑电缆)外皮两端连通并临时接地，在作业地点铺设干燥的橡皮绝缘垫或作业人员穿高压绝缘靴进行。

牵引供电设备支柱及各部接地线损坏，回流吸上线与钢轨或扼流变连接脱落时，禁止非专业人员与之接触。

距牵引供电设备支柱及牵引供电设备带电部分 5 m 范围以内，具备接入综合接地条件的金属结构应纳入综合接地系统；不能接入综合接地系统的金属结构须装设接地装置，接地电阻一般不大于 10 Ω。

十、安全培训的基本要求

为保证电气化铁路区段作业人员掌握电气化危险因素与防范措施等有关安全知识，增强自我保护意识和安全素质，电气化铁路区段以及有作业人员进入电气化铁路区段从事运输生产经营活动的各单位、各部门，必须在新建的电气化铁路(或停运后重新办理)开通运营之前，以《电气化铁路有关人员电气安全规则》《铁路技术管理规程》《行车组织规则》等规章制度及本专业系统有关作业安全标准为基本内容，结合各自单位的具体情况，细化保证人身安全和作业安全的措施，并组织全员进行学习培训、考试，经考试合格后方准持证上岗。上岗前的培训、考试应涵盖作业人员作业全过程中涉及劳动安全的应知应会内容，考试试卷要存入从业人员的个人安全教育培训档案。电气化铁路开通运营后，相关作业人员每年至少进行一次安全培训，经考试合格后，方准参加作业。对新职、转岗或其他初到电气化铁路区段工作的人员，必须按照上述内容和《铁路劳动安全培训规范》要求进行单位、车间、班组三级安全教育，建立教育档案，培训考试合格后，建议签订师徒合同，采取以师带徒方式上岗作业。师徒合同期满须经过考试合格后，方准单独作业。

从事电气化铁路相关工作的职工，离开本职工作岗位半年及以上重返原岗位工作的，必须经电气化铁路安全知识教育培训并考试合格后，方准重新上岗工作。

电气化铁路有关单位应对使用的临时性和季节性用工以及路外承包施工队伍等作业人员组织有针对性的电气化铁路安全知识培训、考试，经考试合格后，方准在正式职工的带领下进入电气化铁路区域作业。

十一、班前班中班后的安全管控建议

开工前，工班长或作业负责人应组织全员召开班前会，传达工作任务、作业方案及上级要求，明确各岗位工作分工，针对当日作业项目、参与人员、机械设备、生产工艺、天气预报、作业时段、地域环境等特点，以及专业（或外单位）交叉作业结合部情况，开展安全风险研判，重点提示安全注意事项和防控措施，并进行安全警示教育。

现场要组织清点确认人员数量、精神状态正常，检查确认劳动防护用品、工机料具的数量足够、质量和状态良好，规范劳动防护用品穿戴和使用后，明确应急措施准备到位，涉及专业或外单位交叉作业结合部的要协调组织到位，方可开工作业。作业中，作业人员要按照岗位职责和作业分工，严格遵守各项规章制度，自觉按标准要求作业，同时要开展劳动安全联防联控，及时发现制止违章行为，严防发生事故。

电气化铁路上道作业完毕后，工班长或作业负责人应认真清点人员和工机料具，按规定组织人员及时撤出作业区域，组织召开班后总结会。重点总结分析当日生产作业安全管理存在的问题、生产任务质量完成、需要改进和强化的安全措施等情况，部署次日安全重点工作，并在工作日志内做好记录备查。

复 习 题

一、填 空 题

1. 架设在铁路线路上空的接触网通常带有25 kV的高压电，而其最高工作电压为27.5 kV，短时最高工作电压为29 kV，任何人、任何物体接触或接近接触网及带电部分，都有发生触电或放电（起火）的风险。

2. 为保证人身安全，除牵引供电专业人员按规定作业外，任何人员及所携带的物件、作业工器具等须与牵引供电设备高压带电部分保持2 m以上的距离，与回流线、架空地线、保护线保持1 m以上距离，距离不足时，牵引供电设备须停电。

3. 电气化铁路区段，具有升降、伸缩、移动平台等功能的机械设备进行施工、装卸等作业时，作业范围与牵引供电设备高压带电部分须保持2 m以上的距离，与回流线、架空地线、保护线保持1 m以上距离，距离不足时，牵引供电设备须停电。

4. 距牵引供电设备支柱及牵引供电设备带电部分5 m范围以内具备接入综合接地条件的金属结构应纳入综合接地系统。

5.《电气化铁路有关人员电气安全规则》第2条规定："新建电气化铁路在牵引供电设备送电前15天，建设单位应将送电日期通告铁路沿线路内外各有关单位。自通告之日起，视为牵引供电设备带电，有关人员均须遵守本规则相关规定。"

6. 站内和行人较多的地段，牵引供电设备支柱在距轨面2.5 m高处均要设白底黑字"高压危险"并有红色闪电符号的警示标志(语)。

7. 接触网断线或在接触网上挂有线头、绳索等物件,任何人员均不得与之接触,均应距已断线索或异物处所10 m 以外。

8. 在电气化区段运行的机车、动车、车辆及自轮运转设备,其上部可以攀登到车顶或作业平台的梯子、天窗等处所,均应设置"电化区段严禁攀登"的警告标志(语)。

9. 用水或灭火器浇灭距牵引供电设备带电部分不足 4 m 的燃着物体时,牵引供电设备必须停电。

10. 电气化铁路区段的车站风雨棚、跨线桥、隧道等构建物应安装牢固,状态良好,不得脱落。距牵引供电设备2 m 范围内不得出现漏水、悬挂冰凌等现象。

11. 牵引供电设备支柱及各部接地线损坏,回流吸上线与钢轨或扼流变连接脱落时,禁止非专业人员与之接触。

12. 有关单位要加强警示(告)标志(语)的管理,按规定设置到位并做好日常检查维护,确保警示(告)标志(语)齐全完好、清晰醒目。

13. 有关单位要建立健全防触电劳动防护用品的采购、验收、发放、使用、报废制度,按规定定期进行检测检验和更新,作业人员必须按规定佩戴和使用。

14. 电力线路、光电缆、管路等跨越电气化铁路施工时,须在接触网停电并做好安全防护措施后进行。

15. 由于在接触网上方跨越的各种桥梁距离带电部分较近,桥上人员不得触摸或用物件穿捅防护栅网,不得向桥下抛掷金属线、绳索、卷尺等物品和倾洒液体。

16. 因为接触网的断线、接触网上悬挂垂落的线头、绳索等物件,很可能由于接触导电体而发生接地故障,如果此时变电所的断路器未跳闸，就会产生接地电流。

17. 当接触网的绝缘失效且未装接地线或接地线不良时，接触网支柱及其金属结构上、回流线与钢轨的连接点上都可能带有高压电。

18. 牵引供电设备故障时，与牵引供电设备相连接的支柱、接地引下线、综合接地线等可能出现高电压，未采取安全措施前，禁止与其接触，并保持安全距离。

19. 禁止借助接触网支柱搭脚手架，必须借助接触网支柱登高时，必须有供电专业人员现场监护。

20. 作业中，作业人员要按照岗位职责和作业分工，严格遵守各项规章制度，自觉按标准要求作业。

二、判 断 题(对的打"√"，错的打"×")

1. 电气化铁路上停放的各种车辆在接触网未停电并接地以前，允许攀登列车顶或在车顶上进行各种作业。(×)

2. 电气化铁路区段作业的各单位要认真组织全员学习电气化铁路作业相关规章、办法和安全措施，并经考试合格后，方准持证上岗作业。(√)

3. 在电气化区段工作的职工，可以登上机车车辆顶部或翻越车顶通过线路。(×)

4. 电气化区段上水、保洁、施工等作业，不得将水管向供电线路方向喷射。(√)

5. 站在消防车上灭火时，要注意人体、消防器材与接触网带电部分保持2 m以上安全距离。(√)

6. 用水浇灭距离接触网2 m以外的燃着物时，接触网可以不停电。(×)

7. 为保证人身安全，除专业人员按规定作业外，任何人员所携带的物件（包括长杆、导线等）与接触网设备的带电部分需保持3m以上的距离。（×）

8. 电气化铁路沿线路内外各单位需组织学习《电气化铁路有关人员电气安全规则》的相关内容。（√）

9. 任何人员及所携带的物件、作业工器具等须与牵引供电设备高压带电部分保持2m以上的安全距离。（√）

10. 接触网断线后应从断线处的5m以外进行防护。（×）

11. 通过道口车辆限界及货物装载高度（从地面算起）不得超过4.5m，超过时，应绕行立交道口或进行货物倒装。（√）

12. 通过道口车辆上部或其货物装载高度（从地面算起）超过2m通过平交道口时，车辆上部及装载货物上可以坐人，但禁止站立。（×）

13. 行人持有长大、飘动等物件通过道口时，不得高举挥动，应与牵引供电设备带电部分保持2m以上的距离。（√）

14. 当接触网的断线侵入建筑限界时，为了确保行车及作业人员和旅客的安全，应立即向列车开来方向发出停车信号。（√）

15. 电气化铁路区段，当发现已经侵入接触网已断线索或异物处所的10m以内范围时，应立即大步奔跑，赶紧跑到离断线、绳索接触地点20m以外的地方。（×）

16. 机车、动车及各种车辆上方的接触网设备已停电，尚未办理安全防护措施前，作业人员可直接攀登到车顶或车辆装载的货物上。（×）

17. 电力线路、光电缆、管路等跨越电气化铁路施工时，只要监控人员到位就可以进行。（×）

18. 电气化铁路具有“设备高压带电、检修高处作业、列车高速运行”的特点。 (√)

19. 按照国家《“十四五”现代综合交通运输体系发展规划》方案，预计 2025 年铁路营业里程达到 16.5 万 km，其中高铁营业里程达 5 万 km。 (√)

三、选 择 题

1. 接触网及其相连接的部件带有(B)kV 高压电，严重威胁人身安全。

A. 20　　B. 25　　C. 30　　D. 35

2. 发现接触网断线，应在断线处(A)m 以外防护。

A. 10　　B. 15　　C. 20　　D. 25

3. 在接触网下作业时，除牵引供电专业人员按规定作业外，任何人员及所携带的物件、作业工器具等须与牵引供电设备高压带电部分保持(C)m 以上的安全距离。

A. 1　　B. 0.7　　C. 2　　D. 2.5

4. 用水浇灭距离接触网带电部分不足(C)m 的燃着物时，接触网必须停电。

A. 2　　B. 3　　C. 4　　D. 5

5. 行人持有长大、飘动等物件通过道口时，不得高举挥动，应与牵引供电设备带电部分保持(B)m 以上的距离。

A. 1　　B. 2　　C. 2.5　　D. 3

6. 新建的电气化铁路在接触网接电前(B)，建设单位应将送电日期通告铁路沿线路内外各有关单位。

A. 10 天　　B. 15 天　　C. 20 天　　D. 30 天

7. 电气化铁路相关作业人员(C)至少进行一次安全考试，

考试合格后，方准参加作业。

A. 每季度　B. 每半年　C. 每年　D. 每两年

8. 通过道口车辆上部或其货物装载高度(从地面算起)超过2m通过平交道口时，车辆上部及装载货物上(B)。

A. 严禁站人　B. 严禁坐人　C. 可以坐人　D. 可以站人

9. 通过道口车辆限界及货物装载高度(从地面算起)不得超过(B) m，超过时，应绕行立交道口或进行货物倒装。

A. 4　B. 4.5　C. 5　D. 5.5

10. 站内和行人较多的地段，牵引供电设备支柱在距轨面2.5m高处均要设白底黑字“高压危险”并有(C)符号的警示标志(语)。

A. 红色感叹号　B. 黄色感叹号

C. 红色闪电　D. 黄色闪电

11. 对于作业区域供电单元停电之后，相邻供电单元内继续供电及存在机车车辆运行时，还会在停电区域产生(C)，直接威胁到作业人员的劳动安全。

A. 跨步电压　B. 安全电压　C. 感应电　D. 零电压

12.《新时代交通强国铁路先行规划纲要》提出，到2035年，全国铁路网运营里程将达到(A)万km，其中高铁7万km左右。

A. 20　B. 25　C. 30　D. 35

13.(多选)电气化铁路及附近发生火灾时，扑救人员在灭火时应注意(BC)。

A. 用沙土灭火时必须位于接触网1.5m以外

B. 用沙土灭火时必须位于接触网2m以外

C. 用水浇灭距离接触网不足4m的燃烧物时，必须确认接触网已停电

D. 距离接触网不足 2 m 的物品着火时，可以用水直接浇灭

E. 用水浇灭距离接触网不足 4 m 的燃烧物时，不用确认接触网已停电

14.（多选）电气化铁路上，带有 25 kV 或以上高压电的设备部件包括(ABCD)。

A. 接触网

B. 与接触网相连接的导线、承吊索

C. 电力机车主变压器的一次侧

D. 接触网支柱及其金属结构上，当接触网的绝缘失效，且未装接地线或接地线不良时，瞬间会带有的高压电

E. 已停电并采取接地措施的接触网

15.（多选）发现接触网断线或挂有线头、绳索等物件，应(AE)。

A. 不得与之接触

B. 可以与之接触

C. 在接触网断线处所 5 m 以外进行防护

D. 在接触网断线处所 8 m 以外进行防护

E. 在接触网断线处所 10 m 以外进行防护

16.（多选）有关单位要根据(AC)，为作业人员或作业班组配备符合国家标准或行业标准的绝缘手套、绝缘靴、绝缘杆(棒)、绝缘垫、验电器等防触电劳动防护用品和绝缘作业工具。

A. 作业特点

B. 个人需要

C. 安全需要

D. 个人特点

E. 舒适程度

17.（多选）电力机车的功率比蒸汽机车和内燃机车明显增大，用其牵引的（ABCE），既综合利用了资源，又保护了自然环境，还改善了劳动条件，具有蒸汽机车和内燃机车均不具备的优越性。

A. 列车承载重量大

B. 爬坡能力强

C. 运行速度快

D. 可简化维修

E. 安全性能好

18.（多选）电气化铁路区段（ABCDE）、信息、照明、广播、防灾、视频、红外、安全监控等各种室外设备金属箱体、外壳等均应安装牢固，除专业特殊规定外应可靠接地。

A. 房建　　B. 通信

C. 信号　　D. 电力

E. 给水

19.（多选）电气化铁路上道作业完毕后，工班长或作业负责人要认真清点（AB），按规定组织人员及时撤出作业区域，组织召开班后总结会。

A. 人员　　B. 工机料具

C. 作业方案　　D. 安全措施

E. 工作记录

四、问 答 题

1. 在接触网设备下方作业必须遵守什么规定？

答：(1)机车、动车及各种车辆上方的接触网设备未停电并办理安全防护措施前，禁止任何人员攀登到车顶或车辆装载的货物上。

(2)电气化区段上水、保洁、施工等作业,不得将水管向供电线路方向喷射,站车保洁不得采用向车体上部喷水方式洗刷车体。

2. 发现牵引供电设备断线时应如何处理?

答:发现牵引供电设备断线或其部件损坏,或发现牵引供电设备上挂有线头、绳索、塑料布或脱落搭接等异物,均不得与之接触,应立即通知附近车站,在牵引供电设备检修人员到达未采取措施以前,任何人员均应距已断线、损坏部件、绳索或异物处所10 m以外。

3. 车辆行人通过道口的安全规定是什么?

答:(1)通过道口车辆限界及货物装载高度(从地面算起)不得超过4.5 m,超过时,应绕行立交道口或进行货物倒装。

(2)通过道口车辆上部或其货物装载高度(从地面算起)超过2 m通过平交道口时,车辆上部及装载货物上严禁坐人。

(3)行人持有长大、飘动等物件通过道口时,不得高举挥动,应与牵引供电设备带电部分保持2 m以上的距离。

4. 电气化铁路附近发生火灾时,应如何消防灭火?

答:(1)距牵引供电设备带电部分不足4 m的燃着物体,使用水或灭火器灭火时,牵引供电设备必须停电。

(2)距牵引供电设备带电部分超过2 m的燃着物体,使用沙土灭火时,牵引供电设备可不停电,但须保持灭火机具及沙土等与带电部分的距离在2 m以上。

5. 跨线桥处接触网上方为什么装设防护栅网? 在桥上的人员须禁止哪些行为?

答:由于在接触网上方跨越的各种桥梁距离带电部分较近,为了屏蔽感应电流,防止造成人身伤害,一般都设有防护栅网,栅网由所附属结构的产权或工程建设单位负责安设。防护栅网安设“高压危险”标志(语),警示标志(语)由供电设备管理单位制作安装。桥上人员不得触摸或用物件穿捅防护栅网,不得向桥下抛掷金属线、绳索、卷尺等物品和倾洒液体。

6. 在接触网下方或附近的人员避免触电伤害的安全距离是如何规定的?

答:为保证人身安全,除牵引供电专业人员按规定作业外,任何人员及所携带的物件、作业工器具等须与牵引供电设备高压带电部分保持2m以上的距离,与回流线、架空地线、保护线保持1m以上距离,距离不足时,牵引供电设备须停电。

7. 在接触网下方或附近使用机械设备作业,其安全距离是如何规定的?

答:电气化铁路区段,具有升降、伸缩、移动平台等功能的机械设备进行施工、装卸等作业时,作业范围与牵引供电设备高压带电部分须保持2m以上的距离,与回流线、架空地线、保护线保持1m以上距离,距离不足时,牵引供电设备须停电。

8. 邻近牵引供电设备施工作业遵守什么规定?

答:在距牵引供电设备高压带电部分2m以外,与回流线、架空地线、保护线1m以外,邻近铁路营业线作业时,牵引供电设备可不停电,但须按照铁路营业线施工安全管理有关规定执行。

9. 牵引供电设备故障时,必须注意什么?

答:牵引供电设备故障时,与牵引供电设备相连接的支柱、接地引下线、综合接地线等可能出现高电压,未采取安全措施前,禁止与其接触,并保持安全距离。

10. 电气化铁路警示(告)标志(语)管理的基本要求是什么?

答：有关单位要加强电气化铁路警示（告）标志（语）的管理，按规定设置到位并做好日常检查维护，确保警示（告）标志（语）齐全完好、清晰醒目；作业人员除严格按照警示（告）标志（语）的提示规范和约束自己的行为外，还应尽到保护警示（告）标志（语）和督促路外人员遵照执行的责任。

第二章　供电作业劳动安全知识

第一节　基本知识和要求

由于电力机车本身不带能源装置，它所需要的动力能源（电能）靠外部供给，这样就增加了一套牵引供电系统，包括牵引变电所和牵引网两大部分。

(1)牵引变电所：由牵引变压器、高压断路器等一次设备和用于监控的二次设备组成，其主要作用是将电力系统送来的高压电变换为适合电力机车使用的电能，并降低电力牵引负荷对电力系统的不良影响。

(2)牵引网：包括馈电线、接触网、钢轨、回流线。馈电线是连接牵引变电所和接触网的电力供给线；接触网是牵引网的核心，是电气化铁路的主要供电设施，功能是全天候不间断地向电力机车供电；钢轨在电气化铁路中有三大作用：列车导轨、牵引电流的电气回路、信号系统的信号回路；回流线是连接钢轨和牵引变电所的电连接线，主要为回流提供电气通路。

一、安全距离的规定

带电体与大地之间、带电体与其他设施之间是靠空气绝缘的，带电体的工作电压越高要求他们之间的空气距离越大。在一定工作电压下当他们之间的距离小到一定程度，高压电场就会将他们之间的空气击穿产生电弧放电的现象。当人体与带电体的距离过近，电弧通过人体放电会发生电击伤亡事故。为了防止人身伤亡和设备事故的发生，应当规定带电体之间、带电体与大地之间、带电体与其他设施之间、带电体与工作人员之间应保持的最小空气间隙，亦称安全距离。停电作业时，作业人员(包括所持的机具、材料、零部件等)与周围带电设备的距离不得小于表 2-1 规定。

表 2-1　安全距离规定

电压等级/kV	500	330	220	110	25 和 35	10 及以下
安全距离/m	6	5	3	1.5	1	0.7

二、发生触电的常见方式及原因

1. 直接接触触电：是指人体直接接触到带电体或者人体过分地接近带电体而发生的触电现象。常见的直接接触触电有单相触电和两相触电。

防止直接接触触电的措施就是要阻止人体触及或过分接近带电体。例如采用栅栏隔离人体与带电体，使作业者保持与带电体的最小安全距离。

2. 间接接触触电：是指人体接触到正常情况下不带电的设备外壳或金属构架而发生的触电现象。常见的间接接触触电有跨步电压触电、感应电压触电及静电电压触电。

(1)跨步电压。是指当人的两脚分别站在地面上具有不同对“地”电位的两处时，在人的两脚之间所承受的电位差或电压。当土壤中存在大接地电流时，在地面上就会呈现跨步电压。人受到跨步电压时，电流虽然是沿着人的下身，从脚经腿、胯部又到脚与大地形成通路，没有经过人体的重要器官，好像比较安全。但是实际并非如此，因为人受到较高的跨步电压作用时，双脚会抽筋，使身体倒在地上。这不仅使作用于身体上的电流增加，而且使电流经过人体的路径改变，完全可能流经人体重要器官，如从头到手或脚。经验证明，人倒地后电流在体内持续作用2 s，这种触电就会致命。跨步电压的大小主要与接地电流的大小、人与接地体之间的距离、跨步的大小和方向及土壤电阻率等因素有关。一般距接地体越远处，跨步电压越小；跨步越小，跨步电压越小。所以在可能形成跨步电压的电气设备周围要设置围栏，实行安全隔离，发现邻近有高压线触地时，不要大步奔跑，而要单脚或两脚并拢跳离线路触地点 10 m 以外的地方。

(2)感应电压。由于带电设备的电磁感应和静电感应的作用，将会在附近的停电设备上感应出一定电位。高压双回路、多回路同杆架设以及两条平行架设的线路，如果一条线路带电，会造成另外停电的线路带电，特别是当和停电检修平行接近的带电线路出现三相不平衡或单相接地时，对停电线路的感应使其意外地带有危险电压。

(3)静电电压。空气比较干燥时，导线及绝缘子在风力的作用下，在空气中摆动、摩擦而产生的静电荷大量积累就会形成高电位，而导线与大地之间又处于绝缘状态，静电荷无法泄入大地，就会在线路上形成危险电压，也就是常说的风电。

架空线路的感应电压、静电电压会对作业人员造成意外伤害，预防和消除架空线路的感应电压、静电电压的主要手段就是严格落实保证安全的组织和技术措施，按正确方法挂好接地线，不要因一时的疏忽而造成终身的遗憾。

三、绝缘安全用具规定

1. 绝缘安全用具

绝缘安全用具包括绝缘杆(棒)、验电器、绝缘靴、绝缘手套和绝缘垫。绝缘安全用具分为基本安全用具和辅助安全用具。基本安全用具的绝缘强度能长时间承受电气设备的工作电压,能直接用来操作带电设备。辅助安全用具的绝缘强度不足以承受电气设备的工作电压,只能辅助加强基本安全用具的保安作用。以上绝缘安全用具要每半年由具有校验资质的部门进行一次电气试验。

(1)绝缘杆(棒)。绝缘杆(棒)是绝缘基本安全用具,由工作部分、绝缘部分和手持部分组成。手持部分和绝缘部分用浸过绝缘漆的硬塑料、胶木及玻璃钢等材料制成,其间用护环分开。绝缘杆(棒)配备不同的部件,可以用来操作高压隔离开关、跌落式熔断器、安装和拆除接地线以及进行测量和试验等工作。另外绝缘杆(棒)的有效绝缘长度不得小于1m。

(2)验电器。使用高压验电器验电时,要选择与电气设备电压等级相适应的验电器,不得用较低电压的验电器检验较高电压的电气设备,验电器要保持清洁、干燥;现场有条件的,验电前要在有电的设备上校核验电器,以保证其指示可靠;验电过程中将其工作触头逐渐靠近带电体,至验电器发出声、光或其他报警信号为止;要防止验电器受邻近带电体的影响。

(3)绝缘靴和绝缘手套。绝缘靴和绝缘手套用橡胶制成,属辅助安全用具。绝缘手套的长度超过手腕至少0.1m,可以作为低压作业的基本安全用具;绝缘靴可以作为防止跨步电压的基本安全用具。

(4)绝缘垫。绝缘垫也是由橡胶制成的辅助安全用具，厚度在5 mm以上，最小尺寸不小于0.8 m×0.8 m。

2. 绝缘安全用具的管理

各单位应制定受力工具和绝缘工具管理办法，专人负责进行编号、登记、整理，并监督按规定试验和正确使用。

各种受力工具和绝缘工具应有合格证并定期进行试验，做好记录，禁止使用试验不合格或超过试验周期的工具。

与试验记录对应的受力工具和绝缘用具上应有统一制定的编号标记。

绝缘工具应具有良好的绝缘性、绝缘稳定性和足够的机械强度，轻便灵活，便于搬运。

绝缘工具应按下列要求进行试验：

(1)新购、制作(或大修)后，在第一次投入使用前进行机械和电气强度试验。绝缘工具的电气强度试验一般在机械强度试验合格后进行。机械强度试验应在组装状态下进行。

(2)使用中的绝缘工具要定期进行试验。

(3)绝缘工具的机、电性能发生损伤或对其怀疑时，应中断使用并及时进行相应的试验。

绝缘工具材质的电气强度不得小于3 kV/cm，间接带电作业的绝缘杆等有效长度大于1 000 mm。

绝缘工具每次使用前，须认真检查有无损坏，并用清洁干燥的抹布擦拭有效绝缘部分后，再用2 500 V兆欧表分段测量(电极宽2 cm，极间距2 cm)有效绝缘部分的绝缘电阻，不得低于100 MΩ，或测量整个有效绝缘部分的绝缘电阻不低于10 000 MΩ。

绝缘工具应存放在室内，室内要保持清洁、干燥、通风良好，并采取防潮措施。

绝缘工具在运输和使用中要经常保持清洁干燥，切勿损伤。使用管材制作的绝缘工具，其管口要密封。

新研制及经过重大改进的作业工具应由集团公司及以上单位鉴定通过，批准后方准使用。

在有轨道电路的区段作业时，不得使长大金属物体（长度大于或等于轨距）将线路两根钢轨短接。

四、接触网工的安全等级制度

从事高速铁路、普速铁路接触网运行和检修工作的人员，实行安全等级制度，经过考试评定安全等级，分别取得“高速铁路供电安全合格证”“普速铁路供电安全合格证”之后，方准参加与所取得的安全等级相适应的工作。每年定期按表2-2要求进行一次安全考试并签发“高速铁路供电安全合格证”或“普速铁路供电安全合格证”。

表2-2　定期考试人员

应试人员	主持考试单位和签发安全合格证部门	安全合格证签发人
单位的主管负责人和专业负责人	各单位上级业务主管部门	上级主管负责人
其他从事接触网工作人员	各单位	单位的主管负责人

各单位除按以上要求规定组织从事铁路接触网运行和检修工作的有关现职人员每年进行一次安全等级考试外，对属于下列情形的人员，还应在上岗前进行安全等级考试：

（1）开始参加高速或普速铁路接触网工作的人员。

（2）安全等级变更，仍从事高速或普速铁路接触网运行和检修工作的人员。

(3)接触网供电方式改变时的检修工作人员。

(4)接触网停电检修方式改变时的检修工作人员。

(5)中断工作连续 6 个月以上仍继续担任高速或普速铁路接触网运行和检修工作的人员。

参加接触网作业人员应符合下列条件:

(1)作业人员符合岗位标准要求,1～2 年进行一次身体检查,符合作业所要求的身体条件;从事高速铁路的接触网作业人员还要取得"高速铁路岗位培训合格证书(CRH)"。

(2)经过高速(普速)铁路接触网作业安全培训,考试合格并取得相应的安全等级。

(3)熟悉触电急救方法。

(4)职业健康体检合格。

五、工作票制度

1. 工作票的执行

工作票是进行接触网作业的书面依据,填写时要字迹清楚、正确,需填写的内容不得涂改和用铅笔书写。打印方式填写的工作票,工作票签发人和工作领导人必须签字确认。工作票填写一式两份,一份由发票人保管,一份交给工作领导人。事故抢修和遇有危及人身或设备安全的紧急情况,作业时可以不签发工作票,但必须有供电调度批准的作业命令,并由抢修负责人布置安全、防护措施。工作票有效期不得超过 3 个工作日。作业结束后,工作领导人要将工作票和相应命令票(见《普速(高速)铁路接触网安全工作规则》附件 6、附件 7)交工区统一保管。在工作票有效期内没有执行的工作票,须在右上角盖"作废"印记交回工区保管。所有工作票保存时间不少于 12 个月。

2. 工作票的种类

根据作业性质的不同，接触网工作票分为三种：第一种工作票（见《普速（高速）铁路接触网安全工作规则》附件3），用于停电作业；第二种工作票（见《普速（高速）铁路接触网安全工作规则》附件4），用于间接带电作业；第三种工作票（见《普速（高速）铁路接触网安全工作规则》附件5），用于远离作业及距带电部分1 m以外的高处作业、较复杂的地面作业（如安装或更换火花间隙和地线、开挖支柱基坑）、未接触带电设备的测量及铁路防护栅栏内步行巡视等。

V形停电接触网检修作业使用的工作票右上角应加盖“上行”或“下行”印记。工作票中要有针对V形停电接触网检修作业的特殊性提出的安全措施。主要是：

（1）写明上行（下行）封锁及停电，下行（上行）未封锁及有电，人员机具和作业车平台旋转不得侵入下行（上行）限界的范围。

（2）防止误触有电设备的安全措施。

（3）防止感应电伤害的安全措施。

（4）防止穿越电流伤害的安全措施。

（5）防止电力机车将电带入作业区段的安全措施。

在设备较复杂的区段作业时，应附页画出作业区段简图，标明停电作业范围、接地线位置，并用红色标记带电设备。

工作票签发人和工作领导人安全等级不低于四级。同一张工作票的签发人和工作领导人必须由两人分别担当。每次作业，一名工作领导人同时只能接受一张工作票。一张工作票只能发给一名工作领导人。

3. 工作票的变更

工作票中规定的作业组成员一般不应更换，若必须更换时，应由发票人签认，若发票人不在可由工作领导人签认。工作领导人更换时，必须由发票人签认。

当需变更作业种类、作业地点、作业内容、需停电的设备、封锁或限行条件等要素之一时，必须废除原工作票，签发新的工作票。

4. 工作票签发人职责

要在签发工作票时注意工作票所涉及的作业项目的必要性和可能性，正确和完备地采取安全措施，按规定配备工作领导人和作业组成员。发票人一般应在作业 6 h 之前将工作票交给工作领导人，使之有足够的时间熟悉工作票中的内容并做好准备工作。工作领导人对工作票内容有不同意见时，应向发票人提出，经认真分析，确认无误后，签字确认。

工作票签发人在安排工作时，要做好下列事项：

(1)所安排的作业项目是必要和可能的。

(2)所采取的安全措施是正确和完备的。

(3)所配备的工作领导人和作业组成员的人数和条件符合规定。

5. 工作领导人职责

工作领导人应提前组织作业组成员(含作业车司机)召开工前预备会，宣讲工作票并进行作业分工、安全预想，将本次作业任务和安全措施逐项分解落实到人，并进行针对性安全提示。作业组成员有疑问时应及时提出，工作领导人组织答疑并确认无误。

作业前，工作领导人应组织作业组成员列队点名，并确认作业安全用具准备充分、作业组人员身体及精神状态良好后，方准作业。

作业完毕，工作领导人应组织召开收工会，对当日工作完成情况、存在的问题进行总结。

工作领导人在组织作业时，要做好下列事项：

(1)确认作业内容、地点、时间、作业组成员等均符合工作票提出的要求。

(2)确认作业采取的安全措施正确而完备。

(3)检查落实工具、材料准备，与安全员(安全监护人)共同检查作业组成员着装、工具、劳保用品齐全合格。

(4)监督作业组成员的作业安全。

(5)检查确认接触网设备送电及线路开通条件。

6. 作业组成员职责

作业组成员要服从工作领导人的指挥、调动，遵章守纪。对不安全和有疑问的命令，要及时果断地提出，坚持安全作业。

六、高处作业规定

1. 一般规定

凡在距离地(桥)面 2 m 及以上的处所进行的作业均称为高处作业。

高处作业监护要求：间接带电作业时，每个作业地点均要设有专人监护，其安全等级不低于四级；停电作业时，每个监护人的监护范围不超过 2 个跨距，在同一组软(硬)横跨上作业时不超过 4 条股道，在相邻线路同时作业时，要分别派监护人各自监护；当停电成批清扫绝缘子时，可视具体情况设置监护人员。监护人员的安全等级不低于三级；作业人员及所携带的物件、作业工器具等与接触网带电部分距离小于 3 m 的远离作业，每个作业地点均要设有专人监护，其安全等级不低于四级。

高处作业使用的小型工具、材料应放置在工具材料袋(箱)内。作业中应使用专门的用具传递工具、零部件和材料,不得抛掷传递。

高处作业人员作业时必须将安全带系在安全牢靠的地方。人员不宜位于线索受力方向的反侧,并采取防止线索滑脱的措施。在曲线区段调整接触网悬挂时,要有防止线索滑移的后备保护措施。

冰、雪、霜、雨等天气条件下,接触网作业用的车梯、梯子、接触网作业车的爬梯和平台应有防滑措施。

2. 攀杆作业

攀登工具应在出库前检查状态良好,安全用具完好合格。攀登支柱前要核对支柱号,检查支柱状态,观察支柱上有无其他设备,选好攀登方向和条件。攀登支柱时要手把牢靠,脚踏稳准,尽量避开设备并与带电设备保持规定的安全距离。用脚扣攀登时,要卡牢系紧,严防滑落。

3. 登梯作业

接触网作业用的车梯和梯子必须结实、轻便、稳固;车梯的三个车轮采取可靠的绝缘措施;按规定进行试验。

使用车梯进行作业时,应指定车梯负责人,工作台上的人员不得超过两名。所有的零件、工具等均不得放置在工作台的台面上。

作业中推动车梯应服从工作台上人员的指挥。当车梯工作台面上有人时,推动车梯的速度不得超过5km/h,并不得发生冲击和急剧起、停。工作台上人员和车梯负责人应呼唤应答,配合妥当。

车梯负责人和推车梯人员,应时刻注意和保持车梯的稳定状态。当车梯在曲线上或遇大风时，对车梯要采取防止倾倒的措施；当外轨超高≥125 mm 或风力五级以上时，未采取固定措施禁止登车梯作业；当车梯在大坡道上时，应采取防止滑移的措施；当车梯放在道床、路肩上或作业人员的重心超出工作台范围作业时，作业人员应将安全带系在接触网上；车梯在地面上推动时，工作台上不得有人停留。

普速铁路作业时，为避让列车需将车梯暂时移至建筑限界以外时，要采取防止车梯倾倒的措施。当作业结束，车梯需要就地存放时，须稳固在建筑限界以外不影响瞭望信号的地方，并加锁或派人看守。

当用梯子作业时，作业人员应先检查梯子是否牢靠；要有专人扶梯，梯子支挂点稳固，严防滑移；梯子上只准有 1 人作业。

4. 接触网作业车作业

接触网作业车出车前，司机应认真检查车辆和行车安全装备、防护备品齐全良好，并与作业人员检查通信工具，确保联络畅通。司机应执行作业前的待乘休息制度，充分休息，确保精神状态良好。作业前司机应掌握作业范围和内容并进行安全预想，作业和运行过程中应注意力集中。

接触网作业车分解作业，须提前明确每台车的作业范围，以及作业完毕后停留车列和运行连挂车辆的位置，工作领导人和司机应熟悉和掌握。接触网作业车进入封锁区间前及作业完毕返回车站时，司机应认真核对调度命令，确认信号，按规定联控。司机和工作领导人要根据调度命令及作业地点，拟定区间返回的时刻，并严格执行。

使用接触网作业车作业时，应指定作业平台操作负责人，作业平台不得超载。工作领导人必须确认地线接好后，方可允许作业人员登上接触网作业车的作业平台。作业车平台应设置随车等位线，在完成作业平台和工作对象设备等位措施后，方可触及和进行作业。

人员上、下作业平台应征得作业平台操作负责人的同意。接触网作业车移动或作业平台升降、转向时，严禁人员上、下。

V形停电作业时，所有人员禁止从未封锁线路侧上、下作业车辆。作业平台应具有平台转向限位装置，作业前应将限位装置打至正确位置，作业平台严禁向未封锁的线路侧旋转。当邻线有列车通过时，应停止作业。

接触网作业车作业平台防护门关闭时应有闭锁装置。作业中须锁闭好作业平台的防护门，作业完毕后及时放下防护栏杆。

外轨超高≥125 mm区段人员需在作业平台上作业时，作业平台应具有自动调平装置并开启调平功能。

作业人员的重心超出作业平台防护栏范围作业时，须将安全带系在牢固可靠的部位。

司机（或在平台上操纵车辆移动的人员）须精力集中，密切配合，在移动车辆前应注意作业车及作业平台周围的环境、设备、人员和机具等情况，与附近的设备保持规定的安全距离。

作业平台上的所有人员在车辆移动中应注意防止接触网设备刮碰伤人。

作业平台上有人作业时，作业车移动的速度不得超过10 km/h，且不得急剧起、停车。

作业中作业车的移动应听从作业平台操作负责人的指挥。平台操作负责人与司机之间的信息传递应及时、准确、清楚，并呼唤应答。

现场作业结束及作业车返回驻地后，司机应对车辆状态及随车备品进行检查，发现部件缺失等应及时查找，必要时对作业车运行的区段申请采取相应行车限制措施。

第二节　接触网作业

一、接触网检修作业的分类

（1）停电作业：在接触网停电设备上进行的作业。

（2）间接带电作业：借助绝缘工具间接在接触网带电设备上进行的作业。

（3）远离作业：在距接触网带电部分1 m及以外的处所进行的作业。

二、基本规定

（1）普速（高速）铁路所有接触网设备，自第一次受电开始即认定为带电设备。之后，接触网上的一切作业，必须按《普速（高速）铁路接触网安全工作规则》的规定严格执行。

（2）遇有雷电时（在作业地点可见闪电或可闻雷声）禁止在接触网上作业。

普速铁路在160 km/h以上区段且线间距小于6.5 m的线路上进行作业时，应办理邻线列车限速160 km/h及以下申请，得到车站值班员同意作业的签认后，方可作业；高速铁路接触网一般不进行V形天窗作业。故障处理、事故抢修等特殊情况下必须在邻线行车的情况下作业时，必须在办理本线封锁、邻线列车限速160 km/h及以下申请，在得到列车调度员（车站值班员）签认后，方可上道作业。

(3)对接触网步行巡视、静态测量、测温等设备检查作业;接触网打冰,处理鸟窝、异物;在道床坡脚以外栅栏以内的标志安装及整修、基础整修、接地装置整修、支柱基坑开挖、危树修枝、电缆沟开挖、电缆敷设、轨面标准线标画、设备螺栓紧固、除锈、刷漆、涂油等不影响设备正常运行的作业。可在天窗点外进行,但严禁利用速度 160 km/h 及以上的列车与前一趟列车之间的间隔时间作业。

上述作业必须制定天窗点外维修作业计划,天窗点外维修作业计划由车间或段一级批准,具体审批程序由集团公司规定。上线作业时必须按规定登记,设置驻站联络员(以下简称联络员)、现场防护员,联系中断时必须停止作业。

(4)在普速(高速)铁路接触网上进行作业时,除按规定开具工作票外,还必须有列车调度员准许停电的调度命令和供电调度员批准的作业命令。

除遇有危及人身或设备安全的紧急情况,供电调度员发布的倒闸命令可以没有命令编号和批准时间外,接触网所有的作业命令,均必须有命令编号和批准时间。

(5)在进行接触网作业时,作业组全体成员须穿戴有反光标识的防护服、安全帽。作业组有关人员应携带通信工具并确保联系畅通。在夜间、隧道内或光线不足处所进行接触网作业时,必须有足够的照明灯具;高速铁路各工区配置照明用具应满足夜间 200 m 范围内照明充足,4 h 内连续使用条件,接触网作业车作业平台照度值应不小于 40 lx。

所有的工具和安全用具,在使用前均须进行检查,符合要求方准使用。

三、接触网巡视工作要求

1. 普速铁路步行巡视

(1)步行巡视不少于两人,其中一人的安全等级不低于三级。

(2)巡视人员应携带望远镜和通信工具,一般情况下应面向来车方向。

(3)任何情况下巡视,对接触网都必须以有电对待,巡视人员不得攀登支柱并时刻注意避让列车。

(4)必须上道查看设备时,两人必须一人防护、一人上道检查。

2. 高速铁路接触网作业车或专用车辆巡视

利用接触网作业车或专用车辆进行接触网巡视或检测时,应申请行车计划或安排在施工维修天窗时间内进行,同时执行以下规定:

(1)邻线未封锁时,应在办理邻线列车限速 160 km/h 及以下手续后进行。

(2)需要升起作业平台或人员登上平台时,须在接触网停电、巡视或检测范围内按停电作业要求设置接地线,作业车运行速度不得大于 10 km/h,作业平台旋转的设置处于闭锁的条件下进行。

(3)如属于自带动力的小型车辆,必须执行所在铁路局集团公司的小车管理办法规定,办理审批手续,并提前告知作业区域影响范围内的其他作业单位,确保作业人员安全。

第三节　停电作业

一、停电方式

双线电气化区段，接触网停电作业按停电方式分为垂直作业和V形作业。

垂直作业——双线电气化区段，上、下行接触网同时停电进行的接触网作业。

V形作业——双线电气化区段，上、下行接触网一行停电进行的接触网作业。

二、一般规定

检修各种电缆及附件前应对电缆导体、铠装层及屏蔽层两端进行安全接地，并充分放电。当断开电缆导体、铠装层、屏蔽层以及检修隔离（负荷）开关、绝缘锚段关节、关节式分相、分段绝缘器、分相绝缘器时，应采取防止感应电及穿越电流人身伤害措施。

不能采用V形作业进行的停电检修作业，须利用垂直作业方式，其地点应在接触网平面图上用红线框出，并注明禁止V形作业字样。

集团公司应制定接触网停电作业行车限制办法，防止电力机车（动车组）将电带入停电区段。

三、V形停电作业

1. V形停电作业应具备的条件

(1)一行接触网设备距离另一行接触网带电设备间的距离

大于 2 m,困难时不小于 1.6 m。

(2)一行接触网设备距离另一行通过的电力机车(动车组)受电弓瞬时距离大于 2 m,困难时不小于 1.6 m。

(3)普速铁路上、下行或由不同馈线供电的设备间的分段绝缘器,其主绝缘爬电距离不小于 1.6 m;分段绝缘器的空气绝缘间隙不应小于 300 mm。高速铁路上、下行或由不同馈线供电的设备间的分段绝缘器,其主绝缘爬电距离不小于 1.2 m。

(4)普速铁路上、下行或由不同馈线供电的横向分段绝缘子串,爬电距离不小于 1.6 m。高速铁路上、下行或由不同馈线供电的横向分段绝缘子串,爬电距离须保证在 1.2 m 及以上,污染严重的区段应达到 1.6 m。

(5)同一支柱(吊柱)上的设备由同一馈线供电。

2. V 形停电作业应遵守的要求

(1)接触网停电作业前,须撤除向相邻线供电的馈线开关保护重合闸,断开相应可能向作业线路送电的所、亭开关。

(2)作业人员作业前,工作领导人(监护人员)应向作业人员指明停、带电设备的范围,加强监护,并提醒作业人员保持与带电部分的安全距离。任何情况下作业人员及所持的机具和材料不得侵入邻线建筑限界。

(3)高速铁路为防止动车组(电力机车)将电带入停电区段,列车调度员(车站值班员)应确认禁止动车组(电力机车)通过的限制要求。

(4)在断开导电线索前,应事先采取旁路措施。更换长度超过 5 m 的长大导体时,应先等电位后接触,拆除时应先脱离接触再撤除等电位。

(5)检修吸上线、PW 线、回流线(含架空地线与回流线并用区段)、避雷线等附加导线时不得开路,如必须进行断开回路的作业,则须在断开前使用不小于 25 mm^2 铜质短接线先行短接后,方可进行作业。

在变电所、分区所、AT 所处进行断开吸上线、电缆及其屏蔽层的检修时应采用垂直作业。

吸上线与扼流变压器中性点连接点的检修,不得进行拆卸,防止造成回流回路开路。确需拆卸处理时,须采取旁路措施,必要时请电务部门配合。

(6)遇有雨、雪、大雾、重度霾、强风(风力在 5 级及以上)恶劣天气时,一般不进行 V 形停电作业。遇有特殊情况需停电作业时,应增设接地线,并在加强监护的情况下方准作业。

(7)检修隔离(负荷)开关、绝缘锚段关节、关节式分相和分段绝缘器等作业时,应用不小于 25 mm^2 的等位线先连接等位后再进行作业。

(8)普速铁路 120 km/h 以上区段且线间距小于 6.5 m 时,V 形停电作业一般不使用车梯和梯子。特殊情况下必须使用车梯或梯子作业时,应办理邻线列车限速 120 km/h 及以下限制条件后,方可上道作业。当列车通过时,应停止操作。

3. V 形停电作业接地线设置应执行的要求

(1)两接地线间距大于 1 000 m 时,需增设接地线。

(2)一般情况下,接触悬挂和附加导线及同杆架设的其他供电线路均需停电并接地。但若只在接触悬挂部分作业,不侵入附加导线及同杆架设的其他供电线路的安全距离时,附加悬挂及同杆架设的其他供电线路可不接地,但须按有电对待并保持足够的安全距离。

(3)在电分段、软横跨等处作业,中性区及一旦断开开关有可能成为中性区的停电设备上均应接地线，但当中性区长度小于10 m时，在与接地设备等电位后可不接地线。

(4)接地线须安全可靠安装，不得侵入邻线限界，并有防风摆措施。

(5)在2条及以上并行股道的本线作业时，如线间距小于6.5 m的相邻股道上部的接触网未停电，须比照V形作业办法办理。

四、命令程序

每个作业组停电作业前，由工作领导人指定一名安全等级不低于三级的作业组成员作为要令人员，向供电调度员申请停电命令，并说明停电作业的范围、内容、时间、安全和防护措施等。几个作业组同时作业时，每一个作业组必须分别设置安全防护措施，分别向供电调度申请停电命令。

供电调度员在发布停电作业命令前，要做好下列工作：

(1)将所有的停电作业申请进行综合安排，审查作业内容和安全防护措施，确定停电的区段。

(2)通过列车调度员办理停电作业的手续，对可能通过受电弓导通电流的部位采取行车封锁或限制措施，防止来电的可能。

(3)确认有关馈电线断路器、开关均已断开。

(4)进行接触网上网电缆、上网隔离(负荷)开关停电作业时，确认上网电缆在牵引变电所亭(GIS柜)侧已接地。

供电调度员发布停电作业命令时，受令人应认真复诵，经确认无误后，方可给命令编号和批准时间。在发、受停电命令时，发令人将命令内容进行记录，受令人要填写“接触网停电作业命令票”，并逐级逐项彻底传达到全体作业人员。作业组接到停电作业命令必须经验电接地后方可作业。

五、验电接地

1. 一般规定。作业组在接到停电作业命令后须先验电接地，然后方可进行作业。验电和装设、拆除接地线必须由两人进行，一人操作、一人监护。操作人和监护人须穿绝缘鞋、戴安全帽，操作人还要戴绝缘手套。

2. 普速铁路使用抛线法验电时按下列顺序进行：

（1）检查所用抛线的技术状态，抛线须用截面积 6～8 mm^2 的裸铜软绞线制成。

（2）接好接地端。

（3）抛线时要使之不可能触及其他带电设备，抛线抛出后人体随即离开抛线，抛线不得短接钢轨。

（4）抛线的位置应在作业区两端接地线的范围内。

（5）接地线装设完毕后，方准拆除抛线。

3. 使用验电器验电的有关规定。

（1）必须使用同等电压等级的验电器验电，验电器的电压等级为 25 kV。

（2）验电器具有自检和抗干扰功能，自检时具有声、光等信号显示。

（3）验电前自检良好后，现场检查确认声、光信号显示正常（有条件的，可在同等电压等级有电设备检查其性能），然后再在停电设备上验电。

（4）在运输和使用过程中，应确保验电器状态良好。

4. 具体要求。

接地线应使用截面积不小于 25 mm^2 的裸铜绞线制成并有透明护套保护。接地线不得有断股、散股和接头。

接地线应可靠接在同一侧钢轨上，且不应跨接在钢轨绝缘两侧、道岔尖轨处。必须跨接在钢轨绝缘两侧时，应封锁线路。地线穿越或跨越股道时，必须采取绝缘防护措施。

当验明确已停电后，须立即在作业地点的两端和与作业地点相连、可能来电的停电设备上装设接地线。如作业区段附近有其他带电设备时，按《普速（高速）铁路接触网安全工作规则》第 64（高速 62）条规定，并在需要停电的设备上也装设接地线。

在装设接地线时，先将接地线的一端接地；再将另一端与被停电的导体相连。拆除接地线时，其顺序相反。接地线要连接牢固，接触良好。

装设接地线时，人体不得触及接地线，接好的接地线不得侵入未封锁线路的限界。作业范围内加挂的接地线不得影响正常作业。装设或拆除接地线时，操作人要借助于绝缘杆进行。绝缘杆要保持清洁、干燥。

当作业内容不涉及正馈线、回流线（保护线），及其他停电线路及设备时，对这些不涉及的线路和设备可不装设接地线，但要按照有电对待，保持规定的安全距离。

停电天窗时间内，使用接触网作业车或专用车辆进行接触网巡视或检测作业，可不装设接地线。未装设接地线时，禁止攀登平台、车顶和支柱。

接地线位置应处在停电范围之内，作业地点范围之外。在停电作业的接触网附近有平行带电的高压电力线路或接触网时，为防止感应电压，除按规定装设接地线外，还应增设接地线。

关节式分相检修时，除在作业区两端装设接地线外，还应在中性区上增设地线，并将断口进行可靠等位短接。

六、作业结束

1. 工作票中规定的作业任务完成后，由工作领导人确认具备送电、行车条件，清点全部作业人员、机具、材料撤至安全地带，拆除接地线，宣布作业结束，通知要令人请求消除停电作业命令。

2. 接地线拆除后，人员、机具必须与接触网设备保持规定的安全距离。作业车辆驶出封锁区间(站场)或人员及机具撤离至铁路建筑限界以外后，方可申请取消行车封锁(邻线限速)命令。

3. 几个作业组同时作业，当作业结束时，每个作业组须分别向供电调度申请消除停电作业命令。

4. 供电调度送电时按下列顺序进行：

(1)确认整个供电臂所有作业组均已消除停电作业命令。

(2)按照规定进行倒闸作业。

(3)通知列车调度员接触网已送电。

第四节　间接带电作业

一、一般规定

1. 遇有雨、雪、重雾、霾等恶劣天气，或空气相对湿度大于85%时，一般不进行间接带电作业。

2. 间接带电作业人员在接触工具的绝缘部分时应戴干净的手套，不得赤手接触或使用脏污手套。

3. 间接带电作业时，作业人员(包括其所携带的非绝缘工具、材料)与带电体之间须保持的距离不得小于1 000 mm，当受限制时不得小于 600 mm。

二、命令程序

1. 每次作业前,由工作领导人指定安全等级不低于三级的作业组成员作为要令人员向供电调度员申请作业命令。在申请作业命令时,要说明间接带电作业的范围、内容、时间和安全防护措施等。几个作业组同时作业时,每一个作业组须分别设置安全防护措施,分别向供电调度申请作业命令。

2. 供电调度在发布间接带电作业命令前,要做好下列工作:

(1)将所有的间接带电作业申请进行综合安排,审查作业内容和安全防护措施,确定作业地点、范围和安全防护措施。

(2)根据作业需求,撤除有关馈线断路器的重合闸。

(3)在发布间接带电作业命令时,经受令人认真复诵并确认无误后,方可发布命令编号和批准时间。每次进行间接带电作业时,发令人将命令内容进行记录,受令人要填写“接触网间接带电作业命令票”(见《普速(高速)铁路接触网安全工作规则》附件 7)。

3. 在作业过程中如果发现馈电线的断路器跳闸,供电调度员在未查清作业组情况前不得送电。作业组如果发现接触网无电时,要立即向供电调度报告。

三、作业结束

1. 作业任务完成,清点全部作业人员、机具、材料并撤至安全地带后,由工作领导人宣布结束作业,通知要令人向供电调度员申请消除间接带电作业命令。几个作业组同时作业时,要分别向供电调度申请消除间接带电作业命令。

2. 供电调度员确认作业组已经结束作业,不妨碍正常供电和行车后,给予消除作业命令时间,双方均记入记录中,整个间接带电作业方告结束。供电调度员确认供电臂内所有的作业组均已消除间接带电作业命令,方能恢复有关馈线断路器的重合闸。

四、安全技术措施

1. 间接带电作业工作领导人不得直接参加操作,必须在现场不间断地进行监护。

2. 工作领导人在作业前检查工具良好,确认联络员和行车防护人员已全部就位,通信联络工具状态良好,间接带电作业命令程序办理完毕,所采取的安全及防护措施全部落实后,方能向作业组下达作业开始的命令。

3. 间接带电作业的项目及具体要求由各集团公司制定。

第五节　倒闸作业

1. 接触网倒闸作业执行一人操作、一人监护制度。

2. 接触网隔离(负荷)开关的倒闸作业,具备远动功能的由供电调度员远动操作。不具备远动功能或远动功能失效时,由供电调度员发布倒闸命令,作业人员当地操作。

3. 远动操作时,供电调度员应通过调度端显示的遥信信号或视频监控对开关位置进行确认。现场有作业人员时,还应进行现场确认。远动系统异常时,禁止远动倒闸操作。遇开关位置信号异常时,应立即安排人员现场确认。

4. 从事隔离(负荷)开关现场倒闸作业人员应由安全等级不低于三级人员担任。对车站、机务(折返)段、车辆段或路外厂矿等单位有权操作隔离(负荷)开关的人员应经供电段培训、考试合格,签发合格证后方可担任此项工作。

5. 接触网作业人员进行隔离(负荷)开关倒闸时,必须有供电调度的命令;对车站、机务(折返)段、车辆段或路外厂矿等单位有权操作的隔离(负荷)开关,接触网作业人员在向供电调度申请倒闸命令之前,须向该站、段、厂、矿等单位主管负责人办理倒闸手续,并共同确认做好相应措施;对从接触网上引接的越级变压器的隔离开关,接触网作业人员在向供电调度申请倒闸命令之前,应确认二次侧不具备反送电条件(明显断开点或二次侧已接地)。

6. 在申请倒闸命令时,先由安全等级不低于三级的要令人向供电调度提出申请,供电调度员审查无误后发布倒闸命令;要令人受令复诵,供电调度员确认无误后,方可给命令编号和批准时间;每次倒闸作业,发令人将命令内容进行记录,受令人要填写“隔离(负荷)开关倒闸命令票”(见《普速(高速)铁路接触网安全工作规则》附件8)。

当倒闸作业造成供电范围及行车限制条件发生变化时,应提前办理相关手续后,方可发布倒闸命令。

7. 操作人员接到倒闸命令后,必须先确认开关位置和开合状态无误,再进行倒闸。倒闸时操作人员必须戴好安全帽和绝缘手套,穿绝缘靴,操作准确迅速,一次开闭到位,中途不得停留和发生冲击。

8. 倒闸作业完成,确认开关开合状态无误后,向要令人报告倒闸结束，由要令人向供电调度员申请消除倒闸作业命令。供电调度员要及时发布完成时间和编号并进行记录，要令人填写“隔离（负荷）开关倒闸完成报告单”（见《普速（高速）铁路接触网安全工作规则》附件9）。

9. 遇有危及人身或设备安全的紧急情况，可以不经供电调度批准，先行断开断路器或有条件断开的负荷开关、隔离开关，并立即报告供电调度。但再闭合时必须有供电调度员的命令。

10. 严禁带负荷进行隔离开关倒闸作业。严禁利用隔离（负荷）开关对故障线路进行试送电。隔离（负荷）开关可以开、合不超过10 km（接触网延展公里）线路的空载电流，超过时，应经过试验，并经集团公司批准。

11. 要加强对带接地闸刀的隔离开关使用管理的检查，其主闸刀应经常处于闭合状态；对车站、机务（折返）段、车辆段或路外厂矿等单位有权操作的隔离开关，使用单位因工作需要断开时，当工作完毕须及时闭合。主闸刀和接地闸刀分别操作的隔离开关，其断开、闭合必须按下列顺序进行：

（1）闭合时要先断开接地闸刀，后闭合主闸刀。

（2）断开时要先断开主闸刀，后闭合接地闸刀。

12. 隔离（负荷）开关的机构箱或传动机构须加锁，钥匙不得相互通用并有标签注明开关号码，存放于固定地点并由专人保管。

13. 在高速铁路防护栅栏内进行当地倒闸作业时，必须在上、下行线路封锁或本线封锁、邻线列车限速160 km/h及以下进行。

第六节　作业区防护

一、防护设置要求

进行接触网施工或维修作业时，应在列车调度台、车站（机务段、机务折返段、机车检修段、车辆段等）行车室设联络员，施工及维修地点设现场防护人员。要求如下：

1. 联络员和现场防护人员应由指定的、安全等级不低于二级的人员担任。

2. 在车站行车室设联络员时，区间作业，联络员设在该区间相邻车站的行车室；车站作业，联络员设在本站行车室。在机务（折返）段、机车检修段、车辆段内进行作业时，应根据现场情况，联络员可设在机务（折返）段、机车检修段、车辆段行车室或车站行车室。

3. 作业区段按照规定距离设置现场防护人员，防护人员担当行车防护同时可负责监护接触网停电接地线状态。防护人员不得侵入机车车辆限界。

二、对联络员、现场防护人员的基本要求

1. 具备基本的行车知识，熟悉有关行车防护知识，联络员还应熟悉行车室有关设备显示。

2. 熟悉有关防护工具、通信工具的使用方法及各种防护信号的显示方法，每次出工前应检查通信工具状态良好，行车防护用品携带齐全、有效。

3. 作业期间坚守岗位，精力集中，及时、准确、清晰地传递

行车信息和信号,作业未销记前,不得擅离工作岗位。

4. 不得影响其他线路上列车正常运行。

三、防护规定

1. 接触网施工维修作业防护按照《铁路技术管理规程》相关规定执行。接触网维修作业,现场防护人员应站在维修地点附近且瞭望条件较好的地点进行防护,显示停车信号。

2. 在双线区段、枢纽站场进行作业时,现场防护员除按规定做好本线防护外,还应监视邻线列车运行情况并及时报告工作领导人。

3. 作业过程中,联络员、现场防护人员与工作领导人之间必须保持通信畅通并定时联系,确认通信良好。一旦联控通信中断,工作领导人应立即命令所有作业人员下道,撤至安全地带。

4. 不同作业组分别作业时,不准共用现场防护人员。在未设好防护前不得开始作业,在人员、机具未撤至安全地点前不准撤除防护。

5. 高速铁路当设备发生故障,需在双线区间的一线上道检查、处理设备故障时,须进行防护,本线、邻线可不设置防护信号,司机应加强瞭望,具体防护办法由集团公司制定。

第七节　牵引变电所作业

一、对从事牵引变电所运行和检修工作人员的要求

从事牵引变电所运行和检修工作的有关人员,必须实行安全等级制度,经过考试评定安全等级,取得安全合格证(安全合

格证格式及安全等级的规定见《牵引变电所安全工作规程》、《高速铁路牵引变电所安全工作规则》附件1、2)之后，方准参加牵引变电所运行和检修工作。安全合格证签发的具体办法由集团公司制定。

从事牵引变电所运行和检修工作的人员，每年定期进行1次安全考试。属于下列情况的人员，要事先进行安全考试：

1. 开始参加牵引变电所运行和检修工作的人员；

2. 职务或工作单位变更时，仍然从事牵引变电所运行和检修工作并需提高安全等级的人员；

3. 中断工作连续3个月以上而仍继续担任牵引变电所运行和检修工作的人员。

对违反《牵引变电所安全工作规程》《高速铁路牵引变电所安全工作规则》受到处分的人员，必要时降低其安全等级，需要恢复原来的安全等级时，必须重新经过考试。

普速(高速)铁路牵引变电所的值班人员及检修工，要每2年(高速铁路为每1年)进行1次身体检查，对不适合牵引变电所运行和检修作业的人员要及时调整。

二、运行管理

1. 日常值班。牵引变电所值班员的安全等级不低于三级；助理值班员的安全等级不低于二级。高速铁路牵引变电所和开闭所每班宜设值守人员两名，由安全等级不低于三级的值班员担任。值守人员负责监视设备运行状态、应急故障处理和安全保卫。分区所、AT所无人值守。必要时(如倒闸或检修作业时)由安全等级不低于三级的运行检修人员临时担任值守人员。

当班值班员(或值守人员，下同)不得签发工作票和参加检修工作;当班助理值班员(或另一值守人员,下同)可参加检修工作,但必须根据值班员的要求能随时退出检修组。助理值班员值班期间,接受当班值班员的领导;参加检修工作期间,听从作业组工作领导人的指挥。

2. 设备巡视。具备单独巡视资格的人员包括:牵引变电所值班员和工长,安全等级不低于四级的检修人员、技术人员和主管的领导干部。值班员巡视前要先通知供电调度员或助理值班员,其他人员巡视前要经值班员同意。巡视时不得进行其他工作;当1人单独巡视时,禁止移开、越过高压设备的防护栅栏或进入高压分间。遇雷、雨天气必须巡视室外高压设备时,要穿绝缘靴、戴安全帽并不得靠近避雷针和避雷器。

3. 接触网停电作业变电所应采取的安全措施:为了保证接触网停电作业时接触网人员的人身安全,防止由于变电所或供电调度的误操作危及接触网人员的人身安全,V形天窗停电作业时供电调度要下令或远动撤除相邻馈线的自动重合闸装置,在供电臂上进行带电作业的时候也要撤除该条馈线的重合闸装置。

三、高压设备停电作业

1. 停电范围。对停电作业的设备,必须从可能来电的各方向切断电源并有明显的断开点;运用中的星形接线设备中性点应视为带电部分;断路器和隔离开关断开后须及时断开其操作电源。

2. 作业命令的办理。对牵引变电所有权停电的设备,值班人员可按规定自行验电、接地,办理准许作业手续;对牵引变电所无权自行停电的设备须按下列要求办理:

(1)属供电调度管辖的设备。作业前由值班员向供电调度申请停电，申请时要说明作业内容、时间、安全措施、班组和工作领导人的姓名；供电调度员审查无误后发布停电作业命令。供电调度员在发布停电作业命令时，要认真听取受令人的复诵，经确认无误后，方可给命令编号和批准时间。发令人和受令人须同时填写作业命令记录(见《牵引变电所安全工作规程》、《高速铁路牵引变电所安全工作规则》附件)，并由值班员将命令编号和批准时间填入工作票。

(2)对不属供电调度管辖、给非牵引负荷供电的设备停电时，由值班员向用电主管单位办理停电作业手续，并将准予停电的设备、时间、范围、作业内容及双方联系人的姓名记入值班日志或有关记录。

(3)在同一个停电范围内有两个及以上作业组同时作业时，值班员必须对每一个作业组分别办理停电作业申请。

3. 验电接地。高压设备验电及装设或拆除接地线时，必须由助理值班员操作，值班员监护。

对于可能送电至停电作业设备上的有关部分均要装设接地线；在停电作业的设备上如可能产生感应电压危及人身安全时应增设接地线；所装的接地线与带电部分应保持规定的安全距离并应装在作业人员可见到的地方。

变电所全所停电时，要对可能来电的各路进出线进行分别验电和装设接地线；变电所部分停电时，若作业地点分布在电器上互不相连的几个部分(如在以断路器或隔离开关分段的两段母线上作业)时，各作业地点须分别验电、接地。

高速铁路牵引变电所当变压器、电压互感器、断路器、室内配电装置单独停电作业时，应按下列要求执行：

(1)变压器和电压互感器的高、低压侧以及变压器的中性点均要分别验电接地。

(2)断路器进、出线侧要分别验电接地。

(3)母线两端均要装设接地线。

采用 GIS 开关柜的牵引变电所,在对馈线上网隔离开关、供电线及电缆进行检修作业时,作业现场无法进行常规接挂地线的情况下,应操作 GIS 开关柜三工位开关及断路器对该线路进行接地。其开关位置状态由值守人员进行复核。

在室内配电装置上,接地线应装在该装置导电部分的规定地点,这些地点的油漆应刮去并标出记号。配电装置的接地端子要与接地网相连通,其接地电阻须符合规定。

4. 悬挂标示牌,设置防护栅栏。在工作票中填写的已经断开的所有断路器和隔离开关的操作手柄上,均要悬挂“有人工作,禁止合闸”的警告标示牌。在室外设备上作业时,作业地点附近的带电设备与停电设备要有明显的区别标志;在室内设备上作业时,与作业地点相邻的分间栅栏上要悬挂“止步,高压危险!”的警告标示牌,并在检修的设备上和作业地点悬挂“有人工作”的警告标示牌。

在禁止作业人员通行的过道或必要的处所要装设防护栅栏,并在防护栅栏上悬挂“止步,高压危险!”的警告标示牌。部分停电作业,当作业人员可能触及带电部分时要装设防护栅栏,并在防护栅栏上悬挂“止步,高压危险!”的警告标示牌。装设防护栅栏要保证发生火灾、爆炸等事故时,作业人员能迅速撤出危险区。

作业结束之前,任何人不得拆除或移动防护栅栏和警告标示牌。

5. 消除作业命令。当办理完结束工作票手续后，值班员即可向供电调度员请求消除停电作业命令；在接到供电调度员消除停电作业命令后，须将供电调度员给予消除作业命令的时间记入作业命令记录中。

当同一个停电范围内有几个作业组同时作业时，值班员必须对每一个作业组分别向供电调度员请求消除停电作业的命令。

只有当所有的停电作业命令全部消除完毕，值班员方可按下列要求办理送电手续：

(1)属供电调度管辖的设备，按供电调度命令送电。

(2)不属供电调度管辖或给非牵引负荷供电的设备，要与用电主管单位联系，确认作业结束、具备送电条件后方准合闸送电，并将双方联系人的姓名、送电时间记入值班日志或有关记录中。

(3)对牵引变电所有权倒闸的设备，值班员须确认所有的工作票已经结束、具备送电条件后方可合闸送电。

四、远动故障时如何保证牵引变电所的正常工作

使用远动控制系统的牵引变电所，当远动装置出现故障不能进行变电所与供电调度正常通信后，由值班调度员下令，将相应变电所的控制开关由“远动位”切换到“当地位”，变电所值班员根据供电调度命令倒闸。同时值班调度员应将故障情况如实记录在日志上。当发生故障跳闸后，应快速准确地将故障性质、保护动作情况、事故影响、自动装置动作、故障标指示情况以及最大短路电流、最低母线电压等情况报告供电调度，并在供电调度的指挥下尽快恢复送电。

五、远离带电部分的作业

当作业人员与高压设备带电部分之间的距离等于或大于《牵引变电所安全工作规程》第 65 条、《高速铁路牵引变电所安全工作规则》第 68 条规定的距离时，允许不停电在高压设备上进行清扫外壳、更换整修附件（如油位指示器）、更换硅胶、整修基础、补油、取油样等能保证人身安全和设备安全运行的简单作业。

进行远离带电部分的作业过程中，作业人员在任何情况下与带电部分之间必须保持规定的安全距离；作业人员的安全等级不得低于二级，监护人员的安全等级为：普速铁路牵引变电所不低于二级、高速铁路牵引变电所不低于三级；在高压设备外壳上作业前，要先检查确认设备的接地必须完好。

六、低压设备上的作业

在变压器至钢轨的回流线上作业时一般要停电进行，填写第一种工作票，但对不断开回流线的作业且经确认回流线各部分连接良好时，可以带电进行。对断开作业的回流线，必须有可靠的旁路线。在回流线上带电作业时，要填写第三种工作票。严禁 1 人单独作业，作业人员的安全等级不低于三级。

在低压设备上作业时一般也要停电进行。若必须带电作业时，作业人员要穿紧袖口的工作服，戴工作帽、手套和防护眼镜，穿绝缘靴或站在绝缘垫上工作；所用的工具必须有良好的绝缘手柄；附近其他设备的带电部分必须用绝缘板隔开。

在低压设备上作业时，严禁 1 人单独作业。带电作业时作业人员的安全等级不得低于三级；停电作业时至少有 1 人的安全等级不低于二级。

严禁将明火或可能发生火焰的物品带入蓄电池室。在蓄电池室进行作业前，要先检查确认室内无异常现象，在作业过程中禁止对蓄电池充电，室内所有的通风机均应开启以保持通风良好。

七、二次回路上的作业

在确保人身安全和设备运行安全的条件下，允许有关的高压设备和二次回路不停电进行下列工作：

(1)在测量、信号、控制和保护回路上进行较简单的作业；

(2)改变继电保护装置的整定值，但不得进行该装置的调整试验且作业人员的安全等级不得低于三级；

(3)当电气设备有多重继电保护，经供电调度批准短时撤出部分装置时，可在撤出运行的保护装置上作业。

在二次回路上进行作业的人员不得进入高压分间或防护栅栏内，同时与带电部分之间的距离要等于或大于《牵引变电所安全工作规程》第 65 条、《高速铁路牵引变电所安全工作规则》第 68 条规定的数值；当作业地点附近有高压设备时，要在作业地点周围设围挡栅栏和悬挂相应的标示牌；所有互感器的二次回路均要有可靠的接地保护；直流回路不得接地或短路；根据作业要求需进行断路器的分合闸试验时，必须经值班员同意方准操作，试验完毕要报告值班员。

在带电的电压互感器和电流互感器二次回路上作业时，除执行以上规定外，还必须遵守下列规定：

1. 电压互感器。作业人员作业时要注意防止发生短路或接地；要戴绝缘手套并使用绝缘工具，必要时作业前撤出有关的继电保护;连接临时负荷的,必须在互感器与负荷设备之间设专用的刀闸和熔断器。

2. 电流互感器。严禁将其二次侧开路;短路其二次绕组时,必须使用短路片或短路线,并连接牢固,接触良好,严禁用缠绕的方式进行短接;作业时必须有专人监护,操作人员必须使用绝缘工具并站在绝缘垫上。

3. 用外加电源检查电压互感器的二次回路时,在加电源之前须在电压互感器的周围设围挡栅栏,围挡栅栏上要悬挂"止步,高压危险!"的警告标示牌,确认人员退到安全地带。

八、高压试验

1. 进行电气设备高压试验时,工作领导人的安全等级不得低于三级。在作业地点的周围要设围挡栅栏,围挡栅栏上要面向作业场地外方悬挂"止步,高压危险!"的警告标示牌(标示牌要面向作业场地外方),并派人看守。若被试设备较长时(如电缆),在距离操作人员较远的另一端也要派专人看守。

因试验需要临时拆除设备引线时,在拆线前应做好标记,试验完毕恢复后要仔细检查确认连接正确,方可投入运行。

2. 在一个电气连接部分内,同时只能允许一个作业组且在一台设备上进行高压试验。必要时,在同一个连接部分内可以同时进行检修和试验工作,但在高压试验与检修作业之间要有明显的断开点,且要根据试验电压的大小和被检修设备的电压等级保持足够的安全距离;在断开点的检修作业侧装设接地线,高压试验侧悬挂"止步,高压危险!"的警告标示牌,标示牌要面向检修作业地点。

试验装置的金属外壳要装设接地线,高压引线应尽量缩短,必要时用绝缘物支持牢固；试验装置的电源开关应使用有明显断开点的双极开关；试验装置的操作回路中，除电源开关外还应串联零位开关，并设过负荷自动跳闸装置。

3. 在施加试验电压（简称加压，下同）前，操作人和监护人要共同检查试验装置的接线、调压器零位、仪表的起始状态和表计的倍率等，确认无误且被试设备周围的人员均在安全地带后，经工作领导人许可方准加压。未装地线的具有较大电容量的设备应进行放电后再加压。

加压作业要专人操作、专人监护。其安全等级：操作人不低于二级，监护人不低于三级。加压时，操作人要穿绝缘靴或站在绝缘垫（试验周期和标准比照绝缘靴）上，操作人和监护人要呼唤应答。在整个加压过程中，全体作业人员均要精神集中，随时注意有无异常现象。

4. 当进行直流高压试验时，每告一段落或结束时应将设备对地进行放电数次，并进行短路接地。放电时操作人要使用放电棒并戴绝缘手套。被试设备上装设的接地线，只允许在加压过程中短时拆除，试验结束要立即恢复原状。

5. 高速铁路牵引变电所巡视、检修试验高压电缆时，应严格按下列要求进行：

打开电缆井、沟盖板时，应在井、沟的四周应布置好围栏，做好明显警告标志，并设置阻挡车辆误入的障碍。

进入电缆井前，应排除井内浊气。井内工作人员应戴安全帽，并做好防火、防水及防高空落物等措施，井口应有专人看守。

在同一断面内有众多电缆时，严格区分需试验的电缆与其他带电的电缆。

高压电缆试验时现场应装设封闭式的遮栏、警示带或围栏，向外悬挂“止步，高压危险！”警告标示牌。电缆两端不在同一地点的，另一端也必须派人看守，并保持通信畅通。

试验装置、接线应符合安全要求。试验时操作人员注意力应集中，穿绝缘靴或站在绝缘垫上。

电缆试验前后以及更换试验引线时，应对被试电缆（或试验设备）充分放电。

电缆试验结束，应在被试电缆上加装临时接地线，待电缆尾线接通后方可拆除。

6. GIS运行时的安全技术措施。

（1）SF_6（六氟化硫）开关室必须安装 SF_6 在线监测报警系统以保障人身安全。

（2）GIS室必须安装强力通风装置，排风口应设置在室内底部。运行人员经常出入的GIS室，每班至少通风1次（15 min）；对工作人员不经常出入的室内场所，应定期检查通风设施。

（3）作业人员进入GIS室内电缆沟或凹处工作时，应测含氧量或 SF_6 气体浓度，确认安全后方可进入。不准一人进入从事检修工作。

（4）气体采样操作及处理一般渗漏时，要在通风条件下进行，当GIS发生故障造成大量 SF_6 气体外逸时，应立即撤离现场，并开启室内通风设备。

（5）GIS解体检查时，应将 SF_6 气体回收加以净化处理，严禁排放到大气中。

（6）宜在晴朗干燥天气进行充气，并严格按照有关规程和检修工艺要求进行操作。充气的管子应采用不易吸附水分的管材，管子内部应干燥，无油无灰尘。

(7)在环境湿度超标而必须充气时,应确保充气回路干燥、清洁。可用电热吹风对接口处进行干燥处理,并立即连接充气管路进行充气。充气静止 24 h 后应对该气室进行湿度测量。

7. 高速铁路牵引变电所 GIS 运行检修时的安全技术要求。

(1)在打开的 SF_6 电气设备上工作的人员,应经专门的安全技术知识培训,配置和使用必要的安全防护用具。

(2)操作、巡视、检修试验 SF_6 电气设备时,要有防止 SF_6 泄漏的安全措施,其具体要求、措施等按国家、行业的相关标准、导则执行。

(3)高压室、电缆夹层入口处应装设 SF_6 气体含量显示器,GIS 室必须装强力通风装置,排风口应设置在室内底部。通风电机的控制开关应安装在控制室。进入时应先观察 SF_6 气体含量显示并通风 15 min;无人值守 GIS 所,应定期检查通风设施。

(4)严禁在 SF_6 设备防爆膜附近停留。

(5)进入 SF_6 配电装置低位区或电缆沟进行工作应先检测含氧量(不低于 18%)和 SF_6 气体含量不得超过 1 000 μL/L(即 1 000 ppm)。

(6)SF_6 气体发生大量泄漏等紧急情况时,人员应迅速撤出现场,开启所有排风机进行排风。

8. 试验结束时,作业人员要拆除自装的接地线、短路线,恢复三工位开关至隔离位,检查被试设备、清理作业地点。

九、测量工作

1. 使用兆欧表测量绝缘电阻。使用兆欧表测量绝缘电阻前后,必须将被测设备对地放电。放电时,作业人员要戴绝缘手套,穿绝缘靴。

在有感应危险电压的线路上测量绝缘电阻时，要将造成感应危险电压的设备一并停电后进行。

使用兆欧表测量绝缘电阻前，必须将被测设备从各方面断开电源，经验明无电且确认无人作业时方可进行测量。

测量时，作业人员站的位置、仪表安设的位置及设备的接线点均要选择适当，使人员、仪表及测量导线与带电部分保持足够的安全距离。作业地点附近不得有其他人停留。测量用的导线要使用相应电压的绝缘线。

在高压设备上作业应派遣作业小组，其中 1 人安全等级不得低于三级。

2. 使用钳形电流表测量电流。使用钳形电流表测量电流时，其电压等级应符合要求。测量时可以不开工作票，但在测量前要经值班员同意，并由值班员与作业人员共同到作业地点进行检查，由值班人员做好安全措施方可作业。测量完毕要通知值班员。使用钳形电流表测量需拆除防护栅才能作业时，应在拆除防护栅栏后立即测量，测量完毕要立即恢复。

测量时，作业人员与带电部分之间的距离要大于钳形电流表的长度，读表时身体不得弯向仪表面上。当测量电缆盒处各相电流时，只有在相间距离大于 300 mm 且绝缘良好时方准进行；当电缆有一相接地时，严禁作业。在低压母线上测量各相电流时，要事先用绝缘板将各相隔开，测量人员要戴绝缘手套。在高压设备上测量时戴绝缘手套，穿好绝缘靴站在绝缘垫上，不得触及其他设备，以防短路或接地。

钳形电流表要存放在盒内且保持干燥，每次使用前要将手柄擦拭干净。

3. 测量工作中的其他要求。除专门测量高压的仪表外，其他仪表均不得直接测量高压。测量连接电流回路用的导线截面积要与被测回路的电流相适应；连接电压回路的导线截面积不得小于 1.5 mm^2。如使用的携带型仪表、仪器是金属外壳，其外壳必须接地。进行高压回路测量时，要在作业地点周围设围挡栅栏，悬挂相应的标示牌，人员与带电部分之间须保持足够的安全距离。

第八节　电力作业

铁路电力工作人员除严格执行《铁路电力安全工作规程》规定外，还应严格遵守以下规定。

一、作业现场的基本条件

1. 作业现场的生产条件和安全设施等应符合有关标准规范的要求，工作人员的劳动防护用品应合格、齐备。

2. 经常有人工作的场所及施工车辆上宜配备急救箱，存放急救用品，并应指定专人经常检查、补充或更换。

3. 现场使用的安全工器具应合格并符合有关要求。

4. 各类作业人员应熟悉作业现场和工作岗位存在的危险因素、防范措施及事故紧急处理措施。

二、作业人员的基本条件

1. 经医师鉴定，无妨碍工作的病症。一般作业人员体格检查每两年至少一次；参加高处作业的人员，体格检查应每年进行一次。

2. 具备必要的电气知识和业务技能，并根据工作性质，熟悉《铁路电力安全工作规程》的相关内容，经考试合格。

3. 具备必要的安全生产知识，学会紧急救护法，特别要学会触电急救。

4. 从事高铁作业的人员应取得相关资质。

三、教育和培训

1. 各类作业人员均应接受相应的安全生产教育和岗位技能培训，经考试合格后方可上岗。

2. 电力工作人员应每年参加考试 1 次。因故间断电气工作连续 3 个月以上者，应重新学习，并经考试合格后，方能恢复工作。

3. 新参加电气工作的人员、实习人员和临时参加劳动的人员（管理人员、非全日制用工等），应经过安全知识教育后，方可随同参加指定的工作，并且不得单独工作。

4. 外单位承担或外来人员参与铁路电力工作的工作人员，应熟悉《铁路电力安全工作规程》并经考试合格，经设备运行管理单位认可后，方可参加工作。工作前，设备运行管理单位应告知现场电气设备接线情况、危险点和安全注意事项。

四、杜绝违章作业

任何人发现有违反规程规定的情况，应立即制止，经纠正后才能恢复作业。各类作业人员有权拒绝违章指挥和强令冒险作业；在发现直接危及人身、设备安全的紧急情况时，有权停止作业或者在采取可能的紧急措施后撤离作业场所，并立即报告。

五、电气设备分类

电气设备分为高压和低压两种：

高压电气设备：电压等级在 1000 V 及以上者。

低压电气设备：电压等级在 1000 V 以下者。

六、一般安全要求

1. 运行人员应熟悉电气设备。单独操作人员或运行值班负责人员还应具备相应的实际工作经验。

2. 变、配电所高压设备符合下列条件者，可由单人操作。

(1)室内高压设备的隔离室设有遮栏，遮栏的高度在 1.7 m 以上，安装牢固并加锁者。

(2)室内高压断路器(开关)的操动机构(操作机构)用墙或金属板与该断路器(开关)隔离或装有远方操动机构(操作机构)者。

3. 无论高压设备是否带电，工作人员不得单独移开或越过遮栏进行工作；若有必要移开遮栏时，应有监护人在场，并符合表 2-3 中规定的安全距离。

表 2-3　设备不停电的安全距离

电压等级/kV	安全距离/m
10 及以下	0.70
25 和 35	1.00
63(66)和 110	1.50
220	3.00

4. 运行中的高压设备其中性点接地系统的中性点应视作带电体，在运行中若必须进行中性点接地点断开的工作时，应先建立有效的旁路接地后方可进行断开工作。

七、高压设备的巡视

1. 经本单位批准允许单独巡视高压设备的人员巡视高压设备时，不准进行其他工作，不准移开或越过遮栏。

2. 雷雨天气，需要巡视室外高压设备时，应穿绝缘靴，并不准靠近避雷器和避雷针。

3. 火灾、地震、台风、冰雪、洪水、泥石流、沙尘暴等灾害发生时，如需要对设备进行巡视时，应制定必要的安全措施，得到设备运行单位分管领导批准，并至少两人一组，巡视人员应与派出部门之间保持通信联络。

4. 高压设备发生接地时，室内不准接近故障点 4 m 以内，室外不准接近故障点 8 m 以内。进入上述范围人员应穿绝缘靴，接触设备的外壳和构架时，应戴绝缘手套。

八、倒闸操作

1. 倒闸操作应根据值班调度员或运行值班负责人的指令，受令人复诵无误后执行。发布指令应准确、清晰，使用规范的调度术语和设备双重名称，即设备名称和编号。发令人和受令人应先互报单位和姓名，发布指令的全过程（包括对方复诵指令）和听取指令的报告时要录音并做好记录。操作人员（包括监护人）应了解操作目的和操作顺序。对指令有疑问时应向发令人询问清楚无误后执行。

2. 倒闸操作可以通过就地操作、遥控操作、程序操作完成。遥控操作、程序操作的设备应满足有关技术条件。

3. 倒闸操作的分类。

（1）监护操作：由两人同时进行的操作。

监护操作时，其中对设备较为熟悉的一人做监护。特别重要和复杂的倒闸操作，由熟练的运行人员操作，运行值班负责人监护。

(2)单人操作：由一人完成的操作。

实行单人操作的设备、项目及运行人员需经设备运行管理单位批准，人员应通过专项考核。单人操作时不得进行登高或登杆操作。

(3)检修人员操作：由检修人员完成的操作。

经设备运行单位考试合格、批准的本单位的检修人员，可进行 220 kV 及以下的电气设备由热备用至检修或由检修至热备用的监护操作，监护人应是同一单位的检修人员或设备运行人员。

4. 在发生人身触电事故时，可以不经许可，即行断开有关设备的电源，但事后应立即报告调度(或设备运行管理单位)和上级部门。

5. 同一变、配电所的倒闸作业票应事先连续编号，计算机生成的倒闸作业票应在正式出票前连续编号，倒闸作业票按编号顺序使用。作废的倒闸作业票，应注明“作废”字样，未执行的应注明“未执行”字样，已操作的应注明“已执行”字样。倒闸作业票应保存一年。

九、高速铁路电力

1. 作业前应取得集团公司供电调度电话命令或许可。受令人和发令人双方均应认真记录，发令人做好录音，受令人复诵无误后方可执行。

2. 高速铁路防护栅栏内的所有电力设备检修、检测、巡视及故障处理应纳入天窗点内进行，特殊情况应根据集团公司行调和供电调度的调度命令，办理登记、封锁线路或限速手续后执行。

3. 遇有危及人身和设备安全的紧急情况，可以不经过集团公司供电调度批准，先行断开断路器或有条件断开的负荷开关、隔离开关，并立即报告集团公司供电调度。设备恢复应有集团公司供电调度的命令。

4.“停电作业工作票”应由供电段审核后报集团公司供电调度，集团公司供电调度收到工作票后应审核安全措施是否完备。

5.“停电作业工作票”可用钢笔、圆珠笔填写或电子版进行流转、打印，但“已采取的安全措施”和现场写实部分应用钢笔、圆珠笔填写，字迹清楚，不得涂改。

6. 远动操作倒闸作业票应由集团公司供电调度填写。

7. 具备远动功能的高压开关应由集团公司供电调度远动操作；低压开关可由作业人员现场操作，但应经集团公司供电调度许可。

8. 停电作业时，具备远动功能的变、配电所的接地开关应由供电调度操作；贯通线路所带箱式变电站、车站变电所高压环网柜等其他线路接地开关应由现场作业人员操作。

9. 由供电调度操作的高压开关及接地开关的现场核对、确认工作，应纳入“停电作业工作票”。

10. 作业结束，工作执行人（领导人）确认现场作业人员采取的安全措施撤除后，向集团公司供电调度报告，由集团公司供电调度远动操作送电。送电后，集团公司供电调度和工作执行人（领导人）应分别检查设备运行情况，得到集团公司供电调度许可后方可离开现场。

11. 电力设备发生故障，应迅速组织抢修。如遇紧急情况，必须进入防护栅栏时，应按规定办理登记手续，经许可后方可进入。

12. 事故紧急处理，可不签发工作票，但必须采取安全措施并经集团公司供电调度批准。确认在短时间内不能处理，需要另行组织彻底修复的故障应签发工作票。

13. 高速铁路贯通线路及所带设备（包括箱式变电站）的维护、保养等作业，设备所属供电臂的一级、综合贯通线路应全部停电。特殊情况不能全部停电时，经供电调度批准，按照特殊作业方式办理，但应保证停电范围比作业范围向两个方向各扩大延伸一个停电区间，并保证每个可能来电方向有 2 组及以上高压开关处于断开位置。

十、保证安全的技术措施

1. 停电

检修设备停电，应把各方面的电源完全断开（任何运行中的星形接线设备的中性点，应视为带电设备）。禁止在只经断路器（开关）断开电源的设备上工作。应拉开隔离开关（刀闸），手车开关应拉至试验或检修位置，应使各方面有一个明显的断开点，若无法观察到停电设备的断开点时，应有能够反映设备运行状态的电气和机械等指示。与停电设备有关的变压器和电压互感器，应将设备各侧断开，防止向停电检修设备反送电。

2. 验电

对无法进行直接验电的设备，可以进行间接验电。即检查隔离开关（刀闸）的机械指示位置、电气指示、仪表及带电显示装置指示的变化，且须有两个及以上的指示同时发生对应变化；若进行遥控操作，则应同时检查隔离开关（刀闸）的状态指示、遥测、遥信信号及带电显示装置的指示进行间接验电。

3. 接地

(1)对于可能送电至停电设备的各方面都应装设接地线或合上接地刀闸，所装接地线与带电部分应考虑接地线摆动时仍符合安全距离的规定。

(2)接地线、接地刀闸与检修设备之间不得连有断路器（开关）或熔断器。若由于设备原因，接地刀闸与检修设备之间连有断路器（开关）时，在接地刀闸和断路器（开关）合上后，应有保证断路器（开关）不会分闸的措施。

4. 设置标示牌及防护物

对由于设备原因，接地刀闸与检修设备之间连有断路器（开关），现场操作时，在接地刀闸和断路器（开关）合上后，应在断路器（开关）操作把手上悬挂“禁止分闸！”的标示牌；远动操作时，在显示屏上进行操作的断路器（开关）和隔离开关（刀闸）的操作处均应相应设置“禁止合闸，有人工作！”或“禁止合闸，线路有人工作！”以及“禁止分闸！”的标记。

十一、铁路防护栅栏内作业的相关规定

1. 天窗点内步行巡视栅栏内的电力设备时，巡视人员不少于两人，应设驻站联络员或驻所（调度）联络员。巡视时不应在道心行走、道床停留、不经瞭望穿越线路；沿电缆沟径路行走时，注意走稳踏牢；严禁攀登接触网支柱；巡视人员应与联络员随时保持联系，注意避让车辆。

2. 天窗点外不应进入防护栅栏进行与高铁设备相关的检查、检测等作业。确需进入防护栅栏进行抢修等工作时，应按规

定办理手续，执行相关规定，并应经专用通道进出，不应翻越栅栏。

3. 栅栏内电力设备故障抢修作业时，按规定设驻站联络员和现场防护员，抢修工器具、材料摆放整齐，不得侵入限界，翻起的电缆沟盖板要摆放平稳，抢修完毕将盖板放平放实。

十二、在六氟化硫（SF_6）电气设备上的工作规定

1. 装有 SF_6 设备的配电装置室和 SF_6 气体实验室，应装设强力通风装置，风口应设置在室内底部。

2. 在室内，设备充装 SF_6 气体时，周围环境相对湿度应不大于 80%，同时应开启通风系统，并避免 SF_6 气体泄漏到工作区。工作区空气中 SF_6 气体含量不得超过 1 000 μL/L（即 1 000 ppm）。

3. 主控制室与 SF_6 配电装置室间要采取气密性隔离措施。SF_6 配电装置室与其下方电缆层、电缆隧道相通的孔洞都应封堵。SF_6 配电装置室及下方电缆层隧道的门上，应设置“注意通风”的标志。

4. SF_6 配电装置室、电缆层（隧道）的排风机电源开关应设置在门外。

5. 在 SF_6 配电装置室低位区应安装能报警的氧量仪和 SF_6 气体泄漏报警仪，在工作人员入口处应装设显示器。上述仪器应定期检验，保证完好。

6. 工作人员进入 SF_6 配电装置室，入口处若无 SF_6 气体含量显示器，应先通风 15 min，并用检漏仪测量 SF_6 气体含量合格。尽量避免一人进入 SF_6 配电装置室进行巡视，不准一人进入从事检修工作。

7. 工作人员不准在 SF_6 设备防爆膜附近停留。若在巡视中发现异常情况，应立即报告，查明原因，采取有效措施进行处理。

8. 进入 SF_6 配电装置低位区或电缆沟进行工作应先检测含氧量（不低于 18%）和 SF_6 气体含量是否合格。

9. 在变、配电所内禁止进行 SF_6 配电装置的气箱解体作业。

10. 设备内的 SF_6 气体不准向大气排放，应采取净化装置回收，经处理检测合格后方准再使用。回收时作业人员应站在上风侧。

11. 从 SF_6 气体钢瓶引出气体时，应使用减压阀降压。当瓶内压力降至一个标准大气压时，即停止引出气体，并关紧气瓶阀门，盖上瓶帽。

12. 如遇室内 GIS 发生故障有气体外逸或 SF_6 配电装置发生大量泄漏等紧急情况时，全体人员要迅速撤离现场，并开启所有排风机进行排风。在事故发生后 15 min 之内，只准佩戴有效防毒面具或正压式空气呼吸器的应急抢救人员入内。事故发生后 4 h 内，只有经过充分的自然排风或强制排风，并用检漏仪测量 SF_6 气体合格，用仪器检测含氧量（不低于 18%）合格后，方准人员穿着防护服、戴用备有氧气呼吸器的防毒面具、防护手套进入室内；事故后清扫 GIS 安装室或故障气室内固态分解物时，相关人员也应采取同样防护措施。如若有人被外逸气体侵袭，必须立即送医院诊治。发生设备防爆膜破裂时，应停电处理，并用汽油或丙酮擦拭干净。

13. 进行气体采样和处理一般渗漏时，要戴防毒面具或正压式空气呼吸器并进行通风。

14. SF_6 断路器（开关）进行操作时，禁止检修人员在其外壳上进行工作。

15. 对 SF_6 进行充、放气及泄漏处理后，作业人员应洗澡，把用过的工器具、防护用具清洗干净。

16. SF_6 气瓶应放置在阴凉干燥、通风良好、敞开的专门场所，直立保存，并应远离热源和油污的地方，防潮、防阳光暴晒，并不得有水分或油污粘在阀门上。搬运时，应轻装轻卸。

第九节　水管道作业

电气化区段站场内给水抢修作业必须采取防机车车辆伤害的安全措施，作业现场须设专人防护。

给水作业时处理平行、穿越股道或站场给水管路故障时，应采取防止喷溅措施。

在客站、客整场等接触网线路下从事抢修客车上水栓、更换截门等工作时，必须关闭排管两端的控制阀门，不带水压作业，同时将截门方向临时改为与地面平行。

复　习　题

一、填 空 题

1. 跨步电压的大小主要与接地电流的大小、人与接地体之间的距离、跨步的大小和方向及土壤电阻率等因素有关。一般距接地体越远处，跨步电压越小；跨步越小，跨步电压越小。

2. 当验明设备确已停电，则要及时装设接地线。在装设接地线时，先将接地线的一端接地；再将另一端与被停电的导体相连。拆除接地线时，其顺序相反。

3. 间接带电作业时，作业人员（包括其所携带的非绝缘工具、材料)与带电体之间须保持的距离不得小于1 m,当受限制时不得小于0.6 m。

4. 接触网巡视工作不少于两人进行,其中一人安全等级不得低于三级,在巡视中不得攀登支柱并时刻注意避让列车。

5. 接触网作业时工作票的有效期不得超过3个工作日,工作票和相应的命令票由专人统一保管不少于12个月。

6. 高处作业要使用专门的用具传递工具、材料和零部件等,不得抛掷传递。

7. 用车梯进行作业时,工作台上的人员不得超过2名;所用的零件、工具等均不得放置在工作台台面上。

8. 作业中推动车梯应服从工作台上人员的指挥。当车梯上有人时,推动车梯的速度不得超过5 km/h,并不得发生冲击和急剧起、停。工作台上人员和车梯负责人要呼唤应答,配合妥当。

9. 在进行停电作业时,作业人员(包括所持的机具、材料、零部件等)与周围带电设备的距离不得小于下列规定:500 kV为6 m;330 kV为5 m;220 kV为3 m;110 kV为1.5 m;25 kV和35 kV为1 m;10 kV及以下为0.7 m。

10. 遇雷、雨天气必须巡视室外高压设备时,要穿绝缘靴、戴安全帽并不得靠近避雷针和避雷器。

11. 凡在距离地(桥)面2 m及以上的处所进行的作业均称为高处作业。

12. 作业平台上有人作业时,作业车移动的速度不得超过10 km/h,且不得急剧起、停车。

13. 120 km/h以上区段且线间距小于6.5 m时,V形停电作业一般不使用车梯和梯子。特殊情况下必须使用车梯或梯子作业时，应办理邻线列车限速120 km/h及以下限制条件后，方可上道作业。当列车通过时，应停止操作。

14. V形停电作业，两接地线间距大于1 000 m时，需增设接地线。接地线应可靠安装，不得侵入邻线限界，并有防风摆措施。

二、判 断 题（对的打“√”，错的打“×”）

1. 在同一个停电范围内有几个作业组同时作业时，对每一个作业组，值班员必须分别办理停电作业申请。（√）

2. 所有接触网设备，自第一次受电开始即认定为带电设备。（√）

3. 高处作业是指距离地面3 m以上的作业。（×）

4. 用梯子作业时，梯子上可以有两人作业。（×）

5. 同一张工作票的签发人和工作领导人可以由同一人担当。（×）

6. 牵引变电所值班员单独巡视时，要事先通知供电调度或当班值班员。（×）

7. 1个工作组的工作领导人可以同时接受2张工作票。（×）

8. 接触网作业车出车前，司机应认真检查车辆和行车安全装备、防护备品齐全良好，并与作业人员检查通信工具，确保联络畅通。（√）

9. 对不属供电调度管辖、给非牵引负荷供电的设备停电时，由值班员向用电主管单位办理停电作业手续，并将准予停电的设备、时间、范围、作业内容及双方联系人的姓名记入值班日志或有关记录。（√）

10. 当进行直流高压试验时，每告一段落或结束时应将设备对地进行放电数次，并进行短路接地。放电时操作人要使用放电棒并戴绝缘手套。 (√)

11. 中断工作连续6个月以上而仍继续担任高速铁路接触网运行和检修工作的人员，上岗前应进行安全等级考试，取得“高速铁路岗位培训合格证书”之后，方准参加与所取得的安全等级相适应的工作。 (√)

12. 停电和一般带电作业的工作票签发人和工作领导人，须由安全等级不低于三级的人员担当。 (×)

13. 当用梯子作业时，作业人员应先检查梯子是否牢靠；要有专人扶梯，梯子支挂点稳固，严防滑移。 (√)

14. 验电和装设、拆除接地线必须由两人进行，一人操作、一人监护。 (√)

15. 接地线应使用截面积不小于25 mm^2的裸铜绞线制成并有透明护套保护。接地线不得有断股、散股和接头。 (√)

16. 接触网几个作业组同时作业，当作业结束时，每个作业组须分别向供电调度申请消除停电作业命令。 (√)

17. 遇有雨、雪、重雾、霾等恶劣天气，或空气相对湿度大于85%时，一般不进行间接带电作业。 (√)

18. 在有轨道电路的区段作业时，不得使长大金属物体(长度大于或等于轨距)将线路两根钢轨短接。 (√)

三、选择题

1. 作业平台上有人作业时，作业车移动的速度不得超过(B) km/h，且不得急剧起、停车。

A. 5　　B. 10　　C. 15　　D. 20

2. 牵引变电所具备单独巡视资格的人员不包括(B)。

A. 牵引变电所值班员

B. 牵引变电所助理值班员

C. 牵引变电所工长

D. 安全等级不低于四级的检修人员、技术人员和主管的领导干部

3. 普速铁路在160 km/h以上区段且线间距小于(A) m的线路上进行作业时,应办理邻线列车限速160 km/h及以下申请,得到车站值班员同意作业的签认后,方可作业。

A. 6.5　　B. 7.5　　C. 8.5　　D. 9.5

4. 从事铁路接触网运行和检修工作的有关现职人员每(A)进行一次安全等级考试。

A. 一年　　B. 两年　　C. 三年　　D. 四年

5. 在牵引变电所低压设备上作业时,严禁1人单独作业。带电作业时作业人员的安全等级不得低于(C)级;停电作业时至少有1人的安全等级不低于(B)级。

A. 一　　B. 二　　C. 三　　D. 四

6. 带电作业用的绝缘工具材质的电气强度不得小于(C) kV/cm。

A. 1　　B. 2　　C. 3　　D. 4

7. 在线路上使用车梯作业时,车梯上作业人员不得超过(B)。

A. 1人　　B. 2人　　C. 3人　　D. 4人

8. 接地线应使用截面积不小于(D) mm^2的裸铜绞线制成并有透明护套保护。

A. 12　　B. 15　　C. 20　　D. 25

9. 凡在距离地面、桥面(B) m 以上的处所进行的作业均称为高处作业。

A. 1　　B. 2　　C. 3　　D. 5

10. V 形停电作业设置接地线时，当两接地线间距大于(B) m 时，需增设接地线。

A. 500　　B. 1 000　　C. 1 500　　D. 2 000

11. 接触网(C)工作票用于停电作业。

A. 第三种　　B. 第二种

C. 第一种　　D. 第一种和第二种

12. 发票人一般应在工作前(C) h 将工作票交给工作领导人。

A. 1　　B. 4　　C. 6　　D. 12

13. 接触网作业结束后，工作领导人要将工作票交给工区统一保管，时间不少于(D)。

A. 15 天　　B. 1 个月

C. 6 个月　　D. 12 个月

14. 工作票的有效期不得超过(A)个工作日。

A. 3　　B. 4　　C. 5　　D. 6

15. 停电作业时，每一个监护人员的监护范围，不得超过(B)个跨距。

A. 1　　B. 2　　C. 3　　D. 4

16. 在进行停电作业时，作业人员与周围 35 kV 带电设备的距离为(B) m。

A. 0.7　　B. 1　　C. 1.5　　D. 2

17. 接地线要用截面积不小于 25 mm^2 的(B)制成。

A. 钢绞线　　B. 裸铜绞线

C. 铜绞线　　　　　　　　　D. 裸铜线

18. 外轨超高≥(C) mm 区段人员需在作业平台上作业时，作业平台应具有自动调平装置并开启调平功能。

A. 90　　　B. 100　　　C. 125　　　D. 150

19. 在电分段、软横跨等处作业，中性区及一旦断开开关有可能成为中性区的停电设备上均应接地线，但当中性区长度小于(B) m 时，在与接地设备等电位后可不接地线。

A. 5　　　B. 10　　　C. 15　　　D. 20

四、问 答 题

1. 作业组成员的职责是什么?

答:作业组成员要服从工作领导人的指挥、调动，遵章守纪，对不安全和有疑问的命令，要及时果断地提出，坚持安全作业。

2. 开、闭合带接地闸刀的隔离开关必须按怎样顺序进行?

答:(1)闭合时要先断开接地闸刀，后闭合主闸刀。

(2)断开时要先断开主闸刀，后闭合接地闸刀。

3. 攀杆作业时应注意哪些安全事项?

答:攀登支柱前要先检查支柱状态，选好攀杆方向和条件，攀登时手把牢靠，脚踏稳准，严防滑落。要尽量避开设备，且与带电设备要保持规定的安全距离。

4. 高处作业必须设有专人监护，其监护要求是什么?

答:(1)间接带电作业时，每个作业地点均要设有专人监护，其安全等级不低于四级。

(2)停电作业时，每个监护人的监护范围不超过 2 个跨距，在同一组软(硬)横跨上作业时不超过 4 条股道，在相邻线路同时作业时，要分别派监护人各自监护；当停电成批清扫绝缘子时，可视具体情况设置监护人员。监护人员的安全等级不低于三级。

(3)作业人员及所携带的物件、作业工器具等与接触网带电部分距离小于3 m的远离作业，每个作业地点均要设有专人监护，其安全等级不低于四级。

5. 接地线的选用有什么要求?

答：接地线要用截面积不小于25 mm^2的裸铜软绞线制成，并有透明护套保护。接地线不得有断股、散股和接头。

6. 当车梯放在道床、路肩上或作业人员超过工作台范围作业时，对高处作业人员安全有何要求?

答：作业人员应将安全带系在接触网上，车梯在地面上推动时，工作台上不得有人停留。

7. 绝缘工具每次使用前应做好哪些检查?

答：绝缘工具在每次使用前要仔细检查是否有损坏，并用清洁干燥的抹布擦拭有效绝缘部分，而后用2 500 V兆欧表分段测量(电极宽2 cm，极间距离2 cm)有效绝缘部分的绝缘电阻，不得低于100 MΩ，或测量整个有效绝缘部分的绝缘电阻不低于10 000 MΩ。

8. 接触网作业根据作业性质的不同，工作票分为哪三种?

答：接触网第一种工作票用于停电作业；接触网第二种工作票用于间接带电作业；接触网第三种工作票用于远离作业及距带电部分1 m及以外的高处作业、较复杂的地面作业(如安装或更换火花间隙和地线、开挖支柱基坑)、未接触带电设备的测量、铁路防护栅栏内步行巡视等。

9. 接触网的检修作业分为哪三种?

答：(1)停电作业：在接触网停电设备上进行的作业。

(2)间接带电作业:借助绝缘工具间接在接触网带电设备上进行的作业。

(3)远离作业:在距接触网带电部分1 m及以外的处所进行的作业。

第三章　机务作业劳动安全知识

第一节　基本要求

一、机务作业的基本要求

1. 所有接触网设备，自第一次受电开始，在未办理停电接地手续之前，均视为有电。在电气化区段运行的机车、动车组、车辆及自轮运转设备可以攀登到车顶或作业平台的梯子、天窗等处所，均应有“电化区段严禁攀登”的警告标志。

2. 凡停在接触网下的机车车辆，未与调度取得联系和挂好接地线前，不论何种原因，禁止登上机车车辆顶部进行任何作业。禁止使用胶皮软管水流冲刷机车车辆上部。

3. 对进入电气化铁路的非电力机车上危及人身安全、可能造成触电伤害的部位或零部件必须进行加装、改造；机车上的工具都要放在固定地点，取送、使用时不得越出司机室。

4. 各种绝缘工具、防护用品要指定专人负责保管，要定期进行试验，禁止使用未经试验、试验不合格或超过试验期的绝缘用品。电力机车检修时外接电源用的导线和电缆，要放在规定位置，并由专人保管，定期进行检查和性能试验。

5. 进行各种耐压试验时，要在指定的安全栅栏内进行，并挂好“止步，高压危险！”等警告标语。

6. 严禁作业人员在列车运行中进行机车外部作业。

7. 救援列车进入电气化铁路进行救援时，所有参与救援的人员必须在接触网停电接地的情况下方准作业。

二、安全培训的基本要求

根据《电气化铁路有关人员电气安全规则》等有关规章的要求，电气化铁路区段机务系统作业人员必须经电气化铁路劳动安全的培训，考核合格后，掌握电气化铁路相关的安全知识、技能方准从事作业，具体要求有：

1. 对新职和电气化铁路投入运用前初次接触电气化铁路的有关人员要进行不少于24课时的全面培训，合格者由单位将培训考试内容及成绩汇总报铁路局集团公司主管部门。

2. 对经过电气化铁路劳动安全知识培训、考核合格的人员，每年进行一次考试，机车乘务员可以在进行年度职务技术鉴定考试时同时进行。考试必须闭卷笔试，考试内容要根据不同的工种制定，考试不合格的重新进行培训。

3. 因改职、调动等改变作业范围的人员，对未培训的内容应进行培训，并经考试合格后方准上岗作业。

4. 作业人员电气化铁路劳动安全培训内容、考试成绩由培训、考核单位填写、盖章及存档，不得缺项和简化。

5. 培训考核的主要内容包括《电气化铁路有关人员电气安全规则》《机务作业人身安全标准》等。

6. 地方铁路、合资铁路和企业铁路的自备机车单位的有关人员，在进入电气化铁路工作时，必须经铁路局集团公司主管部门组织的电气化铁路劳动安全知识的培训，考核合格后方可作业。对有关人员的培训、考试由铁路局集团公司根据其人员配置、使用机型、作业范围等情况统一组织安排。

7. 机务系统从事隔离开关操作和监护作业的人员，必须参加铁路局集团公司主管部门组织、供电部门举办的安全培训班，取得隔离开关安全操作证后方准上岗。

第二节　机车运用有关工种作业

一、一般要求

1. 各类机车，凡可攀登到车顶的梯子和通过走台板的前门、天窗等处，应涂刷或设置“接触网有电，禁止攀登”等明显的警示标语，并加锁或安装自动报警装置。严禁私存、私配车顶门钥匙。

2. 乘务员在电气化区段运行中，禁止雷雨天气将头、手伸出车窗外。

3. 乘务员应确保必备的安全防护用品性能良好，定置存放，加封管理。例如接地杆、绝缘垫、绝缘靴(鞋)、绝缘手套等。

4. 机车正常运行时，任何人不得非法切除机车任何保护装置。若出现不正常状态，应通知有关人员及时检查调整，严禁司机自行调节各保护环节的整定值或采用不合格的熔断器。

5. 按动两位置转换开关电空阀时，身体及头部要离开手柄转动部分，并不得接触转鼓及触指等部位。

6. 如接触网临时停电，在未办理停电接地前，应视为有电，严禁登上机车或车辆的顶部进行作业。

7. 必须由车顶门或规定位置登顶，严禁从其他部位爬上车顶，在检查中注意防止滑落和摔伤，并在司机台处加挂禁动牌。

沿车梯上下机车必须面向机车。

二、电力机车乘务作业

1. 电力机车乘务员应熟知机车高压导线通过的地方和高压工作的用电设备、测量仪表和其他机械。

2. 禁止乘务员持有、使用私有的换向手柄和司机台开关箱钥匙。

3. 接车时，司机必须确认电气仪表和器件的外罩、机车轴承、接地装置状态良好，受电弓是否降落。

4. 必须严格执行高、低压试验程序及方法，做到一人试验、一人配合监护，其他人员应停止检查及检修、维修与其有关的工作。

5. 机车停于整备线后，需断电降弓，办理隔离开关使用手续，在隔离开关打开，并挂好接地线经验电确认无电后，才能登顶作业，此时进入该线的其他机车禁止超越规定的停车地点。

6. 升弓前，要确认机车所有装置良好，司机必须亲自确认变压器室、高压室门及车顶门已关闭，地沟内或机车下部无作业人员，本班及其他相关人员处于安全位置后，与本班人员呼唤应答，并鸣笛，方能升起受电弓。

7. 升弓时，禁止进入高压室和变压器室；禁止开启防护高压用的护板、外罩和电机整流子孔盖；禁止检查与修理电力机车车体下面的电气设备、机械装置、通风装置。

8. 电力机车在运行中如发生故障须登上车顶检查维修时，必须断电降弓，并按规定办妥停电手续，验电接地后，方准登顶作业。

9. 运行中处理高压室故障，必须在断电降弓条件下进行，高压室门钥匙必须随身携带，不得关闭高压室门，禁止带电处理高压故障。

10. 运行中，机班人员要密切注视线路和网上情况，遇接触网临时故障或异状时，应采取降弓或减速停车措施，并用电台及时通知前方站。

11. 处理辅助电机故障时应使用绝缘导线先行放电后，再进行作业。

12. 机车在升弓受流情况下，司机若进行各种系统操纵试验时，其他作业人员应停止一切有关的检查维修工作。

13. 机车在降弓情况下，司机停止操纵试验后，允许有关人员进行机械装置的检查调整及照明灯、低压熔断器、低压电位器等有关更换和调整工作。

14. 司机升弓、试闸、动车前应确认本班和其他工作人员处于安全位置，鸣笛后方可进行。

15. 必须在断电、降弓的条件下更换电力机车闸瓦，作业前必须在制动机手柄处挂"禁动"牌。

16. 在列检所(点)或车站，列车插有防护信号时，不得进行机车高压试验。

17. 升弓后或运行中，遇紧急情况，机班成员均有权采取降弓或停车措施。

三、内燃机车乘务作业

内燃机车进入电气化区段在电网下作业，乘务员必须严格执行电气化铁路有关安全规章、措施、办法。

1. 车顶门必须按规定加锁，车顶窗钥匙严加保管，非作业区禁止车顶作业。

2. 禁用水冲洗机车上部，机车上水时，必须有人在场，防止跑水或喷向空中，防止水流导电，发生触电伤害。

3. 机车上油时均压线作用必须良好。

4. 禁止从机车外部登高并超过机车顶部作业。确需登上内燃机车车顶进行上部作业时，必须停在允许作业区内，征得值班员同意，并有人在场实施监护时方准作业。

5. 雷雨天气，运行中禁止司机将头、手伸出窗外，防止雷击及意外伤害发生。

四、机车运用有关工种关键作业

（一）电力机车升弓后安全作业

电力机车升起受电弓后，机车主回路及辅助回路均带有高压电。升弓前，司机应通知副司机及登乘机车的全体人员上车，并确认他们已处于安全的地点；检查确认各机械设备的孔盖已盖好，高压室、变压器室内无人，且室门已关闭，设备状态良好。然后鸣笛一长声，升起受电弓。升弓后禁止从事以下各项工作：

1. 进入高压室或变压器室；
2. 开启防护高压用的护板、外罩及电机整流子孔盖；
3. 开启或整修各种高压电气设备或器具；
4. 攀登车顶检修受电弓或清扫车顶；
5. 检修车体下面的电气设备、机械装置和通风装置。

乘务人员应保持机车高压室门上、可卸壁板和高压仪表箱上书写的“受电弓升起时，不得开启”等警告文字的整洁、完好，并不得以其他物件遮盖，以便随时提醒机车乘务员在运行中不得开启上述门、箱，防止乘务人员触电。

（二）电力机车在运行途中发生弓网故障的处理

电力机车在运行途中发生弓网故障时，乘务员应按照相应程序处理故障，如需登上车顶进行检查处理受电弓作业时，应采取下列步骤以确保人身安全：

1. 发生弓网故障，司机须立即降弓，并向列车调度员报告。当司机确认机车通过故障地点，列车可继续运行时，机车升起另一受电弓运行。当司机确认无法继续运行时，报告列车调度员停电处理。

2. 列车调度员接到报告后，立即通知供电调度员；供电调度员通知供电段组织检查、抢修。

3. 司机登上车顶检查处理受电弓作业程序：

（1）司机亲自向供电调度员请求停电，并接受命令，无论是在区间或站内，必须接到“接触网已停电，准许登上车顶作业”的调度命令，按照电调命令所指定的时刻进行作业，不得提前，并与发令人校对时刻。

（2）如在区间时，应按命令指定的时间延后 3 min 开始作业，并将命令内容抄在司机手账内。作业前应穿戴防护用具，升弓后确认弓是否与接触网接触，确认网压表是否为零，确认停电无误后，降下受电弓，然后再向接触网送电方向挂好接地线。

（3）在挂地线时，必须先挂接地线端，再挂电网端，接地端接在轴箱接地软线上，用螺栓拧紧。接地线挂好后，再登上车顶作业。需追加作业时间时，在原规定时间前亲自向供电调度员申请追加作业时间；未得到供电调度员允许时，应及时撤离车顶，并拆除接地线，只有在接到供电调度员发给的追加作业时间命令后，方准继续作业。

（4）作业完毕后拆除接地线，应先拆电网端，再拆接地端，然后彻底检查、清理，确认机车车辆顶部没有遗留作业涉及的新旧工机料具后方可撤离，确认无误后锁闭车顶门窗。作业完了，司机须立即向列车调度员报告。待接触网恢复供电后，按规定启动列车。

(5)单班单司机值乘时，禁止司机单独登顶作业。

4. 动车组登顶检查受电弓作业程序：

(1)随车机械师通知司机申请接触网停电登顶作业，司机报告列车调度员(车站值班员)，在接到接触网已停电准许登顶作业的调度命令和邻线列车限速 160 km/h 及以下调度命令已发布的口头指示后，通知随车机械师。

(2)随车机械师接到登顶作业通知后，在列车非会车侧就近车门下车，按规定穿戴好防护用品后使用验电器确认接触网已停电，在车顶作业范围两端邻近的接触网腕臂或两端接触网上各挂设一根接地杆，确认动车组(仅限 CRH2A、CRH2C、CRH380A、CRH6A 平台动车组)放电完毕后方可登顶作业，登顶作业严禁超出两端挂设的接地杆。

(3)随车机械师发现受电弓折断、移位、挂异物及其他高压配件损伤严重而无法独自处理时，应申请支援。

(4)登顶作业完毕，随车机械师通知司机故障处置情况，并申请接触网供电，司机报告列车调度员(车站值班员)。

(5)列车恢复运行后，随车机械师应通过受电弓视频监控装置，加强对故障受电弓区域的监控，受电弓视频监控装置未安装或故障无法使用时，应加强对故障受电弓所在车辆的巡视检查。

(6)需在前方站停车处置时，随车机械师通知司机。司机报告列车调度员(车站值班员)，车站有供电人员值守且无应急任务时，列车调度员(车站值班员)可根据随车机械师申请，通知供电调度组织供电人员携带安全用具协助随车机械师进行接地、登顶等作业,其中登顶作业命令申请和验电由随车机械师负责。

(三)电力机车消防安全措施

电力机车一旦发生电气火灾,除了造成机车设备毁坏还可能造成乘务员人身伤亡和接触网设备损坏等重大损失,所以必须严格执行作业安全措施,准确掌握灭火器安全使用方法,发生火情立即果断扑救。

1. 电力机车消防安全要求

凡必须临时断开的电气设备导线端头,均应包装上绝缘胶带并捆好挂起,以防与其他电气设备或机车的接地部分接触;当机车上敷设临时电线时,应使用规格匹配的电线或电缆并捆扎好,不得与车体相摩擦或直接接触;严禁在机车电路内使用不合格(或代用品)的熔断器。严禁在机车司机室内的电炉上、各空气压缩机上烘烤棉、丝物品或放置其他物品,禁止在机车走廊上吸烟;机车内部消防设备应齐全,有效期限符合要求,并按规定定期检查;在机车内部作业时,严禁吸烟和使用明火,车内不得存放棉、丝物品及其他易燃物品;机车运行中,非操纵端司机室内无人时,严禁开启暖风机、取暖器、电炉等设备;机车停车后,应适当延长通风机的通风时间,保证主电路电器可靠散热通风,发现电器、导线有松动、短路、变色或异味时,要及时查明原因并按规定处理;乘务员要熟知灭火器使用方法。为保证灭火性能良好,在日常保存时禁止日光或其他热源直接辐射灭火器筒,不得敲打灭火器的筒体和其他部分,灭火器阀门和筒口要保持干燥。

2. 电力机车发生火情的处理方法

(1)当电力机车发生火情时,司机应立即将调速手柄放在零位，断开主断路器，降下受电弓，拉开蓄电池闸刀，尽可能将列车停留在便于救火和旅客下车的地点，但不得在木材建筑物附近，立即鸣示火灾警报信号。如果列车停在坡道上，应拧紧人力制动机，并打好止轮器，立即组织救火。

(2)机车内用电设备着火时，只能使用水基型灭火器、二氧化碳灭火器和干砂灭火，部分机车可使用随车配备的七氟丙烷灭火系统。若木制器械着火，确认与电源无关时，方可用水、干粉或泡沫灭火器灭火。

(3)发生火情后，机车乘务组应仔细检查机车设备遭受损失程度，如果能继续运行时，将损坏处所处理好维持运行，若损坏严重，应请求救援。在面对较大或复杂的火情时，须及时报警并请求专业救援。

3. 常用灭火器的性能和使用时的注意事项

(1)水基型灭火器适用于扑救可燃固体（A类）、可燃液体（B类）、可燃气体（C类）及电器（E类）火灾。A类固体火灾如纸张、木材、布料、橡胶、塑料等引发的，水能够有效冷却火灾点，阻止火势的蔓延；B类可燃液体如汽油、酒精、溶剂、油脂、涂料等可燃液体等引发的，水可以覆盖液体表面，形成蒸气层隔离氧气，抑制火焰的燃烧；C类可燃气体如天然气、乙炔、丙烷等引发的，水可以降低火焰的温度，减少氧气供应，帮助灭火；E类电器火灾如电器设备或电气线路引发的火灾，通常使用非导电的水雾进行灭火，有效降低火灾表面温度和阻止电气设备的继续燃烧。该型灭火器灭火效果明显优于干粉等灭火器，具有灭火效率高、抗复燃性能强、无次生污染、无毒、无刺激等特点，可100%生物降解。

(2)二氧化碳灭火器适用于扑灭600 V以下的各种电气火

灾。喷射时，应先由火焰边缘开始，再推向中心位置，并应避免逆风使用，以免二氧化碳液体喷伤他人或自己。灭火后应注意通风，以防窒息。

(3)干粉灭火器可扑救可燃固体(A 类)、可燃液体(B 类)、可燃气体(C 类)火灾。

(4)七氟丙烷灭火系统是一种高效能的灭火设备，可用于扑救电气火灾、液体火灾、可熔化的固体火灾、固体表面火灾及灭火前能切断气源的气体火灾。其灭火剂 HFC-ea 是一种无色、无味、低毒性、绝缘性好、无二次污染的气体，适用环境温度为 −10～50 ℃，相对湿度不大于 95%(40 ℃±2 ℃)。当七氟丙烷受到高温作用后会分解成氟化氢，此气体进入身体后可能会导致人体头痛、头晕、恶心呕吐症状，同时还可能会出现身体疲乏无力、精神不振等各种反应。当浓度可能超过 10.5%时，人员必须在 1 min 内撤离；七氟丙烷对眼和呼吸道有强烈的刺激作用；高浓度吸入时可抑制中枢神经系统，造成头晕、头痛、胸闷、恶心等症状；皮肤直接接触可引起冻伤；吸入高浓度蒸气时，可引起喉头水肿甚至窒息死亡；大量口服后经消化道吸收迅速进入全身血液循环而导致中毒死亡。

使用时注意事项：保护区域的空气中不得含有易爆、导电尘埃及腐蚀部件的有害物质，系统不得受到震动和撞击；系统喷射灭火剂前，所有人员必须在延时期内撤离火情现场，灭火完毕后，必须首先启动风机，将废气排出后，方准人员进入现场；消防气瓶每三年必须进行一次检测充装，每月例行检查一次灭火剂气瓶和驱动气瓶的压力表是否处于正常工作的绿区内，如处于红区必须及时处理，同时检查瓶组及框架的固定和管道；每季度需要由专业的消防公司检查保养电磁型驱动模拟动作、管道及分配系统、喷嘴及报警系统；设备启动释放灭火剂后，应立即联系全面检修和补充药剂，经检查复位后正确安装，连接牢固可靠，方可继续使用。

第三节　机车整备作业

一、一般要求

机车整备场所提供入库运用机车的技术整备（含机车的检验、辅修及以下修程的修理、保养、整备和清洁）及其他经本单位确定的作业的工作场所或场地，包括各机务折返段电力机车整备区和内燃机车整备区。

电力机车整备区和内燃机车整备区的划区应尽可能遵循电力机车整备区有网线路区域、内燃机车整备区无网线路区域。接触网暂不供电的线路，不能作为电力机车整备线使用，但作为内燃机车整备线时必须按有网区采取安全措施。机车整备场所应具备完善的安全管理制度、安全防护设施及工具、用具，规范设置警示标志和防护信号，以确保整备作业人员人身安全。

1. 机车整备场应具备以下必要条件：

（1）完备的消防设备、设施和完善的安全监控设施。

（2）符合规定的安全警示标志、停车标志、标线和停车设施等。

（3）齐全、合格的劳动防护用品、用具，完善的现场管理制度、作业标准和安全控制措施。

（4）储油、储水设备，上油柱、照明、检查坑和排水等其他整备作业必需的设施、设备。

2. 机务整备场有网整备区须配备的安全防护设施及工具、用具：

(1)每台隔离开关操作台必须配备的劳动防护用具、用品(绝缘靴、绝缘手套、报警安全帽、绝缘垫或绝缘板)。

(2)配备或设置的设备及工具：隔离开关、子母锁、地面防护信号、接地杆及接地线、脱轨器、警告标示牌。

3. 整备场所警告标示和防护信号的设置要求：

(1)凡能攀登到车顶或距离接触网及相关部件不足 5 m 的机械、房屋等处所必须按规定设置、悬挂“禁止攀登”“有电危险”“站稳抓牢”“请勿靠近”“小心触电”等有关警告标示牌。

(2)在设有分段绝缘器的线路上，应在分段绝缘器内侧 2 m 处设置安全作业标。

(3)在接触网终端前 10 m 处设置接触网终端标。

(4)尽头线必须设置车挡表示器，并且安装在车挡上方。

(5)机务整备场区内的平交道口两侧必须设置限界架，通过高度不得超过 4.5 m。要将电气化铁路道口管理规定制成揭示牌，固定在道口限界架和人行过道、平过道两侧的右边。

(6)为防止电力机车擅自进入股道隔离区，当该股道有车停留或无车停留时都需在安全作业标外侧 15 m 处放置脱轨器，并插红旗或红灯(已按规定办妥手续，正在进入隔离区时除外)。

二、电力机车整备作业

1. 电力机车在段内进行整备作业，需要操作隔离开关时，必须严格执行登记、监护、呼唤应答等制度，办理必要的手续，不得简化程序。

2. 电力机车未到整备位置，不准办理隔离开关作业手续。

3. 前台机车未过分段绝缘器，不准办理隔离开关作业手续。

4. 电力机车接近整备地点时，必须得到监护员显示信号后，方可进入整备地点进行整备。禁止在没有得到监护员显示信号的情况下，擅自进入整备地点。

5. 严禁在分段绝缘器、接触网终端标下进行机车整备。

6. 进行车顶清洁或检查、维修作业时，必须按作业环境规定选择适用的安全带并规范佩戴，站稳抓牢，执行由内向外的检查制度，不得靠边缘或在边缘行走，不得倒行，不得手触接触网，不准打闹玩笑和向下乱抛东西，雨雪天气、寒冷季节应注意防滑倒和防坠落。

7. 车顶上部检查时应避开主断路器动作部分，防止打伤。

8. 手动电磁铁检查主断路器动作性能时，操作人员与检查人员要严格执行呼唤应答制度。

9. 受电弓检查、检修人员必须经专业培训，取得操作合格证，方准上岗。作业过程中进行升降弓时，任何人不允许在升弓和降弓的范围之内。

10. 在带电的接触网下，严禁在主断路器闭合、调压开关有级位的状态下升弓，防止窜车伤人。

11. 当升弓、闭合主断路器后，严禁进入高压室及变压器室内、开启防护高压用的护板、外罩及电机整流子孔盖，禁止检查和修理低压柜中各种电器的导电部位、机车车体下面的电器设备和机械装置、通风系统，禁止检查和修理有电的小型变压器、三相接触器及牵引电机整流子和检查处理碳刷等高压带电部件。

12. 禁止从机车以外部分登高超过车顶作业，在未办理停电接地手续并未经验电确认无电之前，不得用水冲洗电力机车。

三、内燃机车整备作业

1. 内燃机车不得擅自进入电力机车整备区或停在接触网下整备作业。

2. 经允许进入电力机车整备区或停在接触网下整备的内燃机车，必须按规定办理停电接地手续后，使用验电棒验电确认无电，接地线接触良好后，方可登顶作业，作业中不准在机车上部或上下部间抛掷工机料具等物品；遇有雷电、暴风雨天气，禁止进入电力机车整备区或在接触网下整备机车。

3. 利用水枪冲刷机车时，禁止正面对人；严禁在带电接触网下用水冲洗机车，机车上油、上水时，现场必须有人实施有效监护，防止跑水或喷向空中，造成水(油)流导电伤人或油遇电着火。

4. 使用电力机车调车作业时，应注意接触网终端标志，调车机车应在距接触网终端标志 10 m 前停车，防止进入无电区。

5. 调动电力机车时，应注意检查机车蓄能制动装置是否动作。调车人员在连结后，应绕车一周检查蓄能装置并拉开拉环，解锁机车蓄能制动，调车后加止轮器防溜。调动电力机车时，调车人员必须在地面引导调车，严禁扒车作业。

四、机车整备关键作业

(一)机车进入电力机车整备区、接触网整备区

1. 当机车进入电力机车整备区或接触网整备区时，必须在阻拦信号前一度停车，行车安全装备检测人员登车进行入库正常检测，检测人员与司机严格执行呼唤应答制度，作业完毕后(如果检测发现故障需要处理必须待机车进入隔离区办理停车

接地后，方准进行），司机按规定办理必要手续，确认阻挡器已撤除、信号显示开放后，并确认整备区本股道无机车时，方可（鸣笛）动车，须以不超过 3 km/h 速度进入隔离区。

2. 电力机车进入隔离作业区时，严禁降弓滑行进入。在分段绝缘区停车后，司机必须采取好防溜措施，并将蓄能制动器置于制动位后，方准办理隔离开关操作手续。

3. 内燃机车不得擅自进入电力机车整备区，因整备或其他情况需进入接触网区作业时，必须按规定办理停电接地手续后，经验电确认无电后方能进入。

4. 电力机车不得擅自进入无接触网作业区，因雷雨天气等特殊情况需进入无接触网区作业时，应由内燃机车或利用外供电源等方法进入，严禁滑行进入。

（二）作业人员进入整备场作业安全防护

1. 所有进入机车整备场的作业人员必须按规定佩戴使用劳动防护用品（具），严格按照《电气化铁路有关人员电气安全规则》等规定进行标准化作业。

2. 进入电力机车整备场的隔离开关操纵作业人员，必须按规定穿绝缘靴、戴绝缘手套、戴安全帽，严禁跨越地沟、钻车、飞身跳跃、抛掷工具配件；禁止在带电的情况下，接触未绝缘的导线及各种设备的导体。

3. 进入接触网作业区人员必须到隔离开关监护人员处办理登记手续，得到监护人员允许后，方准进入。登顶人员必须按规定确认已办理停电接地并经验电确认停电。所有登顶作业人员登顶作业时必须按规定处所登顶，并规范佩戴安全带。

4. 禁止闲杂人员进入整备场所。严禁暂无作业的人员在作业区逗留、打闹。

（三）高、低压试验作业安全防护

机车高低压试验必须严格执行高、低压试验程序及方法，做到一人试验、一人配合监护，同时其他人员停止检查、维修工作。

1. 低压试验。低压试验作业应设专人负责低压试验的安全工作和馈线的连接，严格按相位连接，并挂上“小心有电”警示牌，机车总风缸压力在 750 kPa 以上，将两端受电弓隔离开关置于故障位，机车单阀制动压力在 300 kPa 以上；机车在进行低压试验时，禁止带电检修电器；机车电器完全符合低压工作性能的情况下，方可牵出库外，进行高压试验。

2. 高压试验。高压试验应确认机车在各室内无遗留异物、各室门关闭锁好，确认地沟下无作业人员、作业范围内所有人员均处于安全位置，机车制动缸压力在 300 kPa 以上，方准开始实施。升弓前，应确认主断路器在断开位，主显示屏“主断”显示器显示正常情况下，鸣笛、呼唤后，方准升弓。高压试验中，如发现故障需要修理时，必须按规定办理降弓接地手续，并验电确认无电后，方可作业。

（四）机务电力整备场隔离开关安全管理规定

1. 隔离开关的操作人员，必须经供电部门专门培训，并经考试合格后持证上岗，方准操作隔离开关。严禁无证人员、非值班人员操作隔离开关。

2. 操作隔离开关必须一人操作、一人监护，作业时须严格执行隔离开关操作呼唤应答标准（表 3-1、表 3-2）。

表 3-1　隔离开关操作呼唤应答标准（合闸部分）

监　护　员	操　作　员
确认：开关钥匙收回，车顶无人	应：撤除地线
呼：撤除地线	

续上表

监 护 员	操 作 员
确认:地线撤除,锁闭完好后	应:地线撤除好了
呼:地线撤除好了	
确认:确认股道牌与实际一致后	应:××道合闸
呼:××道合闸	
确认:合闸完毕,标志灯显示正确,操作员把开关钥匙交给监护员	应:××道合闸好了
呼:××道合闸好了	

表 3-2 隔离开关操作呼唤应答标准(断闸部分)

监 护 员	操 作 员
确认:接到申请人填写的申请后	应:登记好啦(确认后)
呼:申请登记	
确认:监护员接受受电弓钥匙后	应:钥匙好啦(确认后)
呼:升弓钥匙	
确认:确认机车号码、停留股道与申请的相吻合后	应:××道断闸
呼:××道断闸	
确认:断闸按钮按下,标志灯显示正确	应:××道断闸好了
呼:××道断闸好了	
确认:确认股道无误后	应:开锁好了
呼:接地线开锁	
确认:二人共同确认股道与标志灯显示的正确	应:××道挂地线
呼:××道挂地线	
确认:确认地线挂好后	应:××道地线好了
呼:××道接线好了	

3. 操作人员必须按规定检查确认劳动防护用品状态良好，规范佩戴好安全帽、绝缘手套、绝缘靴，确认隔离开关及其传动装置正常，接地线良好，在线路上无电力机车取流的情况下，方可使用规定的工具操作隔离开关。如使用绝缘棒时，应站在绝缘垫板上，方可操纵隔离开关。

4. 禁止带负荷操作隔离开关。遇雷电、暴风雨天气，禁止操作隔离开关。

5. 操作隔离开关必须准确、迅速，一次开闭到底，中途不得停留和发生冲击。操作过程中，人体各部不得与支柱及其机构接触，其他未佩戴劳动防护用品人员不得与正在操作隔离开关的人员身体接触。

6. 每台隔离开关的钥匙要注明开关号码，相邻支柱及同一支柱上的各台隔离开关的钥匙不得相互通用。

7. 未经验电不得接挂接地线。

8. 安全监护员和操作员在办理合闸操作前，必须确认车上、车下无人作业，所有登顶人员在场、确认均处于安全位置并签字后，方可共同开锁办理合闸。作业人员未到齐、未经确认均处于安全位置时不准合闸。

9. 遇有分段绝缘器击穿或隔离开关设备损坏或转动不灵活等，立即停止使用该隔离开关，安全监护员应及时通知有关部门进行修理。

(五)隔离开关监护人员作业安全规定

1. 隔离开关操作的监护人员，必须经过供电部门专门培训，并经考试合格后持证上岗，方准担任隔离开关操作的监护工作。

2. 班前必须检查确认劳动防护用品齐全良好、防护信号准确良好、隔离开关机械操作台绝缘板无裂纹、接地杆接地线底部安装牢固，相关线缆无缠绕、裸露，挂钩端安装牢固和接地杆安装到位，无断裂，安全联锁开关装置灵活。

3. 隔离开关的钥匙和安全防护用具（绝缘手套、绝缘鞋、安全帽、绝缘垫板、绝缘套管、接地杆、接地线）由安全监护员负责保管，绝缘用具应定期进行耐压试验，确保性能良好。

4. 隔离开关操作前，登顶人员必须亲自进行申请登记；监护员认真审核上顶人员操作证、图章相符，并负有监视谁登记谁上车顶的把关职责，严格执行“六确认”制度（机车号、停车股道、停车位置、受电弓降下、防护信号白灯、隔离开关传动装置良好）。

5. 监护员监护（督促）登顶人员亲自上车做升弓验电，降弓后，挂好接地杆后经验电确认无电，方准登顶作业。

6. 监护人员须立岗监视确认登顶人员所上股道及机车号与申请登记的内容相符。

7. 监护员在自己所监护的股道立岗监护，不准串岗、离岗，不准简化作业，不准未登记人员上车顶，严禁无证人员操作隔离开关，严禁非工作人员在监护亭（区域）内逗留、闲谈等。

8. 机车车顶作业完毕，由登顶人员申请办理隔离开关合闸手续，监护员与登顶人员共同“三确认”（车顶无人、受电弓未升起、接地杆摘取）签点办理合闸手续。

9. 监护员须确认车顶、车上、车下无人后，所有登顶人员在场并均处于安全位置后准备合闸，并监督操作员取下地线挂好后，安全监护员打开锁，操作台上呼唤“××道合闸”，合闸后安全监护员要加锁。

10. 监护员严格执行隔离开关操作呼唤应答标准（表 3-1、表 3-2）。

（六）隔离开关监护人员安全作业程序

1. 接班作业。隔离开关监护人员班前要按规定着装，挂牌上岗，准时参加交班会，听取传达有关安全工作要求并做好记录和安全预想工作；正常情况下，监护员监护操作隔离开关分、合闸作业，应一人负责到底，监护作业间隔或中间严禁监护员交替、调换作业。遇特殊情况经整备作业负责人同意并指派胜任人员时，必须严格对口交接制度，必须对使用股道交接手续，钥匙、登记簿、备品、入场人员等交接清楚并做好记录。

2. 班前检查。隔离开关监护人员班前必须检查有关设备、工具的安全状态，如有不安全因素，要消除并确认安全后方可开始作业。检查的项目及要求如下：

(1)隔离开关控制台：锁处于锁闭状态，钥匙拔下分别放在固定位置及挂有禁止合闸牌。

(2)申请登记表：图章、证相符。

(3)劳动防护用品：绝缘手套、绝缘靴、安全帽齐全且状态良好。

(4)防护信号：信号良好、安全作业标志牌良好。

(5)隔离开关机械操作台：绝缘板无裂纹，处于安全使用有效期内。

(6)隔离开关机械盒：自动式电控开关在远程位，摇把无断裂、卡口适度。

(7)机械传动杆：机械式传动杆无脱落，连接法兰盘和调整法兰盘螺栓无松动、缺损。

(8)安全机械联锁装置：安全联锁在闭合状态，各部良好；隔离开关座及开关引线、底座、瓷柱良好。

(9)机械固定接地线：固定接地线无断裂、脱落、松动。

(10)主闸刀、接地闸刀：主闸刀处于闭合状态，接地闸刀处于分开位。

(11)接地杆接地线：接地线底部安装牢固，相关线缆无缠绕、裸露，挂钩端安装牢固；接地杆安装到位，无断裂，安全联锁开关装置灵活。

(12)原则上要采用升弓验电的方式。如使用验电棒验电，必须首先检查确认验电棒性能状态良好。

3. 接车作业程序：

(1)机车要道后，应及时认真确认整备线路股道空闲，并无其他障碍物后方可撤除防护器，在规定地点正确显示信号，放行机车进入股道。

(2)机车进入整备区指定位置后，监护员应立即对该股道实施信号防护。

(七)隔离开关钥匙管理及接地线管理

1. 隔离开关钥匙管理。隔离开关钥匙必须按股道编号，相邻支柱及同一支柱上的各台隔离开关钥匙不得相互通用，以免错用钥匙，错开隔离开关，危及人身和行车安全；隔离开关钥匙应分别锁在固定的钥匙箱内，实施统一保管，不准乱放或拴在一起；隔离开关未使用时，各股道开关钥匙必须拔出并存放在指定的位置；当办理完分闸后，钥匙必须拔出，一把钥匙(子钥匙)交第一申请人(登顶作业人)，另一把钥匙(母钥匙)由监护员保管。如有其他人员要登顶作业时，必须服从第一申请人的安全要求；当所有登顶人员下车后，第一申请人(持子钥匙人)必须与监护人共同确认机车顶部安全后，再把钥匙交与隔离开关操作员，操作员方能按规定进行后续作业，合闸操作完毕后两把钥匙必须交由隔离开关操作监护员，监护员按规定存放好子母两把钥匙。

2. 接地杆与接地线管理。接地杆和接地线须清洁干净，指定位置存放。接地导线为截面积不小于 25 mm^2 的裸铜线，外部为透明塑料软管。发现有断股达到10%或腐蚀烧损情况时须更换，严禁折断的接地线打结再用；接地线一端固定在接地杆钩头上，另一端在保证接触面积的条件下紧固或焊接于钢轨的轨底坡固定位置上，严禁安装于接触网支柱的火花间隙上或随意接地；接地杆必须和隔离开关对应配套使用，严禁两个隔离开关混用一根接地线；接地线实行编号管理，编号与隔离开关的编号相符，定点存放。由隔离开关监护人员管理，接班时按技术要求进行检查。

（八）办理停送电手续及隔离开关安全作业程序

1. 办理停、送电手续的安全规定

(1)需要登上机车顶作业时，应到达隔离区停妥后，断开主断路器，降下受电弓，打好制动，此时登顶人员要亲自到隔离开关组办理停电申请登记手续。

(2)受电弓检测等其他维修人员需上机车顶部作业时，应凭需要停电股道、号码申请牌到隔离开关组办理停电申请登记手续。号码申请牌由机务段自制，管理办法自定。

(3)所有申请使用隔离开关人员必须按规定填写登记表，不得简化手续，所有申请人及隔离开关监护员和操作员都应确认钥匙、开关，机车停留线与申请登记股道号码必须一致。

(4)隔离开关操作人员必须严格执行谁上车顶谁申请的原则，杜绝一方申请两方或多方同时登顶作业。

(5)监护员确认办妥停、送电手续后，将所办停、送电股道的隔离开关子钥匙和机车天窗钥匙(存取天窗钥匙须严格执行相关规定)交与申请人。

2. 隔离开关作业程序

(1)分闸作业程序。监护员必须持证上岗,操作证摆放上架;隔离开关操作前,审核登顶人员的操作证,图章、证件是否相符,严格按照停、送电手续,确保谁登记谁上车顶,同时确认机车号、停车股道、停车位置、受电弓落下、防护信号开放及隔离开关、传动装置良好。操作人员、监护员必须穿戴好经检验合格的防护用品,操作隔离开关时,必须有两人在场,一人操作、一人监护。首先确认机车号、停车股道是否与登记相符,受电弓是否降下。然后监护员将控制台该股道母钥匙、申请人将子钥匙一并交与操作人员,操作人员严格执行呼唤应答制度,断开隔离开关后,子钥匙交回申请人,母钥匙交回监护员。监护员将母钥匙按规定管好。接下来监护员督促、监护司机或第一申请人验电,验电后挂好接地线方准上车顶作业。最后监护员确认、监督上车人员所上车的股道及车号。

(2)合闸作业程序。监护员应在自己所监护的股道立岗监护,不准离岗、串岗,不准简化作业,不准未登记人员上车顶,杜绝无证人员操作隔离开关。机车车顶作业完毕,首先由第一申请人确认车顶无人,关好天窗并上锁后,办理隔离开关合闸手续,监护员与第一申请人共同确认车顶无人后,签点办理合闸手续。然后合闸,在监护员监护下,确认机车号、车顶无人,受电弓未升起,第一申请人将接地杆取下卡入接地线盒内,监护员和第一申请人将钥匙交给操作员,由操作员进行送电,并将子母锁锁闭,钥匙交给监护员。最后,监护员负责收回外借的绝缘防护用品,并退还所有申请人的操作证及私章;检查防护信号是否良好。

（九）电力机车检查作业

1. 车顶检查。车顶设备检查必须在安全作业区内，并在已办理好断电手续、挂好接地线的条件下进行；作业前按规定穿戴好防护用品，在司机室操纵台挂禁动牌，严禁穿凉鞋、拖鞋进行车顶各种作业；上下车顶作业时，必须由车顶门上下，严禁从其他部位爬上车顶；在车顶作业过程中，要站稳抓牢，拆装车顶盖及配件螺栓时，要身在里侧面向外作业。

2. 车内检查。车内检查应在断电、降弓、制动缸压力300 kPa的条件下进行，作业前应在司机室操纵台挂禁动牌。司机（整备司机）首先要打开高压室、变压器室门，取下钥匙并随身携带，然后将主接地保护继电器闸刀置于故障位。检查完毕后，确认无异物遗留，恢复各配件到正常状态，锁闭高压室门，撤除禁动牌。如需由检修人员处理故障时，检修人员应向整备司机索取高压室门钥匙并随身携带，同时在司机室操纵台挂禁动牌。施修完毕后，检修人员锁闭高压室门，撤除禁动牌，将钥匙交给司机（整备司机）。

3. 车下检查。检查或检修机车下部应在降弓、断开电路器，机车实施制动后并在司机室操纵台挂禁动牌的情况下进行。司机（整备司机）检查牵引电机时，应首先断开高压室内的主接地继电器隔离开关，将高压室门上的钥匙随身携带。检修人员需到车下作业时，应向司机（整备司机）索取高压室门上的钥匙并随身携带，在司机室操纵台挂禁动牌后方能下车进行作业。检修作业完毕后，应将钥匙交还整备司机，撤除禁动牌。最后，须经司机（整备司机）确认车下作业完毕、配件恢复良好后方可升弓动车。

第四节 机车检修作业

一、一般要求

1. 禁止带电进行检修作业。车顶检查必须在安全作业区内，办理断电手续，挂好接地线并经验电确认无电后方准进行。

2. 检查、维修机车时，严格执行先联系后检查的原则，并通知有关人员挂好禁动牌。

3. 电力机车辅助回路接入高压电源时，必须把辅助电路和主变压器隔离，在规定的外插电源位接入。单独试验辅助电机时严禁把电源接在接触器上，必须有两人以上参加，一人在机车上通知其他在车内高压系统内作业人员停止作业，确认到达安全地点后，通知地面监护人挂好警示牌，方可合闸送电，地面监护人员送电合闸前，应高声呼唤“送电了！”，车上人员复诵“送电了！”，在得到车上人员许可后方准合闸送电，地面监护人员不得擅离职守做与其无关的事，发现有人呼唤或异状时要立即切断电源，作业结束后要将电源线整理好放在规定的位置。

4. 凡许可触及的电器仪表和器具外罩必须可靠接地，禁止盲目检修各辅助电机，应使用绝缘导线先行放电后再行作业。

5. 电力机车进行不落轮旋修或需换轮位动车时，除设专人牵车外，要有一人负责监护，两人做好呼唤应答。

6. 各类试验必须按操作规程进行，有两人进行试验时，必须配合好，以免发生设备和人身伤害事故。库内进行各种电气部件试验或使用电动工具工作完毕后，应及时切断电源并拆除临时线。

7. 在机车上作业需接交流电时，必须在接电源处悬挂禁动牌或设专人防护，认真检查线路，不准有破损或接头外露。

二、电力机车检修作业

1. 库内作业：

(1)不得擅自乱动库内各种电源插座、闸刀。

(2)在库内进行牵车作业时，必须由专人负责，司机室有人瞭望和使用制动机。未经允许任何人不准进行牵车作业。

(3)库内进行各种电气部件试验或使用电动工具，工作完毕后应及时切断电源，并拆除临时线。试验时必须按操作规程进行操作，两人进行试验，必须密切配合，以免发生设备和人身伤害事故。

(4)进行各种耐压试验时，必须在指定的安全栅栏内进行，并挂好“高压试验，危险！”和“不准入内”的安全标志。

2. 受电弓检测、检查作业。要按规定办理登顶手续后方可作业，作业中必须严格执行机车车顶检修作业人身安全标准。遇雷电、暴风雨天气时，不准对受电弓进行检测，必须上车顶检查或修理时，应将其调至没有接触网的股道进行。

3. 测量绝缘和耐压试验作业。用摇表对机车电路、用电设备进行检验时，禁止接触电器部件，除机械和制动部分可以工作外，其他各项工作均应停止。电机、电器部件进行高压、耐压试验应在专用的试验区内进行，周围要设置专用的防护栅栏，并挂有醒目的“高压危险，禁止入内”的标示牌。耐压试验区内禁止存放与试验无关的物品。

4. 在带电的接触网下检修牵引电机、辅助电机和部件作业。在此状态下进行作业时，必须首先断开主断路器，降下受电弓，切断外部高压电源，然后取下司机台开关钥匙、换向手柄，并交给检修作业人员，防止其他人员动车，危及检修人员的安全；单机停在坡道线路上进行检修作业时，应拧紧机车人力制动机；进入高压室工作时，不得关闭高压室门，并随身携带高压室门钥匙。

三、内燃机车检修作业

内燃机车检修作业应尽量在无接触网区作业，并严格执行有关电气化区段安全措施、制度。确需在接触网区作业，检查、维修机车时，严格执行先联系确认安全、后执行检查的原则，并通知有关人员挂好禁动牌。车顶检查必须在安全作业区内，办理断电手续，挂好接地线并经验电确认无电后方准进行。

四、监控装置作业

1. 在监控装置试验台作业时，每次使用前均应首先检查确认各部位良好，绝缘有无破损。

2. 进行测试时，应确认各旋钮作用良好，方可将被测物体放置到位，工作结束后须将各旋钮开关置于零位或断开位，切断电源。

3. 测试电磁阀绝缘时，禁止触及励磁线及连线。

4. 更换机车常用制动阀、紧急放风阀及压力传感器时，必须排尽压力空气，与有关人员加强联系，在司机控制器上挂好禁动牌后方准施修。

5. 在机车上试验时，必须通知机车乘务员，内燃机车须将牵引电机置故障位、励磁断路器置断开位后方准作业。

6. 机车更换监控装置配件时，须把总电源断开后方可更换。

7. 机车启机后或运行中须进行监控装置的故障处理时，对转动部位、高压、电流及可能产生电弧的部位，必须采取有效的安全防护措施，必要时可关机或停车修理。

五、机车检修关键作业

(一)交车作业

1. 检修交车作业应由交车工长统一负责，各工种人员登车作业前，须向交车工长联系，获准后方可进行。

2. 处理电机、电器、仪表类故障须在机车断开主断路器，降下受电弓并断开蓄电池开关后进行。多项作业同时进行时，必须严格执行呼唤应答制度。

3. 试验监控装置应避开制动系统试验、检查、维修作业。调试风箱、受电弓等车顶设备应牵车进入库内进行。

4. 试验牵引电机时，必须确保机车制动系统作用良好，确认地沟内无人时方准作业，并对运行前方及机车两侧做好瞭望和防护工作；动车检查牵引电机整流子、轮对踏面时，车下作业人员、牵车人员和监护制动人员要严格执行呼唤应答制度，并预先落实好随时停车的安全措施。

(二)电力机车牵车作业

1. 外供电源牵行机车，必须有专人指挥、专人操作、专人防护，其他人不得擅自牵行机车；牵行机车所用外供电源电缆应有绝缘手柄，并定期由供电部门进行测定。

2. 牵行机车作业时，当送电后机车不移动或发生其他危及人身安全和设备完整的情况时，必须立即停电；严禁降弓滑行入库和无风压牵车；闭合牵车电源后，应立即挂上“正在试验，有电禁动”的红牌。

(三)机车车顶作业

1. 基本要求

(1)在电网下作业时,必须按规定办理停电手续,检查确认可靠接地并经验电确认无电后,方准登顶作业。

(2)上下车顶作业时,必须按规定位置上下,必须做到抓牢站稳。

(3)作业前按规定检查并穿戴好劳动防护用品,严禁穿高跟鞋、凉鞋、拖鞋进行车顶各项作业。

(4)禁止手持重物上、下机车或从手把杆处滑下。

(5)在车顶作业时,要站稳抓牢,拆装车顶及配件螺栓时,要身在里侧面向外作业。

(6)车顶大盖吊下后,严禁在车顶走板上站立或行走,并严禁在车顶走板上指挥天车拆装配件。

(7)车顶拆装配件须严格,正确执行起重吊运安全措施和天车指挥信号,如发生异状应立即停止起吊,查明原因后方准再进行作业。

(8)夏、冬季在车顶作业遇有雨雪时,必须先清除后作业。

2. 安全作业区内登顶作业

(1)机车停留在段内整备场安全作业区内,整备司机负责确认主断路器已断开,受电弓已降下后,打开车内各室门,退出钥匙,插入控制箱,换取司机室操纵台钥匙,由隔离开关操作员(登顶作业人员)到隔离开关监护员处登记办理隔离开关使用手续。

(2)同线相邻的机车应停留在安全作业区的标志以外等待。

(3)双机重联时,机车作业、车顶作业应协调一致,共同办理隔离开关使用手续,实行隔离开关“同断同合”和车顶门钥匙与司机室操纵台钥匙“互换”制度。

(4)禁止任何人员持有和使用私有的换向手柄和司机操作台钥匙,并禁止使用铁钩、铁片等代用的钥匙进行操作。

(5)进行车顶清洁或检查、检修作业时,应按规定佩戴使用安全带,不得靠近车顶边缘和在边缘行走,不得手触接触网,不准打闹嬉戏和向下抛掷东西,不准穿钉子鞋到车顶作业,不得倒行。

(6)车顶上部检查时应避开主断路器动作部分。

(7)手动电磁铁检查主断路器动作性能时,操作人员与检查人员须做好呼唤应答。

复　习　题

一、填 空 题

1. 各种绝缘工具、防护用品要指定专人负责保管,要定期进行试验,禁止使用未经试验、试验不合格或超过试验期的绝缘防护用品。

2. 机车停于整备线后,需断电降弓,办理隔离开关使用手续,在隔离开关打开,并挂好接地线经验电确认无电后,才能登顶作业,此时进入该线的其他机车禁止超越规定的停车地点。

3. 严禁在分段绝缘器、接触网终端标下进行机车整备。

4. 机务整备场区内的平交道口两侧必须设置限界架,通过高度不得超过4.5m。

5. 隔离开关监护员在自己所监护的股道立岗监护时,不准串岗、离岗,不准简化作业,不准未登记人员上车顶,严禁无证人员操作隔离开关,严禁非工作人员在监护亭(区域)逗留、闲谈。

6. 机车高低压试验必须严格执行高、低压试验程序及方法，做到一人试验、一人配合监护，其他人员停止检查、维修工作。

7. 隔离开关安全监护员和操作员办理合闸操作前，必须确认车上、车下无人作业，所有登顶人员在场并签字后，方可共同开锁办理合闸。作业人员不齐、未处于安全位置不准合闸。

8. 机车车辆上常使用二氧化碳和水基型灭火器，二氧化碳灭火器适用于扑灭600 V以下的各种电气火灾；水基型灭火器适用于扑救可燃固体（A类）、可燃液体（B类）、可燃气体（C类）及电器（E类）火灾。

9. 如接触网设备临时停电，在未办理停电接地手续之前，所有单位、部门及人员均须按有电对待。

10. 隔离开关操作前，安全监护员应严格执行机车号、停车股道、停车位置、受电弓降下、防护信号白灯、隔离开关传动装置良好“六确认”制度。

11. 凡停在接触网下的机车、车辆，未与调度取得联系和挂好接地线前，不论何种原因，禁止登上机车、车辆顶部进行任何作业。

12. 对进入电气化铁路的非电力机车上危及人员安全、可能造成触电伤害的部位或零部件必须进行加装、改造。

13. 救援列车进入电气化铁路进行救援时，所有参与救援的人员必须在接触网停电接地的情况下方准作业。

二、判断题（对的打“√”，错的打“×”）

1. 在电气化铁路上内燃机车，在接触网未停电的情况下，可以使用胶皮软管冲洗机车。（×）

2. 隔离开关的操作人员，必须经供电部门专门培训，并经

考试合格后持证上岗，方准操作隔离开关。（√）

3. 监护员监护操作隔离开关分、合闸作业过程中，监护作业间隔或中间时，监护员可以随意交替、调换作业。（×）

4. 检修机车时，可以从车顶门以外的其他部位登顶。（×）

5. 电力机车升弓后，禁止攀登车顶检修受电弓。（√）

6. 电力机车升弓后可以检修车体下面的电气设备、机械装置和通风装置。（×）

7. 在机车车辆内常使用二氧化碳灭火器。（√）

8. 电力机车升弓后，禁止开启各种高压电气设备或器具。（√）

9. 在机车车顶作业时，要站稳抓牢，拆装车顶及配件螺栓时，要身在外侧面向里作业。（×）

三、选择题

1. 机务系统从事隔离开关操作和监护作业的人员，必须参加铁路局集团公司主管部门组织、(C)举办的安全培训班，取得隔离开关安全操作证后方准上岗。

A. 车务部门　　B. 机务部门
C. 供电部门　　D. 调度部门

2. 在库内进行牵车作业时，必须由(C)负责，司机室有人瞭望和使用制动机。未经允许任何人不准进行牵车作业。

A. 司机　　B. 值班员
C. 专人　　D. 检修工

3. 乘务员在电气化区段运行中，禁止(D)天气将头、手伸出车窗外。

A. 大风　　B. 雪　　C. 大雾　　D. 雷雨

4. 机车正常运行时,任何人不得非法切除机车任何(C)装置。

A. 计量　　B. 测量　　C. 保护　　D. 遥控

5. 在机车上作业需接交流电时,必须在接电源处悬挂禁动牌或设(B),认真检查线路,不准有破损或接头外露。

A. 警示牌　　B. 专人防护　　C. 警告牌　　D. 报警灯

6. 机车整备场应在接触网终端前(B) m 处设置接触网终端标。

A. 5　　B. 10　　C. 12　　D. 15

7. 机车更换监控装置配件时,须把(A)断开后方可更换。

A. 总电源　　B. 开关　　C. 接地　　D. 信号

8. 各类机车,凡可攀登到车顶的梯子和通过走台板的前门、天窗等处,应涂刷或设置“接触网有电,禁止攀登”等明显的警示标语,并(A)或(C)。

A. 加锁　　B. 关闭

C. 安装自动报警装置　　D. 安装警示牌

9.(多选)机车停于整备线后,需(ABC)后,才能登顶作业,此时进入该线的其他机车禁止超越规定的停车地点。

A. 断电降弓

B. 办理隔离开关使用手续

C. 挂好接地线

D. 汇报工班长

E. 批复命令

10.(多选)电力机车检修完升弓前,负责升弓人员必须亲自确认(ABC)。

A. 变压器室、高压室门及车顶门已关闭

B. 地沟内或机车下部无作业人员

C. 人员都处于安全地点

D. 主断路器已闭合

E. 接触网有电

11.（多选）升弓后机车有电，禁止从事以下哪项工作（ABCDE）。

A. 进入高压室

B. 进入变压器室

C. 清扫车顶

D. 检修车体下面的电气设备

E. 整修高压电气设备

12.（多选）操作隔离开关时，应遵守（ABCD）规定。

A. 必须两人在场，一人监护，一人操作

B. 操作人员必须戴好安全帽

C. 严禁带负荷操作各类开关

D. 操作隔离开关要准确、迅速

E. 操作使用的绝缘手套、绝缘靴无特殊存放要求

13.（多选）在机车车辆内使用灭火器时，应注意（AC）。

A. 二氧化碳灭火器适用于扑灭 600 V 以下的各种电气火灾

B. 二氧化碳灭火器适用于扑灭 1 000 V 以下的各种电气火灾

C. 水基型灭火器适用于扑救可燃固体（A 类）、可燃液体（B 类）、可燃气体（C 类）及电器（E 类）火灾

D. 水基型灭火器适用于扑灭各种火灾

E. 二氧化碳灭火器可用于扑灭各种火灾

14.(多选)外供电源牵行机车作业时,必须(ABC)。

A. 专人指挥

B. 专人操作

C. 专人防护

D. 两人操作

E. 三人操作

四、问 答 题

1. 电力机车升弓后禁止哪些作业?

答:(1)进入高压室或变压器室。

(2)开启防护高压用的护板、外罩及电机整流子孔盖。

(3)开启或整修各种高压电气设备或器具。

(4)攀登车顶检修受电弓或清扫车顶。

(5)检修车体下面的电气设备、机械装置和通风装置。

2. 电力机车车顶检查作业安全注意事项有哪些?

答:车顶设备检查必须在安全作业区内,并在已办理好断电手续,挂好接地线并经验电确认无电方准进行;作业前按规定穿戴好防护用品,在司机室操纵台挂禁动牌,严禁穿凉鞋、拖鞋进行车顶各种作业;上下车顶作业时,必须由车顶门上下,严禁从其他部位爬上车顶;在车顶作业过程中,要站稳抓牢,拆装车顶盖及配件螺栓时,要身在里侧面向外作业。

3. 隔离开关的钥匙管理有哪些安全注意事项?

答:隔离开关钥匙必须按股道编号,相邻支柱及同一支柱上的各台隔离开关钥匙不得相互通用,以免错用钥匙,错开隔离开关,危及人身和行车安全;隔离开关钥匙应分别锁在固定的钥匙箱内,统一保管,不准乱放或拴在一起;在未使用开关时,各股道钥匙必须拔出并存放在指定的位置；当办理完分闸后，钥匙必须拔出，一把钥匙（子钥匙）交第一申请人（登顶作业人），另一把钥匙（母钥匙）由监护员保管。如有其他人员要登顶作业时，必须服从第一申请人的安全要求；当所有登顶人员下来后，第一申请人（持子钥匙人）必须与监护人共同确认安全后，再把钥匙交与隔离开关操作员，操作员方能按规定进行作业，合闸操作完毕后，必须将子母两把钥匙交由隔离开关操作监护员，监护员按规定存放好钥匙。

4. 在带电的接触网下检修牵引电机、辅助电机和器械作业的安全注意事项有哪些？

答：在带电的接触网下检修牵引电机、辅助电机和部件作业时，必须首先断开主断路器，降下受电弓，切断外部高压电源，然后取下司机操控台开关钥匙、换向手柄，并交给检修作业人员，防止其他人员动车，危及检修人员的安全；单机停在坡道线路上进行检修作业时，应拧紧机车人力制动机；进入高压室工作时，不得关闭高压室门，并随身携带高压室门钥匙。

5. 电力机车发生火情的处理方法有哪些？

答：(1)司机应立即将调速手柄放在零位，断开主断路器，降下受电弓，拉开蓄电池闸刀，尽可能将列车停留在便于救火和旅客下车的地点，但不得在木材建筑物附近，立即鸣示火灾警报信号。如果列车停在坡道上，应拧紧人力制动机，并打好止轮器，然后组织和指挥救火。

(2)机车内用电设备着火时，只能使用水基型灭火器、二氧化碳灭火器和干砂灭火，部分机车可使用随车配备的七氟丙烷灭火系统。若木制器械着火，确认与电源无关时，才可用水、干粉或泡沫灭火器灭火。

(3)发生火情后,机车乘务组应仔细检查机车设备遭受损失程度,如果能继续运行时,将损坏处所处理好维持运行,若损坏严重,应请求救援。在面对较大或复杂的火情时,须及时报警并请求专业救援。

第四章 车务作业劳动安全知识

第一节 接发列车作业

车站接发列车人员立岗接发列车时，要特别注意检查从非电气化区段开来的列车上有无人员扒乘，发现有人应设法让其下车，以免列车进入电气化铁路后发生触电伤亡事故。

为保证接发列车人员的人身安全，应做到以下四点：

1. 在对停留车辆进行防溜时，如遇两端为敞车、棚车、冷藏车等类型的车辆，应使用人力制动机紧固器和铁鞋进行防溜，禁止使用人力制动机防溜。

2. 对车门开放、篷布绳索松弛的车辆进行整理时，不得攀爬车顶，必须攀爬车顶整理时应将车辆调至无接触网区进行。

3. 遇天气不良或雷雨天气时，接发列车应提前出务，站在距接触网支柱较远处。必须横越线路时，应远离接触网支柱并严格执行“一站、二看、三通过”的作业制度。

4. 对停站上水的客运列车，要提醒上水员、列车员不得用水管冲刷车厢；上水时要先插管、后开阀门，上水完毕要先关闭阀门，然后拔掉水管，水管口不得朝向接触网及带电部分。

第二节　调车作业

一、计划的编制及作业

1. 编制调车作业计划时，使用电力机车调车须注明“电力”字样；对接触网无电的线路，要在该钩相应的备注栏中注明“无电”字样；对有接触网股道而未停电的调车作业，在重点注意事项中必须注明“接触网有电，禁止登高”字样，同时还要注明接触网的终点位置，传达计划时，须对全体作业人员进行重点传达和提醒。

2. 调车作业由无接触网区进入有接触网区及在有接触网区作业时，作业人员应站在车辆车梯底层的脚蹬上。动车前调车长必须提醒并确认所有作业人员的站立位置，用语为：“××号进入(在)有电区作业，汇报站立位置”；作业人员必须逐一向调车长汇报站立位置安全，用语为：“××号明白，在××位车梯站立”；调车长必须逐一确认并复诵：“明白”。未进行联系确认，不得动车作业。

3. 登乘电力机车调车作业时，必须执行停车上、下的规定。

4. 专用线取送车作业：

推送车辆时，在有接触网的线路上，调车人员应站在车辆车梯底层的脚蹬上，使用简易紧急制动阀时，制动阀拉绳应挂于车梯上，禁止使用绳索捆绑石子扔入车内；在车列全部进入无电区后，一度停车，调车长确认作业人员选择好站立位置后，方可继续作业。

牵引运行时，在进入有电区信号机前一度停车，调车长联系确认作业人员全部站在车辆车梯底层的脚蹬上后,方可动车进入有电区作业。

二、在带电的接触网下使用人力制动机的要求

如前所述,接触网带电部分常有 25 kV 的高压电,为了保证人身安全,除牵引供电专业人员可按规定的程序和措施,使用各种绝缘工具进行带电作业外,其他人员及其携带的物件与接触网带电部分,应保持 2 m 及以上的安全距离。

电气化铁路车站的列车到发线上均挂有接触网导线,它在最大弛度时,距离钢轨顶面的最低高度分别为:技术站和调车作业量较大的中间站(一般指三等站)为 6.2 m,四、五等中间小站和区间为 5.7 m。为了保证在带电的接触网下使用人力制动机的安全,根据我国铁路各种货车人力制动机踏板台的最高高度、调车作业人员的最高高度(包括手持信号旗高举后的高度),溜放作业前应做好以下工作:

1. 做好人力制动机的检查与选择,并在无接触网的牵出线上认真进行试闸(必要时还要磨闸),严防在溜放作业中发现人力制动机不良而在带电接触网下跨越车辆,到其他制动台上拧闸。禁止在带电接触网下试闸和显示试闸好了等信号。

2. 认真检查溜放线路上方的接触网导线上是否挂有线头、绳索等。如在带电的接触网导线上悬挂有物件,危及作业人员安全时,须立即停止该线路的溜放作业,并通知接触网工区派人前来处理,严禁碰触悬挂物件。

3. 在挂有接触网线路上实施溜放及防溜作业时,应注意以下四点:

(1)禁止使用棚车、家畜车、冷藏车、毒品车等高踏板车辆的人力制动机。

(2)接触网高度在6.2 m以下的线路上禁止使用敞车类的人力制动机。

(3)新型及其他类型的车辆，当不能保证与接触网保持2 m安全距离时，禁止使用其人力制动机。

(4)严禁攀登车顶及踏在高于人力制动机踏板台的车帮、车梯、装载的货物上使用人力制动机。

第三节　货运作业

电气化铁路车站在挂有接触网的线路上进行货物检查、车辆交接时，除严格执行有关规定外，还应注意以下事项：

1. 货运及货检人员在检查、接收开往电气化铁路区段的货物列车时，应向押运人员、回送内燃与蒸汽机车的随乘人员宣传安全注意事项。如发现敞车、平车装载的货物上面或棚车、罐车、冷藏车顶上有押运人乘坐时，应劝其下车，将其安排在棚车内乘坐；对押运人员在罐车盖上或敞车装运的货物上插设的树枝等标志物，应设法撤除。

2. 货运及货检人员在检查货物装载状态和进行货车交接时，除按装载、加固有关规定进行认真检查外，还要特别注意检查货物装载高度、篷布绳索的捆绑、罐盖的关闭状态，如发现异状，应通知有关人员甩车并调送至无接触网的线路上进行整理，严禁在带电的接触网下攀登车顶关闭罐盖、整理货物、紧固篷布绳索等。禁止使用非绝缘杆尺检测货物高度。

第四节 客运作业

1. 押运、通勤(学)等人员,在电气化铁路区段内,禁止坐在客车车顶上。机车司机、列车长和乘务员,除做好宣传工作之外,当列车驶进电气化区段前,要进行彻底检查,并将上述人员安置于安全的车辆内。

2. 在电气化区段,客运乘务人员除严格执行有关规定外,还应时刻提醒乘客及有关人员,严禁攀登车梯到客车车顶,并不得随意向上抛扔物品。如发现车顶有人时应立即停车,提醒其上方有高压电,采取俯卧式慢慢爬下来,以免触电。必要时应迅速与列车长、司机和车站取得联系,请求区段停电,在确认该区段停电并采取接地验电等措施后,方可进行处理。客车餐车人员在电气化区段内严禁攀爬车顶从事任何作业。

3. 车站客运工作人员,在遇雷雨天接发列车时要站在安全地点,接发列车时不得使用非绝缘材质的雨伞;高站台接发列车时严禁跳下站台,如遇旅客行李物品掉下站台时,应使用专用绝缘工具钩取。列车接近站台和开车铃响后,不得站在安全线以外。如遇旅游团体、部队拉练等使用的长度超过 2 m 的旗杆时,应告知领队(负责人)将旗杆整理到 2 m 以内后,方可进入车站。

第五节 装卸作业

在电气化铁路上,由于线路上方架设有带电的接触网,给装卸人员的安全造成严重威胁。因此,在带电的接触网下进行装卸作业时应注意以下方面。

1. 在进行人工装卸作业时，首先要确认本货物线及相邻线路上的接触网是否带电，在持金属工具作业时，须确保整体伸展长度小于 2 m，且手持杆柄部分为绝缘材质，作业期间与带电接触网及其附属设备的距离不得小于 2 m；使用非金属工具（如竹竿、木棒）时也不得靠近接触网；绑扎货物用的铁线不得超出机车车辆限界，严防碰触到带电的接触网及其附属设备，造成联电、触电，危及人身安全。

2. 在使用机械进行装卸作业时，所有装卸机械（具）上的所有金属构架与装卸货物，与带电接触网及其附属设备的距离不得小于 2 m，不得碰触接触网的任何部位及支柱，装卸机械可能接近接触网带电设备的工作臂须加装限位装置和电绝缘防护设施；在接触网未停电接地、未经验电确认无电的情况下，不得使吊车的吊臂在接触网下伸臂和转动。装卸货物要有固定的行走径路。

3. 在带电的接触网下进行装卸作业时，不准站在敞车、矿石车、平车、罐车等车辆上进行装卸货物、覆盖篷布、捆绑绳索和开启罐盖，不准使用竹竿等非耐高压绝缘物测量货物和装卸高度，以免侵入 2 m 的安全距离内而发生触电。如必须站在车上进行以上作业时，须在车体上部限定的安全距离内设置安全栅网，以限制作业人员及其工具不侵入安全距离限界，并派胜任人员监护，以防触电。在人工装卸细长货物（如毛竹）时，应由两人平行抬起，严防单头失衡翘起碰触带电的接触网设备。

4. 在接触网不停电的情况下，如需站在装运钢轨、片石的平车上作业时，作业人员使用的撬棍不得长于 0.8 m；遇敞车装运石碴、砂（土）石等散堆货物时，作业人员应站在车下通过侧门进行作业；如在敞车、平车上作业时，要根据现场具体情况，规范加装安全防护网，作业人员站在安全防护网下进行装卸作业。

5. 在接触网停电进行人工装卸货物时，应在线路两端安全作业标之间的安全区域内进行。作业前，应先断开该线路上方接触网的隔离开关。如该线路上停有电力机车，应先通知司机转线或降下受电弓，再操作隔离开关，严禁带负荷操作隔离开关。挂好接地线并经验电确认接触网无电后，方准开始装卸作业。装卸作业(含苫盖篷布)完毕，必须确认作业人员和机具已经全部离开危险区域(车上清道作业除外)，方可合上隔离开关，恢复接触网供电。在装卸线的分段绝缘器内侧 2 m 处须设安全区域标志(图 4-1)。

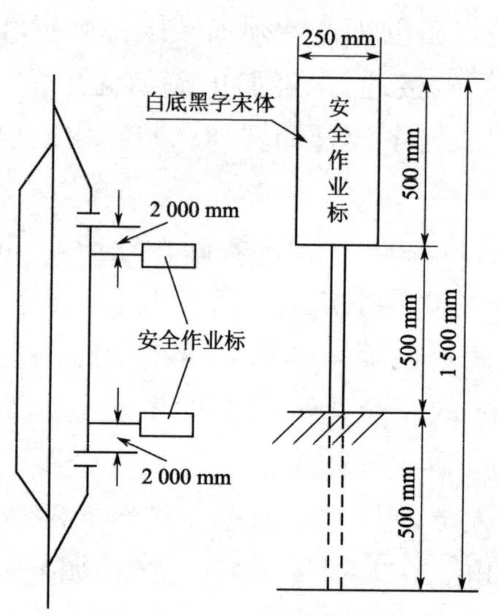

图 4-1　安全作业标设置示意

6. 各类罐车在电气化铁路区段发生泄漏时，首先应联系确认泄漏物非有毒有害物质后方可靠近，任何人不得上车顶处理，后组织将其牵引到非电气化铁路区段处理；如泄漏物为有毒有害物质，应立即汇报车站并启动应急预案，在安全区域内通过拉设警戒线等有效措施防止人员侵入造成伤害。如情况紧急必须在电气化铁路区段处理时，要立即通知供电调度，在接触网停电接地并经验电确认无电后方可处理。

7. 货物装载高度须满足《铁路技术管理规程》及《铁路超限超重货物运输规则》规定的电气化区段安全距离。

第六节　隔离开关的操作

1. 隔离开关操作人员须经过专项培训和考试，并取得由供电设备管理单位颁发的操作合格证(图 4-2)后，方准持证上岗工作。隔离开关开闭作业时，必须执行一人操作、一人监护制度。

2. 隔离开关操作前，操作人员必须按规定检查确认劳动防护用品质量状态良好，并按规定穿戴好绝缘靴、绝缘手套和安全帽，检查确认开关及其操作机构正常，接地线良好，方准按程序操作。

3. 遇雷雨天气时，禁止操作隔离开关。严禁接触网带负荷(货物线内有电力机车用电取流)操作隔离开关。因为隔离开关没有消弧装置，也没有断流能力，带负荷操作会产生短路弧火，烧坏设备，灼伤操作人员。

4. 操作隔离开关要准确、迅速，一次开闭到底，中途不得停留或发生冲击。操作过程中，人体未穿戴绝缘物的部分不得与支柱及其机构接触，以防触电。

5. 操作隔离开关使用的绝缘靴和绝缘手套要存放在阴凉干燥、不落灰尘的容器内，保持其绝缘性能良好。每隔 6 个月送供电段检查试验绝缘性能一次。使用前用干布擦拭，仔细检查有无破损，并进行简略漏气试验。禁止使用破损、绝缘性能不良的绝缘手套与绝缘靴。

6. 接触网隔离开关不得随意开闭，传动机构必须加锁，钥匙应指定专人保管。中间站货物线隔离开关钥匙要固定存放在车站运转室(行车室)，由车站值班员负责保管。使用时，需经值班员准许，亲自或指派助理值班员前往监护，用后立即收回钥匙。

站内有数台隔离开关时，每台隔离开关的钥匙要注明开关号码，相邻支柱隔离开关钥匙不得通用，以免错用钥匙，错开隔离开关，危及作业人员和行车安全。

7. 装卸货物线的接触网隔离开关平时要处于合闸状态，遇雨、雪、雾、霾等恶劣天气，严禁处于分闸状态。

<table>
<tr>
<td>电气化铁路
隔离开关
操作合格证

______局集
团有限公司</td>
<td>单位：__________
专业：__________
姓名：__________
职称：__________
发证日期：__年__月__日
发证单位：(章)______
合格证号码：______</td>
<td>考试成绩<table>
<tr><td>日期</td><td>考试科目</td><td>评分</td><td>主考人章</td></tr>
<tr><td></td><td></td><td></td><td></td></tr>
<tr><td></td><td></td><td></td><td></td></tr>
<tr><td></td><td></td><td></td><td></td></tr>
<tr><td></td><td></td><td></td><td></td></tr>
<tr><td></td><td></td><td></td><td></td></tr>
<tr><td></td><td></td><td></td><td></td></tr>
</table></td>
<td>注意事项
1. 执行工作时要随时携带本证。
2. 本证只限本人使用，不得转让和借给他人。
3. 无考试成绩，无主考人签章，本证无效。
4. 本证如有丢失，补发时必须重新考试。</td>
</tr>
</table>

图 4-2　隔离开关操作合格证(样式)

复 习 题

一、填 空 题

1. 在对停留车辆进行防溜时，如遇两端为敞车、棚车、冷藏车等类型的车辆时，应使用人力制动机紧固器和铁鞋进行防溜。

2. 停留在接触网下的车列，如对有车门开放、篷布绳索松弛的车辆进行整理时，不得攀爬车顶进行整理。

3. 对有接触网股道而未停电的调车作业，在重点注意事项中必须注明接触网有电，禁止登高字样，同时还要注明接触网的终点位置。

4. 在进行专用线推送车作业时，调车人员应站在车辆车梯底层的脚蹬上，使用简易紧急制动阀时，制动阀拉绳应挂于车梯上，禁止使用绳索捆绑石子抛扔入车内；在车列全部进入无电区后，一度停车，调车长确认作业人员选择好站立位置后，方可继续作业。

5. 在实施溜放作业前，如发现带电的接触网导线上悬挂有线头、绳索等物件，危及作业人员安全时，立即停止该线路的溜放作业，并通知接触网工区派人前来处理，严禁非供电专业人员碰触悬挂物件，防止触电。

6. 在对挂有接触网线路上实施溜放及防溜作业时，如有新型及其他类型的车辆而不能保证与接触网保持2 m安全距离时，禁止使用其人力制动机。

7. 电气化铁路车站货运及货检人员在挂有接触网的线路上检查货物装载状态和进行货车交接时，如发现货物装载的高度、篷布绳索的捆绑及罐盖的关闭有异状，应通知有关人员甩车并送至无接触网的线路上进行整理，严禁在带电的接触网下攀登车顶关闭罐盖、整装货物、紧固篷布绳索等。禁止用非绝缘杆尺检测货物高度。

8. 在带电的接触网下进行装卸作业时，不准站在敞车、矿石车、平车、罐车等车辆上进行装卸货物、覆盖篷布、捆绑绳索和开启罐盖等作业，不准使用竹竿等非耐高压绝缘物测量货物和装卸高度；在人工装卸细长货物时，应由两人平行抬起。

9. 在接触网不停电的情况下，如遇敞车装运石砟、砂(土)石等散堆货物时，作业人员应站在车下通过侧门进行作业，在敞车、平车上作业时，要根据现场具体情况，规范加装安全防护网。

10. 操作隔离开关要准确、迅速，一次开闭到底，中途不得停留或发生冲击；操作过程中，人体未穿戴绝缘物的部分不得与支柱及其机构接触，以防触电。

二、判 断 题(对的打“√”，错的打“×”)

1. 在接触网距离钢轨顶面的高度6.2 m以下的线路上，可以使用敞车类的人力制动机。(×)

2. 操作隔离开关使用的绝缘靴和绝缘手套每隔12个月送供电段检查试验绝缘性能一次。(×)

3. 遇天气不良或雷雨天气接送列车时，应提前出务，站在接触网支柱处监送列车。(×)

4. 在编制调车作业计划时，使用电力机车调车须注明“电力”字样；对接触网无电的线路，要在该钩相应的备注栏中注明“无电”字样。(√)

5. 在接触网带电的情况下，除牵引供电专业人员可按规定的程序和措施，使用各种绝缘工具进行带电作业外，其他人员及

其携带的物件与接触网带电部分，应保持 2.5 m 及以上的安全距离，以防触电。（×）

6. 在挂有接触网的线路上禁止使用棚车、家畜车、冷藏车、毒品车等高踏板车辆的人力制动机。（√）

7. 货运检查员在检查、接收开往电气化铁路区段的货物列车时，如发现押运人员在罐车盖上或敞车装运的货物上插设有树枝等标志物，应设法撤除。（√）

8. 在进行人工装卸作业时，首先要确认本货物线及相邻线路上的接触网是否带电，手持金属工具与带电接触网的距离不得小于 2 m，使用非金属工具（如竹竿、木棒）时也不得靠近接触网。（√）

9. 使用机械进行装卸作业时，在接触网已停电和接地并经验电确认无电的情况下，可以使吊车的吊臂在接触网下伸臂和转动。（√）

10. 在使用机械进行装卸作业时，所有装卸机具上的金属构架，要与带电接触网的距离不得小于 2.5 m，装卸机械上的所有金属构架不得碰触接触网的任何部位及支柱，被装卸的货物要有固定的行走线路，距带电接触网的距离不得小于 2.5 m。（×）

三、选择题

1. 电气化铁路接触网及其相连接的部件，一般带有（B）kV 的高压。

A. 20　　B. 25　　C. 27　　D. 27.5

2. 在电气化区段，作业人员和所携带物件与接触网设备的带电部分，必须保持（C）m 以上的安全距离。

A. 1　　B. 1.5　　C. 2　　D. 2.5

3. 遇(A)天气不得操作隔离开关。

A. 降雨雷电　B. 大风　C. 浓雾天气　D. 雪

4. 高站台接发列车时严禁跳下站台，如遇旅客行李掉下站台，应使用(D)钩取。

A. 雨伞

B. 长度不超过2m的撬棍

C. 旗杆

D. 专用绝缘工具

5. 在接触网不停电的情况下，如需站在装运钢轨、片石的平车上作业时，所使用的撬棍不得长于(B) m。

A. 0.5　　B. 0.8　　C. 1　　D. 1.5

6. 接触网高度在(C) m以下的线路上禁止使用敞车类的人力制动机。

A. 5.7　　B. 6　　C. 6.2　　D. 6.5

7. 操作隔离开关使用的绝缘靴和绝缘手套要每隔(C)个月，送供电段检查试验绝缘性能一次。

A. 4　　B. 5　　C. 6　　D. 7

8. 中间站货物线操作接触网隔离开关时，应取得(C)的准许后方可进行。

A. 电力调度员　　B. 列车调度员

C. 车站值班员　　D. 供电调度员

9. 各类罐车在电气化铁路区段发生泄漏，必须在电气化铁路区段处理时，要立即通知(A)，在接触网停电接地并经验电确认无电后方可处理。

A. 供电调度员

B. 就近车站值班员

C. 列车调度员

D. 电力调度员

10. 在挂有接触网线路上实施溜放作业时,禁止使用(B)车辆的人力制动机。

A. 敞车、矿石车等类型

B. 棚车、家畜车、冷藏车、毒品车等类型

C. 平车、罐车等类型

D. 企业自备

四、问 答 题

1. 接发列车时对从非电气化区段开来的货物列车要特别注意什么?

答:车站接发列车人员立岗接发列车时要特别注意检查从非电气化区段开来的货物列车上有无人员扒乘,发现有人应设法让其下车,以免列车进入电气化铁路后发生触电伤亡事故。

2. 在编制有接触网股道的调车作业计划时,应注意什么?

答:编制调车作业计划时,使用电力机车调车须注明“电力”字样;对接触网无电的线路,要在该钩相应的备注栏中注明“无电”字样;对有接触网股道而未停电的调车作业,在重点注意事项中必须注明“接触网有电,禁止登高”字样,同时还要注明接触网的终点位置,传达调车作业计划时,须对相关的全体作业人员进行重点传达和提醒。

3. 货运及货检人员在检查货物装载状态和进行货车交接时应注意什么?

答:货运及货物检人员在检查货物装载状态和进行货车交

接时，除按装载、加固有关规定进行认真检查外，还要特别注意检查货物装载高度、篷布绳索的捆绑、罐盖的关闭状态，如发现异状，应通知有关人员甩车并送至未挂接触网的线路上进行整理，严禁在带电的接触网下攀登车顶关闭罐盖、整装货物、紧固篷布绳索等。禁止用非绝缘杆尺检测货物高度。

4. 在带电的接触网下进行装卸作业时应做到哪些？

答：在带电的接触网下进行装卸作业时，不准站在敞车、矿石车、平车、罐车等车辆上进行装卸货物、覆盖篷布、捆绑绳索和开启罐盖，不准使用竹竿等非耐高压绝缘物测量货物和装卸高度，以免侵入 2 m 的安全距离内而发生触电。如必须站在车上进行以上作业时，须在车体上部限定的安全距离内设置安全栅网，以限制作业人员及其工具不侵入安全距离限界，并派胜任人员监护，以防触电。在人工装卸细长货物（如毛竹）时，应由两人平行抬起，严防单头失衡翘起碰触带电的接触网设备。

如需站在装运钢轨、片石的平车上作业时，作业人员使用的撬棍不得长于 0.8 m；遇敞车装运石砟、砂（土）石等散堆货物时，作业人员应站在车下通过侧门进行作业。如在敞车、平车上作业时，要根据现场具体情况，规范加装安全防护网，作业人员站在安全防护网下进行装卸作业。

5. 开闭隔离开关作业时，有哪些要求？

答：隔离开关的操作人员须经过专项培训和考试，取得由供电设备管理单位颁发的安全操作证后持证上岗作业；隔离开关操作前，操作人员必须按规定检查确认劳动防护用品的质量状态良好，规范穿戴好绝缘靴、绝缘手套和安全帽，检查确认开关及其操作机构正常，接地线良好，方准按程序操作；操作隔离开关时，必须执行一人操作、一人监护制度；操作隔离开关要准确、迅速，一次开闭到底，中途不得停留或发生冲击；操作过程中，人体未穿戴绝缘物的部分不得与支柱及其机构接触，以防触电；严禁接触网带负荷（货物线内有电力机车用电取流）操作隔离开关；雷雨天气，禁止操作隔离开关。

第五章　工务作业劳动安全知识

电气化铁路的开通提高列车运行速度、载重量，同时也给工务的作业环境和作业方式带来了极大变化，影响劳动安全的不利因素增加，空中高压电、钢轨牵引回流、高速行驶列车、感应电和静电的影响，给工务日常检修、施工作业和劳动安全防护提出了更高的要求。

第一节　一般安全要求

一、电气化铁路安全教育培训

1. 为保证电气化铁路区段作业人员掌握电气化危险因素与防范措施等有关安全知识，增强自我保护意识，提高安全素质，新建的电气化铁路在开通运营之前，各单位必须以《铁路技术管理规程》《工务安全规则》《电气化铁路有关人员电气安全规则》等有关安全标准为基本内容，组织全员进行学习培训和考试，试卷存入作业人员个人的安全教育培训档案。之后每年进行一次专门安全教育和考试，不合格者一律不得上岗作业。

2. 对新职、转岗或其他初到电气化铁路区段工作的人员，必须按照上述内容进行单位、车间、班组三级安全教育，建立教育卡片，培训考试合格后，签订师徒合同，采取以师带徒方式上道作业，严格禁止师徒分离。师徒合同期满须经过考试合格后，方准单独作业。

3. 在电气化铁路区段工作的职工，离开本职工作岗位半年及以上重返原岗位工作的，必须经电气化铁路安全知识教育培训并考试合格后，方准重新工作。

二、经常性安全教育

线桥作业开工前，工班长应针对当日作业地点、作业项目和天气状况等特点，进行安全预想，重点提示安全注意事项，并检查安全防护用品、工具和劳保用品穿戴、使用情况后，方可开工作业；当日作业收工结束，要及时召开碰头会，总结生产任务、施工作业工程质量，对劳动安全、遵章守纪情况进行总结和考核，并在工作日志内做好记录备查。

三、电气化铁路劳动防护用品的配备和使用

线路工区：数量足用并有备用的 35 kV 耐高压绝缘手套、绝缘靴、安全帽和安全绳，以及截面积 70 mm^2 且外部绝缘良好的"两横一纵"回流连接铜线等。

桥梁工区：数量足用并有备用的 35 kV 耐高压绝缘手套、绝缘靴、安全帽、规格型号适用作业项目与环境的安全带和安全绳，以及截面积 70 mm^2 且外部绝缘良好的"两横一纵"回流连接铜线等。

职工个人劳动保护用品：绝缘（胶）皮鞋、防砸鞋、棉布防护服、焊接防护服与面罩、护腿等。

各单位要建立电气化铁路作业劳动防护用品、用具的配发、保管、检验和报废更新等制度，规范台账管理，落实责任人并按

规定妥善保管存放。耐高压绝缘防护用品应放于阴凉干燥、不落灰尘的处所，每次使用前要认真检查并进行简略漏气性试验，确认状态良好；使用后应及时用干布擦净、晾干保存，如发现有漏气、严重划痕和裂损等异状时，禁止使用；每6个月须送供电段进行一次耐压性能检测，禁止使用未经检测、检测不合格或超过安全使用有效期限的特种劳动防护用品和工具。

四、新建电气化铁路桥隧栏杆设置要求

新建电气化铁路开通前，所有桥隧栏杆必须按规定设置接地装置。

第二节　线桥作业

一、上道、上桥作业安全

线路、桥梁隧道等日常作业原则上应安排在天窗点内进行，上线作业时，要严守电气化线路作业安全规定。

1. 上道、上桥作业前，必须先检查确认接触网无异常，电气化回流线及信号装置的接地线、连接线正常连接，且没有列车开来时，方准上道、上桥作业；现场防护员与驻站联络员至少每3 min联系一次，联系中断应视为有列车通过，作业人员必须立即停止作业并按规定下道避车。

2. 步行上下工时，不得在道床范围内行走，注意前后瞭望；通过桥梁、道口或横越线路时，应与驻站联络员联控确认，执行“手比、眼看、口呼”，做到“一站、二看、三通过”，严禁来车时抢越。必须走道心时，应设置专人防护。进路信号辨认不清时，应

及时下道避车。作业人员在桥梁作业通道上应避免集中走行。作业通道钢支架(钢横梁)承载力不足、步行板破损的应及时整治,整治前在相应位置喷涂红色警示标识,防止作业人员坠落。

作业人员下道避车时应遵守以下规定:

(1)下道后距钢轨头部外侧距离不小于 2 m,设有避车台(洞)的桥梁(隧道)应进入避车台(洞)避车。

(2)本线来车按下列距离下道完毕:

$v_{max} \leqslant 60$ km/h 时,不小于 500 m;

60 km/h$< v_{max} \leqslant$120 km/h 时,不小于 800 m;

120 km/h$< v_{max} \leqslant$160 km/h 时,不小于 1 400 m。

(3)邻线(线间距不足 6.5 m)来车下道规定:

①本线不封锁时:

邻线 $v_{max} \leqslant 60$ km/h 时,本线可不下道;

60 km/h<邻线 $v_{max} \leqslant$120 km/h 时,来车可不下道,但本线必须停止作业;

邻线 $v_{max} > 120$ km/h 时,下道距离不小于 1 400 m;

瞭望条件不良,邻线来车时本线必须下道。

②本线封锁时:

邻线 $v_{max} \leqslant 120$ km/h 时,本线可不下道;

120 km/h<邻线 $v_{max} \leqslant$160 km/h 时,本线可不下道,但本线必须停止作业。

(4)在站内其他线路作业,躲避本线列车时,下道距离不少于 500 m,与本线相邻的正线来车时,按以上第一项和第三项办理,与本线相邻的其他站线来车时可不下道,但必须停止作业。列车进路不明时必须下道避车。

(5)人员下道避车时应面向列车认真瞭望,防止列车上的抛落、坠落物或绳索伤人。

(6)人员下道避车的同时，必须将作业机具、材料移出线路，并放置、堆码牢固，不得侵入铁路建筑限界；线间距不足6.5m地段，正线两线间不得停留人员和放置机具、材料。

(7)作业人员原则上应从本线一侧上下道，确需横越线路时，应明确防护措施并纳入作业方案。

3. 遇有降雾、暴风雨(雪)、扬沙等恶劣天气影响瞭望时，应停止线上作业和上道检查；必须作业时，应采取特殊有效的安全防护措施，保证来车之前按规定的距离及时下道。

4. 作业人员及携带的工机料具等，须与牵引供电设备的高压带电部分保持2m以上的距离，与回流线、架空地线、保护线保持1m以上距离，距离不足时，牵引供电设备须停电。

5. 作业休息时必须在指定安全地点；禁止在接触网支柱上搭挂物品、攀登支柱或在支柱旁存放工具、坐卧休息。

6. 为防止工具侵入接触网限界，作业使用工具的高度不宜超过头顶，不得在单轨车把上加插撬棍，不得将单臂运轨器竖立或高举。

7. 在距离接触网支柱及带电部分5m范围内的金属结构必须有效接地，在与接触网相连的支柱及金属结构上，若未装设接地线或接地线已损坏时，严禁人员与之接触。

使用发电机、空压机、搅拌机等机电设备时，须设置良好的接地装置，未设好接地线禁止作业。木杆脚手架上绑扎的铁丝等金属物，应把余头去掉，防止尖端放电。

8. 作业范围与牵引供电设备高压带电部分须保持2m以上的距离，与回流线、架空地线、保护线保持1m以上距离，距离不足时，牵引供电设备须停电。必须按规定办理接触网停电申请手续，得到许可施工命令，具备施工条件，并有接触网工区派人安装临时接地线后通知无电方能施工；施工结束后要确认所有人员进入安全地点方可通知正式完工，撤除接地线并办理销记手续。撤除接地线后严禁再次进入作业地点继续以上作业项目。

在距离接触网带电部分 2～4 m 的建筑物上施工时，接触网可不停电，但必须由接触网工或经专门训练有相关资质证件的人员实施现场监护。

在线路上使用机械作业时，严禁碰触接触网回流线或钢轨接地线，确需拆开接地线时，须提前向供电设备管理单位报告并取得同意，由供电单位现场防护，可暂时拆除接地线，并用状态良好的 25 mm^2 裸铜绞线临时接地后，方可作业。作业结束后须将其恢复。

拆装接地线必须由接触网工或经专门培训并取得安全操作资格证的工务人员，按照安全操作规程实施。

9. 电气化区段断开、更换钢轨时，铜连接线设置要求。

(1)在自动闭塞的电气化区段上更换钢轨时，应遵守以下规定：

①在同一地点同时断开、更换两股钢轨，无论该地段接触网是否停电，换轨前必须在被换钢轨两端的左右轨节间横向位置，各安设一条截面不少于 70 mm^2 的铜连接线，在被断开一股钢轨两端轨节间纵向安装一条截面不小于 70 mm^2 的铜连接线(图 5-1)。铜连接线两端用夹子牢固夹持在相邻的轨底上，夹持位置应除锈，连接可靠后方可开始作业。该连接线要在换轨完毕后方可拆除。

②更换一股钢轨时，换轨前应在被换钢轨两端的左右轨节

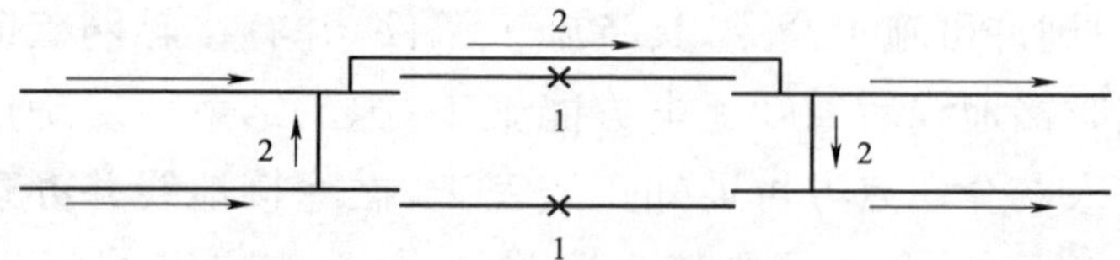

图 5-1　自动闭塞电气化区段同时更换两股钢轨连接线设置示意

1—被更换的钢轨；2—铜连接线

间横向各设一条截面不小于 70 mm^2 的铜导线(图 5-2)。铜导线两端用夹子牢固夹持在相邻的轨底上，夹持位置应除锈。

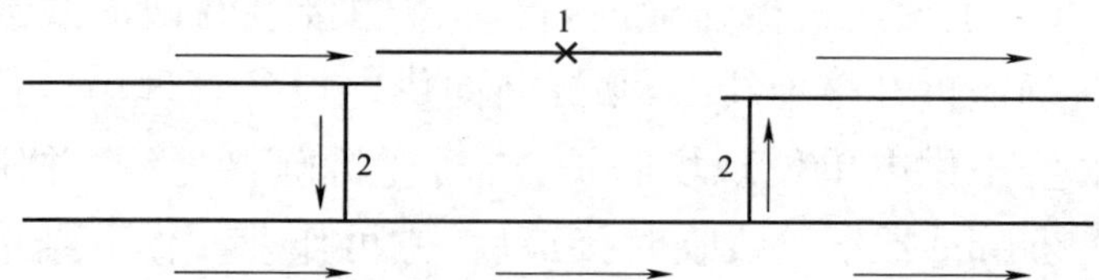

图 5-2　自动闭塞电气化区段更换单股钢轨连接线设置示意 1

1—被更换的钢轨；2—铜连接线

或换轨前应在被换钢轨两端轨节间纵向安设一条截面不小于 70 mm^2 的铜导线(图 5-3)。铜导线两端牢固夹持在相邻的轨底上，夹持位置应除锈。作业完毕后方准拆除铜导线。

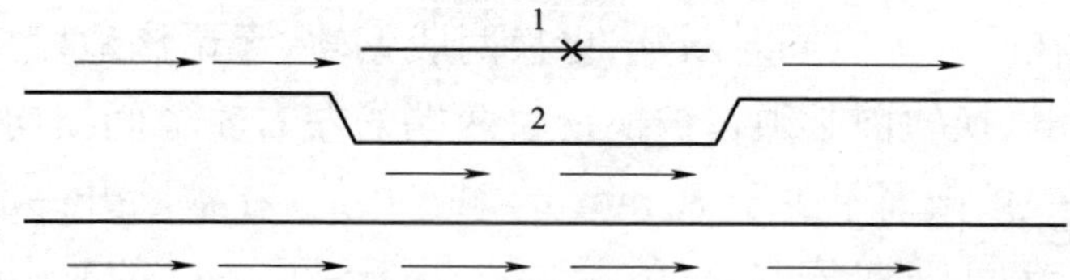

图 5-3　自动闭塞电气化区段更换单股钢轨连接线设置示意 2

1—被更换的钢轨；2—铜连接线

(2)在非自动闭塞的电气化区段上更换钢轨时，应遵守下列规定：

①在同一地点同时更换两股钢轨、同时拆换两股钢轨的接头夹板或调整轨缝时，无论该地段接触网是否停电，作业前必须在被换钢轨两端轨节间纵向各设一条截面不小于 70 mm^2 的铜导线(图 5-4)。铜导线两端牢固夹持在相邻的轨底上，夹持位置应除锈。作业完毕后方准拆除接地线和铜导线。

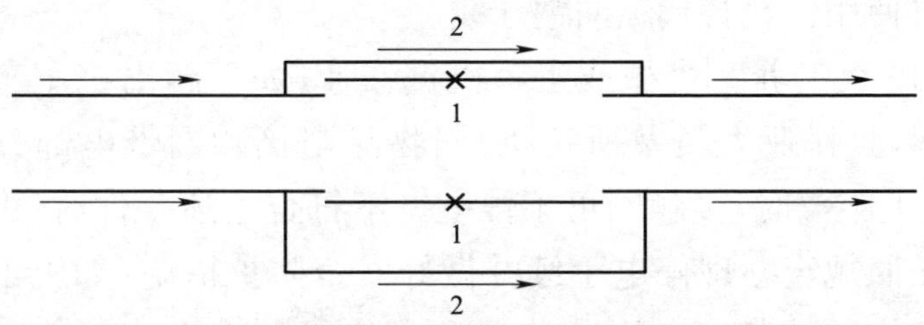

图 5-4　非自动闭塞电气化区段同时更换两股钢轨连接线设置示意

1—被更换的钢轨；2—铜连接线

②更换一股钢轨时，换轨前应在被换钢轨两端轨节间纵向安设一条截面不小于 70 mm^2 的铜导线(图 5-5)。铜导线两端牢固夹持在相邻的轨底上，夹持位置应除锈。作业完毕后方准拆除铜导线。

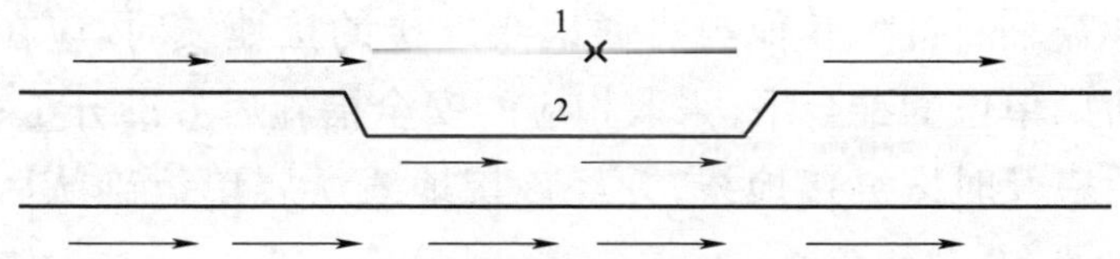

图 5-5　非自动闭塞电气化区段更换单股钢轨连接线设置示意

1—被更换的钢轨；2—铜连接线

10. 更换钢轨需拆装扼流变钢轨引线时，应有电务单位现场配合，拆装作业由电务人员完成；未设置好分路电缆之前，不得将扼流变钢轨引线从钢轨上拆开；如需拆开扼流变吸上线时，还应有供电单位配合。

更换带有吸上线的钢轨，必须先通知供电单位采取安全措施后，方准作业。

在站内更换钢轨或夹板时，铜导线的连接方法，必须考虑轨道电路和车站作业的要求。

可使用钢轨替代纵向铜导线。

11. 大型养路机械或工程机械作业，如不超出机车车辆上部限界，且作业人员及所持机具、物品与接触网带电部分保持2 m以上距离时，接触网可不停电。不符合上述条件时，由供电单位按照规定办理停电手续并做好安全防护措施（如施工机械作业机构须加装安全限位装置和电绝缘防护设施）后，方可作业。使用大修列车、路基处理车在电气化区段作业时，接触网必须停电。

12. 工务作业如需临时拆除与贯通地线的连接时，应在电务单位配合下，采取相应的安全措施后方准开工；作业完毕后应及时恢复与贯通地线的可靠连接，经电务单位确认后方准结束作业。

如需临时拆除其他与贯通地线连接的接地线时，应在该接地线所属单位的配合下，采取相应的安全措施后方准开工；作业结束后应及时恢复接地线，并经该接地线所属单位确认后方准结束作业。

V形天窗，严禁拆除与贯通地线连接的各种接地线。

13. 接触网断线、部件损坏或挂有线头、绳索等异物，任何人员均不得与之接触，应立即通知附近车站；在牵引供电设备检修人员到达并采取措施以前，任何人员禁止进入断线接地处所10 m范围内。

14. 在“铁跨铁”立交桥的上部线路及桥梁上作业、巡检、行走时，严禁到安全栅栏网以外，严禁从桥梁上抛扔绳索、物件和抛洒各类液体。

15. 任何作业均不得影响供电设备的支柱、拉线及基础等设施的稳定。

16. 电气化铁路区段声屏障、风屏障、栅栏等金属体结构部分应可靠接地。

17. 在电气化区段进行圬工养生等作业时，禁止向接触网带电部分 2 m 范围内泼水、喷水。

18. 清除危石、爆破作业可能影响接触网及行车安全时，应有供电部门人员配合；有碍接触网及行车安全时，应先停电后作业。

二、施工配合作业安全

1. 工务、电务、供电部门等多单位配合施工，是安全控制的难点，也是安全管理的薄弱环节，应加强各部门和单位的相互协调和结合部的联防互控。因此，工务部门进行下列施工前，必须按规定提报施工计划，严格执行批准的施工方案。每次施工作业要成立安全协调指挥小组，作业前按规定召开技术交底和安全预想会。

每天施工结束后，要及时召开联合碰头会，总结分析出现的安全问题，提出预防、控制措施。

2. 下列各项施工必须按照《国铁集团铁路营业线施工管理办法》《高速铁路接触网安全工作规则》《普速铁路接触网安全工作规则》相关规定办理停电手续，供电工区人员现场配合监护到位，接触网工安装临时接地线并经验电确认无电后，施工领导人方可下达命令开始施工;在电气安全方面,施工领导人必须听从接触网工指导。施工结束、人员全部撤离后,接触网工拆除临时接地线,并通知供电调度员施工完毕。拆除临时接地线以后,所有人员严禁再次进入施工现场。

(1)使用长轨列车进行装卸钢轨作业(3 层及以上)。

(2)高边车装卸路料作业。

(3)3 层以上人工卸轨枕作业,使用大修列车换枕。

(4)使用不加限位器的轨道吊装卸路料。

(5)用水冲洗各种机械和自轮运转设备。

(6)使用汽车吊等各种吊装机械靠近铁路进行吊装作业,距接触网带电部分不足 2 m 时。

(7)更换道岔施工,需要对轨道平车上的换铺设备和挖掘机进行装卸作业。

(8)使用脚手架对隧道上部距接触网带电部分 2 m 范围内的检查、补漏、油刷、刨冰及隧道口的装饰作业。

(9)使用高压水冲洗钢梁、进行钢梁喷砂、喷漆作业。

(10)使用钢尺、皮尺测量桥梁、框架等的限界距接触网带电部分不足 2 m 时。

(11)在下承式桁梁和半穿式桁梁轨面 3 m 以上部分进行作业。

(12)在“铁跨铁”上层桥明桥面上进行距接触网带电部分 2 m 以内的任何作业。

(13)维修公铁立交、铁铁立交上的安全栅网距接触网带电部分不足 2 m 时。

(14)在铁路安全区域开山爆破,清除接触网附近两侧危石、危树等危及接触网及立柱安全时。

(15)进行线桥设备大修、技术改造，与接触网任何带电部分距离不足 2 m 的其他作业。

三、线桥巡检作业安全

1. 巡道工、巡守工和设备检查人员巡检作业，必须佩戴和使用符合国家标准和行业标准的劳动防护用品和生产工具，不得打非绝缘材质的伞在线路上行走，不得触摸、手扶线路附近的金属结构，不得倚靠接触网立柱或在接触网立柱基台上坐卧休息。

2. 汛期防洪检查人员须随时观察接触网有无异常，不得打非绝缘材质的伞在网下及附近行走，降雨较大时必须远离接触网及立柱 10 m 以外，不得在大树下、电杆旁或涵洞内躲避。

3. 通过距离接触网带电部分较近天桥或跨线桥时，严禁使用竹竿、棍棒、铁线等物件穿插安全栅网。

四、发现断轨、胀轨紧急处理安全

发生断轨、胀轨等故障、险情时，应遵循"先防护、后处置"的原则，立即启动应急预案，迅速组织处理。

1. 发生断轨时，首先在断缝处增设纵向连接线，保证电流的回路畅通，避免出现危险电压；进行紧急处理插入短轨处置时，必须在严守电气化铁路安全措施的前提下，按照电气化铁路单股更换钢轨的要求设置连接线。

2. 线路发生胀轨，利用浇水降低钢轨温度时，严禁用水管喷水，防止水柱喷洒到接触网带电部件上；采用气焊切割钢轨时，必须提前在钢轨切割口处两侧安装纵向连接线。"铁跨铁"立交桥上跨桥发生胀轨时，禁止采用浇水降温。

五、区间卸料作业安全

使用电力机车在站内或区间卸料时，不得将电力机车置于所卸车辆的后部，需有供电部门人员配合随车添乘监护；所有人员不得登上车辆顶部检查卸车情况。

六、大型施工机械作业安全

1. 使用挖掘机、装载机、推土机等大型工程机械在铁路安全保护区内进行影响行车安全的施工时，施工单位应按《国铁集团铁路营业线施工管理办法》有关规定办理施工手续，经相关设备管理单位确认作业限制条件、隐蔽设备位置，且派人现场配合，方准施工。

2. 大型工程机械在铁路安全保护区内进行有碍行车安全的施工时，应按一机一人设置专人监护，列车接近前应停止作业。对大型高耸机械设备，应采取可靠的防倾覆侵限措施。停工时机械停放至安全地点后，监护人员方准离场。

3. 挖掘机作业时，应遵守以下规定：

(1)作业前应对挖掘机履带安装非金属保护板，并对其走行、作业径路及轨旁设备设施采取有效防护措施。

(2)在线路上作业时，应设专人指挥，注意斗臂高度及回转半径，防止刮碰作业人员。

(3)复线或电气化区段作业的挖掘机必须安装限位装置，限制其举升高度、回转角度等，邻线列车通过前必须回转至邻线建筑限界以外，并停止作业。

(4)走行及作业时应防止侵限和刮碰电缆、接触网、信号机等设施。在桥上走行及作业时应防止桥梁偏载造成倾翻。

(5)作业结束后,应选择安全场地停放,将铲斗收回平放在地面上,制动回转机构,操纵杆放在空挡位置。

第三节　轨道车作业

一、对轨道车司机的要求

1. 轨道车运用执行正副驾驶双人值乘制度。高速铁路轨道车正副驾驶、普速铁路轨道车正驾驶须取得 L1 或 L3 类“铁路机车车辆驾驶证”,普速铁路轨道车副驾驶可由取得 L1 或 L3 类“铁路机车车辆驾驶证”或取得相应驾驶资格“理论考试合格证明”的人员担当。轨道车正副驾驶人员统称轨道车司机,简称司机。

轨道车出乘时,轨道车正、副司机驾驶证及轨道车检查合格证三证必须齐全、有效,无驾驶证者禁止驾驶车辆。在有接触网线路上,司乘人员严禁攀登轨道车车棚顶部,不得用水管冲洗车辆。

2. 下列人员不得驾驶轨道车:

(1)走私、贩卖或者吸食毒品的。

(2)组织、领导或者参与恐怖主义活动的。

(3)饮酒、服用国家管制的精神药品或者麻醉药品,或者患有妨碍安全驾驶铁路机车车辆疾病,或者存在其他影响安全驾驶行为的。

(4)违章驾驶后未采取考核、教育、培训等措施的。

二、轨道车车况有关要求

1. 出乘前准备工作:司机应按规定开启行车安全设备,核对轨道车运行控制设备(GYK)基本数据版本信息,并检查确认状态良好,正副驾驶共同输入运行揭示等各项参数并复核确认无误,按规定进行制动机性能试验,确认仪表显示正常、制动主管处于贯通状态、制动系统风压符合规定,检查确认走行传动系统、悬挂部件状态良好,检查确认车辆连挂及各作业机构复位、锁定状态符合要求,车上人员及车下周围人员安全,物料、工机具装载加固良好。动车前按规定撤除防溜、防护设施。

2. 开车前,正副驾驶应共同确认行车凭证、发车信号正确无误。

3. 运行中,轨道车运行控制设备、列车无线调度通信设备应全程运转,严禁擅自关机或变相关机。司机应集中精力,严禁超速和臆测行车;注意线路状况,随时检查各仪表状态,遇有异响、异味、漏油、走行制动系统等与安全有关的总成或部件异常、信号显示不明、地面信号机和机车信号显示不一致、危及行车和人身安全时,应立即采取减速、停车等必要的安全措施。在长大下坡道运行时,司机应适时使用制动机,防止超速,不得关闭发动机,机械传动轨道作业车不得空挡运行。在站内停车待避时,应进行保压制动;在车站停机等待时,应按规定设置防溜;正副驾驶不得同时离车。

4. 既有轨道平车(载重 40 t 及以下)不得在高速铁路使用。平车在高速铁路上运行时严禁乘坐人员。

5. 具有下列情况之一,禁止使用轨道车:

(1)发动机无力或者异响,油压、冷却温度异常,发动机监测显示器显示影响行车信息。

(2)传动部分不良,有异响,安全保护装置失效,液力传动系统温度或压力异常。

(3)车轴发现裂纹,车轴齿轮箱、轴箱异响或温升超过规定。

(4)车轮发现裂纹,踏面碾堆、剥离、掉块、擦伤超限,轮辋或轮缘厚度不足 23 mm。

(5)轮对内侧距离超出 1 353 mm±3 mm 的容许限度。

(6)轮轴弛缓线发生相对位移。

(7)车架任何部件发现横裂纹、弯曲,影响行车安全。

(8)制动作用不良,安全保护装置失效。

(9)前后照明、刮雨器或风笛失效。

(10)车钩有裂纹,"三态"作用不良,车钩座、舌、销磨损超限。

(11)影响行车安全的走行、传动、制动部件外部螺栓松动、销子脱落、机件弯曲、裂纹或其他缺陷。

(12)作业机构锁定不良,影响行车安全。

(13)电务车载设备故障、未取得检测合格证、检测合格证超期。

(14)行车安全用品不全或失效。

6. 在电气化铁路使用轨道车应执行《电气化铁路有关人员电气安全规则》的有关规定,未确认停电和采取安全措施前,应严格遵守以下规定:

(1)严禁攀登车顶,严禁使用或攀登作业平台、高空作业斗等作业机构。

(2)不得用水冲洗车辆。

(3)装卸长大物料时,不得高抬翻转,严禁竖立,并应注意避开接触网设备。

(4)任何人员及所携带的工具及物品与牵引供电设备带电部分应保持 2 m 以上的距离。

(5)在距接触网不足 2 m 处作业时,接触网须停电,具体按有关规定办理。

三、轨道车接送施工人员有关要求

轨道平车必须设置端板、侧板和防护栏杆。运行中,严禁平车上部人员站立,在侧板、端板上坐卧或倚靠防护栏杆。确认搭乘人员上、下车完毕并处于安全位置后,轨道车方可起动运行。

四、轨道车运送材料有关要求

1. 须按装载加固方案规定和载重集重要求装载。

2. 装载物品应稳定并捆扎牢固,不得偏载,不准超限。

3. 卸车时不得偏卸,卸下物品不得侵入本线及邻线限界,大件物料不得边走边卸。

4. 在平车上跨装长大物件时,须按照装载加固方案并使用货物转向架。

5. 邻线来车时,如卸货可能影响邻线列车运行时,须禁止作业。

6. 装卸钢轨、轨枕等材料时,只许平移,不得高抬翻转,严禁竖立,并应注意避开接触网支杆、拉线等牵引供电设备及电务、车辆设备等;所用工具均不得高举;不得用竹竿等非耐高压物品测量货物装载高度等接近接触网带电设备的作业;特殊情况下,作业人员及所用工具距接触网不足 2 m 时,必须办理接触网停电手续。

7. 运送散件物料的平车应有侧板和端板,插销、锁件应齐全有效,散件物料应用牢固的箱(袋)包装,并加固锁定。

五、轨道车在沿线停车过夜时的要求

轨道车在车站或停留线停留过夜时，应采取防溜措施，拧紧两端车辆的人力制动机，两端车辆用铁鞋双向止轮并加锁防盗，夜间车组两端以双面红色信号灯光防护，并派人值守。轨道车停站过夜期间，原则上不得安排转线作业。严禁值守人员从邻近正线非站台侧下车，必须下车时，须严格落实与车站联控的防护要求；从其他线路侧下车且线间距不足 6.5 m 时，须严格落实“手比、眼看、口呼”制度，在确认下车侧无车辆通过方可。

第四节　轨道车运行和装卸作业

一、轨道车检查和运行

1. 进入电气化铁路区段前，必须检查确认各部件(包括车顶附加空调机等)不超过机车车辆限界。

2. 轨道车在可以攀登到车顶的梯子和前后踏板处，应涂有“电化区段严禁攀登”字样的明显警告标语，并保持清晰、醒目。

3. 随车起重机应设有限位装置，并确保其状态良好。每次使用前，必须在非电气化区段进行升高限位检查，保证其动作范围不超过机车车辆上部限界，防止错误操作侵入接触网带电部分 2 m 以内。起重装置操作人员按规定取得相应资质。起重机使用时，应指派胜任人员担任现场指挥，指定专人防护，防止工作装置刮碰接触网立柱、信号机柱等设备。

4. 当在电气化铁路上运行或停留时，在吊车桁架上及吊车作业棚内不得有人停留。

5. 在电气化铁路区段，严禁轨道车乘务人员攀登到车顶上进行轨道车检修、保养作业，禁止使用胶皮软管水流冲刷车辆。

二、轨道车装卸作业

1. 装卸轨料时，必须采取有效安全措施，避开供电、电务、工务和车辆专业系统的轨旁设备，如接触网立柱，以防碰撞损坏。

2. 在接触网带电情况下，使用轨道拖车装卸钢轨时，所有工具(如撬棍等)不准超过头顶；装卸作业人员必须站在平车地板上，严禁站在路料堆上，人员机具不得侵入距接触网任何带电设备的 2 m 范围之内。

3. 装卸钢轨、叉心、轨枕等较长的料具时，必须保证平移装卸，不得高抬、翻转，防止一头翘起。严禁竖立。

4. 装卸作业过程中和作业后，轨道车随车吊的吊臂必须回归固定位方准运行。

5. 不得在接触网下采用任何长杆状物品测量货物装载高度。

6. 石碴车卸石碴时，清道作业必须安排专人监控，防止在清理石砟过程中损坏回流线、扼流变压器引线等轨旁设备。

第五节　大型养路机械作业

一、大型养路机械检查和运行

1. 捣固、稳定、配砟整形、钢轨(道岔)打磨、清筛、焊轨、换轨、探伤等大型养路机械，进入电气化区段前，必须检查确认各部件（包括搭载物等）不超过机车车辆限界。

2. 在可以攀登到车顶的梯子和前后踏板处，应涂有“电化区段严禁攀登”字样的明显警告标语，并保持清晰、醒目。

3. 当在电气化铁路上运行或停留，司机室内必须留人作业时，其司机室的天窗须常态化关闭。

4. 在电气化铁路区段，严禁攀登到车顶上进行检修、保养作业，禁止使用胶皮软管水流冲刷车辆。

5. 在电气化铁路区段站内停留时，不得登上轨道车、大型养路机械、宿营车等车辆顶部或通过顶部翻越线路。

6. 大型养路机械运行时，应关闭车门，严禁任何人抢上、抢下，不许将身体探出车外，不准在车上打闹。

7. 登高检修时，要严格执行高处作业有关规定。

8. 在电气化区段作业时，长轨列车必须安装屏蔽装置。

二、大型养路机械作业

1. 在电气化铁路上使用捣固车、动力稳定车、钢轨打磨车、探伤车，如其作业范围不越出机车车辆上部限界，而工作人员（包括其动作范围）与接触网带电部分的距离保持在 2～4 m 时，接触网可不停电，但要有接触网工的现场监护。

2. 清筛机、物料运输车、配砟整形车、路基处理车作业中，遇接触网支柱、拉线、信号机等行车设备时，应安排专人负责指挥，防止刮碰。

清筛机、物料运输车、配砟整形车、路基处理车、焊轨车收放工作装置时，应选择线路较平直的地段；在双线或多线地段，应与驻站联络员确认邻线无列车通过。邻线未封锁，线间距不足 4.9 m 时，边坡清筛机靠邻线一侧的工作装置不得作业；线间距不足4.2 m时，配砟整形车靠邻线一侧的犁板严禁作业。使用侧切式清筛车作业时，应根据封锁范围和线间距合理确定斗轮作业位置，防止侵限。

3. 清筛机作业前应拆除或移出影响清筛机作业的障碍物及光电缆、吸上线等设备；作业中，操作人员要远离挖掘导槽位置，以防飞出道砟等杂物伤人；清筛机起道高度不宜超过30 mm（道床厚度不足的特殊地段可适当提高）。

4. 作业中要严格执行“一开门、二瞭望、三下车”制度，如发现邻线来车，司机必须连续鸣笛示警。大型养路机械应逐步安装声光报警装置，遇邻线列车通过时，应提前开启声光报警装置，提示地面作业人员及时下道避车。

5. 冬季上下车作业要注意防滑，遇有风霜雨雪等寒冷天气时，严禁衣帽遮耳。

6. 所有机械在收放各部位作业装置或移动车辆作业前，各组人员要强化信息联控，动车及放下捣固装置、夯拍器前，先鸣笛，5 s后方准动作；车下负责监控的作业人员必须精力集中，防止机械设备和作业区域飞砟伤人。

7. 作业中，当发现有危及人身、行车和设备安全的情况时，应立即触动红色紧急停机按钮。

复 习 题

一、填 空 题

1. 作业人员下道避车时，应距钢轨头部外侧不少于<u>2</u> m，设有避车台的桥梁应进入<u>避车台</u>避车。

2. 步行上下工时，不得在<u>道床范围内</u>行走，注意前后瞭望；

通过桥梁、道口或横越线路时，应与驻站联络员联控确认，执行“手比、眼看、口呼”，做到“一站、二看、三通过”，严禁来车时抢越。必须走道心时，应设置专人防护。进路信号辨认不清时，应及时下道避车。

3. 在线路上使用机械作业时，严禁碰触接触网回流线或钢轨接地线，确需拆开连接地线时，须提前向供电设备管理单位报告并取得同意，由供电单位现场防护，可暂时拆除接地线，并用状态良好的25 mm^2 裸铜绞线临时接地后，方可作业。

4. 拆装接地线必须由接触网工或经专门培训并取得安全操作资格证的工务人员进行，并按照安全操作规程实施。

5. 遇有降雾、暴风雨雪、扬沙等恶劣天气影响瞭望时，应停止线上作业和上道检查；必须作业时，应采取特殊有效的安全措施，保证来车之前按规定的距离及时下道。

6. 人员下道避车的同时，必须将作业机具、材料移出线路，并放置、堆码牢固，不得侵入铁路建筑限界；线间距不足6.5 m 地段，正线两线间不得停留人员和放置机具、材料。

7. 在电气化区段更换钢轨需拆装扼流变钢轨引线时，应有电务单位现场配合，拆装作业由电务人员完成；未设置好分路电缆之前，不得将扼流变钢轨引线从钢轨上拆开；如需拆开扼流变吸上线时，还应有供电单位配合。

8. 在距离接触网带电部分 2～4 m 的建筑物上施工时，接触网可不停电，但必须由接触网工或经专门训练有相关资质证件的人员实施现场监护。

9. 大型养路机械作业中，要严格执行“一开门、二瞭望、三下车”制度，如发现邻线来车，司机必须连续鸣笛示警。

10. 在电气化区段使用的随车起重机应设有限位装置，并确保其状态良好。每次使用前,必须在非电气化区段进行升高限位检查,保证其动作范围不超过机车车辆上部限界。

二、判 断 题(对的打"√",错的打"×")

1. 对新职、转岗或其他初到电气化区段工作的人员,经过三级安全教育,签订师徒合同后,即可单独上道作业。 (×)

2. 上道、上桥作业前,必须先设置防护,检查确认接触网无异常,电气化回流线及信号装置的接地线、连接线正常连接,且没有列车开来时,方准上道、上桥作业。 (√)

3. 禁止使用未经检测、检测不合格或超过安全使用有效期限的特种劳动防护和用具。 (√)

4. 拆除临时接地线以后,可以再次进入施工现场。 (×)

5. 接触网不停电时,可以使用钢尺进行桥梁限界的测量作业或使用3 m以上的塔尺进行线桥测量作业。 (×)

6. 人员下道避车时应背向列车,防止列车上的抛落、坠落物或绳索伤人。 (×)

7. 作业人员在桥梁作业通道上应集中走行。 (×)

8. 禁止作业人员在接触网支柱上搭挂物品、攀登支柱,可以在支柱旁存放工具、坐卧休息。 (×)

9. 使用大修列车、路基处理车在电气化区段作业时,接触网必须停电。 (√)

10. 邻线未封锁,只要线间距大于4 m时,边坡清筛机靠邻线一侧的工作装置就可以作业。 (×)

三、选 择 题

1. 断开、更换钢轨、拆换接头夹板前应在钢轨两端轨节间纵向位置,安设一条截面不少于(C) mm^2的铜连接线。

A. 25　　B. 50　　C. 70　　D. 75

2. 在距离接触网支柱及接触网带电部分(A) m 范围内的金属结构均必须接地。

A. 5　　B. 10　　C. 15　　D. 20

3. 与接触网任何带电部分不足(A) m 的作业,必须在接触网停电情况下进行。

A. 2　　B. 2.5　　C. 3　　D. 5

4. 在电气化铁路区段工作的职工,离开本职工作岗位(C)及以上重返原岗位工作的,必须经电气化铁路安全知识教育培训并考试合格后,方准重新工作。

A. 一个月　　B. 三个月　　C. 半年　　D. 一年

5. 在 $v_{max} \leqslant 60$ km/h 的线路上作业,本线来车时,作业人员下道距离应不小于(D) m。

A. 200　　B. 300　　C. 400　　D. 500

6. 在 60 km/h $< v_{max} \leqslant 120$ km/h 的线路上作业,本线来车时,作业人员下道距离应不小于(A) m。

A. 800　　B. 700　　C. 600　　D. 500

7. 在 120 km/h $< v_{max} \leqslant 160$ km/h 的线路上作业,本线来车时,作业人员下道距离应不小于(D) m。

A. 1 000　　B. 1 200　　C. 1 300　　D. 1 400

8. 本线不封锁,邻线 $v_{max} > 120$ km/h,且线间距不足 6.5 m,邻线来车时,本线作业人员下道距离应不小于(D) m。

A. 1 000　　B. 1 200　　C. 1 300　　D. 1 400

9. 在电气化区段断开、更换钢轨时,使用的铜连接线截面应不小于(D) mm^2。

A. 25　　B. 30　　C. 50　　D. 70

四、问答题

1. 发现接触网断线或挂有线头、绳索等物件时，应立即采取哪些安全措施？

答：如遇接触网断线、部件损坏或接触网上挂有线头、绳索等异物时，任何人员均不得与之接触，应立即通知附近车站；在牵引供电设备检修人员到达并采取安全措施以前，禁止任何人员进入接触网断线处所 10 m 范围内。

2. 在线路上使用机械作业，确需拆开连接地线时，有哪些要求？

答：须提前向供电设备管理单位报告取得同意，由供电单位现场防护，可暂时拆除接地线，并用状态良好的 25 mm^2 裸铜绞线临时接地后，方可作业。作业结束后须将其恢复。拆装接地线必须由接触网工或经专门培训并取得安全操作资格证的工务人员，按照安全操作规程实施。

3. 电气化铁路区段使用轨道车时，在未确认停电和采取安全措施前，应遵守哪些规定？

答：(1)严禁攀登车顶，严禁使用或攀登作业平台、高空作业斗等作业机构。

(2)不得用水冲洗车辆。

(3)装卸长大物料时，不得高抬翻转，严禁竖立，并应注意避开接触网设备。

(4)任何人员及所携带的工具及物品与牵引供电设备带电部分应保持 2 m 以上的距离。

(5)在距接触网不足 2 m 处作业时，接触网须停电，具体按有关规定办理。

4. 当电气化区段线路进行胀轨应急处理时，有哪些安全注意事项？

答：线路发生胀轨，利用浇水降低钢轨温度时，严禁用水管喷水，防止水柱喷洒到接触网带电部件上；采用气焊切割钢轨时，必须提前在钢轨切割口处两侧安装纵向连接线。"铁跨铁"立交桥上跨桥发生胀轨时，禁止采用浇水降温。

5. 使用轨道平车接送施工人员有哪些要求？

答：轨道平车必须设置端板、侧板和防护栏杆。运行中，严禁平车上部人员站立，在侧板、端板上坐卧或倚靠防护栏杆。确认搭乘人员上、下车完毕并处于安全位置后，轨道车方可起动运行。

第六章　电务作业劳动安全知识

电气化铁路利用钢轨和大地传导数百安培的牵引回流，所以随着电气化铁路的逐步开通运营，电务作业条件和环境发生了较大变化，对电务维修作业、施工作业和劳动安全防护提出了更高的要求。必须严格按照国家铁路局和国铁集团的有关规定，结合电气化区段电务作业特点，做好施工、维修作业和安全防护工作。

第一节　一般安全要求

一、劳动防护用品的配置要求

有关单位要按规定为相关从业人员配备符合国家标准、行业标准的劳动防护用品和生产工具，并按规定定期进行检测试验，相关从业人员必须按规定选择、佩戴和使用。

1. 必备的安全用品及用具。

工区：高压绝缘靴，高压绝缘手套，高压绝缘橡胶垫，安全帽，绝缘皮尺，“两横一纵”回流连接线（截面积不小于 70 mm^2 的铜芯护套线，其中横向连接线长度不小于 1.6 m，纵向连接线长度不小于 3.6 m），绝缘材质的雨伞和遮阳伞，高压绝缘拉杆，临时接地棒。涉及高处作业的按需配备适用的安全带。

作业人员：电气化区段用绝缘防护胶鞋，绝缘棉皮鞋，试电笔。

2. 对电气化区段信号设备检查、维修保养、处理故障时，必须按有关规定选用绝缘用具、穿戴好防护用品。信号人员作业时，应按规定使用高压绝缘防护用品。涉及有限空间作业的，按规定配备强制通风设备、应急照明设备、应急通信报警器材、安全绳、救生索、防坠器、三角架，以及可同时检测氧气、硫化氢、一氧化碳和可燃气体的四合一气体检测仪等防护设备。

3. 高压绝缘防护用品必须按规定周期送供电段进行检测试验。

二、电气化安全培训要求

1. 电气化铁路相关作业人员每年至少要进行一次安全培训，经考试合格后，方准参加作业。

2. 新上岗、转岗、提职职工必须进行段、车间、工区三级安全教育及其他规定的安全教育，经培训考试合格后，方准上岗作业。学徒工、实习人员、干部在参加劳动、学习期间，不准单独顶岗。新设备开通使用前，电务(通信)段应组织设计、施工部门和产品供应商，对维修人员进行技术培训，考试合格，方准上岗作业。

行车、特种作业人员和机械设备操作人员，须经专业安全技术培训并考试合格后，方准持证上岗。

三、电务设备接地线的要求

电务设备的接地线必须连接牢固、接触良好，接地线连接方式和接地电阻应符合标准。信号人员作业时必须确认地线接触良好。

其他牵引供电设备的接地线(电力、接触网架等)不得与电务地线连接。

四、电务作业基本安全规定

1. 电务作业应安排在综合天窗点内进行。电务作业时,任何人员及所携带的物件、作业工器具等必须与牵引供电设备高压带电部分保持2 m以上的距离,与回流线、架空地线、保护线保持1m以上距离,距离不足时,牵引供电设备必须停电,由接触网工安设可靠的临时接地线,并经验电确认无电后方可开始工作;作业时应有接触网工区人员在场监护;拆除临时接地线后,严禁再进行作业。

2. 不得使用金属卷尺或带金属丝的皮尺测量电务设备。

3. 接触网送电后,对室外通信塔(杆)、高柱信号机、继电器箱、转辙握柄、道岔表示器、各种柱式表示器、各种按钮柱、道岔局部操纵箱,以及室内控制台和各种盘、架、电源屏等电务设备进行作业时,必须首先确认设备和金属外皮接地良好,使用带绝缘柄的工具,穿绝缘靴或站在绝缘垫上作业。

4. 施工作业、日常维修和故障处理使用的临时回流连接线,必须保持良好,各部螺栓紧固(用仪表确认接触良好),每次使用前必须再次确认状态良好。

5. 采用"两横一纵"临时回流连接线与扼流变压器中心板连接时,必须清除油污、灰尘,并采用螺栓紧固;与钢轨连接时,必须用工具清除钢轨表面的铁锈,确保与钢轨接触固定良好。

6. 信号设备更换轨道电路绝缘时,应确认扼流变压器连接线各部连接良好后,方可开始作业。

7. 处理轨道电路故障，需设置回流连接线时，必须穿高压绝缘靴和高压绝缘手套，方可进行安装。

8. 电气化区段，禁止攀登接触网支柱、在支柱旁休息或在支柱上搭挂衣物。

9. 严禁向接触网上搭挂绳索等物，发现接触网上挂有线头等物，不准接触。当发现接触网导线断落时，要远离该处 10 m 以外，将该处加以防护，并立即通知有关部门处理。

10. 电务设备的地线必须连接牢固，接触良好，接地电阻应符合要求。电务人员作业时应确认地线接触良好。

第二节　维修作业

一、机械室内检修作业

1. 检查继电器箱、架和控制台时，必须确认继电器箱、架等设备接地良好。

2. 应使用带绝缘的工具，穿电绝缘胶鞋（室内应站在绝缘垫上）作业；不得同时接触导电和接地部分；未脱离导电部分时，不得与站在地面的人员接触或相互传递工具、材料。

3. 对带有 220 V 及以上电压的通信、信号设备进行作业时，一般应切断电源或一人监护、一人作业。需停电进行检修作业时，应指派专人负责断电，并在电源开关处悬挂停电警示牌。恢复供电时，应确认全体工作人员作业完毕，脱离带电部件后，方可合闸，摘除警示牌。

4. 检修整流、变流及磁饱和等电源设备时：

(1)电压高于 220 V 的设备应关闭电源，并通过人工放电，释放电容器电能后，方可开始工作；

(2)不准将电流互感器二次线圈开路，以免产生高电压击穿设备和危及人身安全。

二、轨道电路检修作业

1. 在铁路线路上作业时，必须保证牵引电流的畅通并设好防护。

2. 检查轨道电路时，当轨道变压器与扼流变压器连接的低压线圈断开之前，禁止切断其高压线圈回路。

3. 发现扼流变压器中心连接线（板）和扼流变压器因故损坏时，不得擅自处理，必须通知车站等有关部门，并按有关安全规定设好安全防护，采取保证牵引电流畅通措施后，方准处理。

4. 维修或更换信号设备扼流变压器、中心连接板、轨道电路送、受电的扼流变压器引接线、站内横向连接线等器件时，应按规定采取保证牵引回流畅通措施后，方可开始作业。

5. 断开综合接地贯通地线前，须在贯通地线纵向位置，安设一条截面不少于 70 mm^2 的铜连接线，连接可靠方可开始作业。

6. 发现轨道电路扼流变压器中心连接线（板）、送受电钢丝绳、接续线（双断）因故损坏时，禁止盲目处置。

7. 更换轨道电路绝缘时，应在确认扼流变压器连接线各部连接良好后，方可开始作业。

三、高柱信号机作业

1. 在 2 m 以上高柱信号机作业时，应按规定选择使用半身

(或全身)围杆式区域限制安全带等安全有效防护措施。需离开信号机梯子或站在梯子架外侧工作时,必须使用附带双钩安全绳的安全带。

2. 禁止上、下同时作业;不得将工具、材料放在信号机支柱设备上;不得上下抛递工具、材料等。

3. 有列车通过时,禁止在该股道两侧的信号机支柱上停留。

4. 不准肩扛、手提笨重物品攀登信号机支柱。

5. 在雷雨、冰雪、能见度低或六级以上大风等恶劣条件下,禁止高处作业。冬季寒冷地区,在高柱信号机上部作业的时间不宜过长,要确保作业人员安全。

四、通信登高作业

1. 铁塔作业人员必须经过培训合格,取得高处作业证书后方可上岗。严禁未取得证书人员进行登塔作业。

2. 高处作业人员必须戴好安全帽,按规定使用安全带(绳、网),作业前必须确认机具、设施和用品完好。

3. 高处作业不宜上下重叠,确需上下重叠作业时,应在上下两层中间用密铺棚板隔离或采用其他隔离设施。严禁将工具或材料放在杆顶或线担上,材料、工具不准上下抛递,应用绳索绑牢上下吊送。

4. 登杆作业前应检查电杆的各部位强度和质量,电杆未回填夯实前不得登杆作业。禁止手持工具、零件、携带电线登杆或在角杆内侧利用拉线上下电杆。

5. 杆、塔上有人工作时,在杆、塔下的可能坠落范围半径内不得有人逗留,杆、塔下防护人员应戴安全帽并保持安全距离。

五、通信、信号光电缆作业

1. 整修电缆作业时，必须做到以下四点：

(1)首先确认电缆的外部金属护套和铠装层接地良好。

(2)电缆外部金属护套和铠装层要与电缆屏蔽地线连接牢固、接触良好。

(3)同一电缆沟内数条电缆的外部金属护套和铠装层应全部和接地装置连接良好。

(4)必须穿高压绝缘鞋，或站在干燥的绝缘垫上作业。

2. 通信电缆(含光电综合缆)引入室内，应做绝缘接头，将外护套(或屏蔽层)和金属加强件可靠断开，室外电缆(含光电综合缆)的金属护套及金属加强件应可靠接地。

3. 光缆引入室(箱)内，应换接室内光缆，并做绝缘接头，室内外金属护套及金属加强件应断开彼此绝缘。室内光电缆引入柜(架)、分线盒等应可靠接地。

六、车载设备检修作业

1. 严禁电务作业人员登上机车车辆顶部，或翻越车顶通过线路。

2. 没有机务司乘人员或检修人员配合，电务人员不得检修机车信号设备。

3. 电务作业人员检修机车信号设备时，不得进入机车高压柜。

4. 高压电线路不停电时，不得对无线机车信号天线进行维修和故障处理。

5. 机车入库停车检修机车外部电务设备时，应挂红色信号旗或红灯防护。

第三节　施工作业及配合外单位作业

一、更换信号设备施工作业

（一）更换单台扼流变压器

1. 向车站值班员联系要点登记停用。

2. 将所属轨道电路区段的两根钢轨与相邻的轨道电路扼流变压器的中心点用“一横一纵”回流连接线接通后（使牵引电流顺利通过），再拆掉原扼流变压器。装设回流连接线时，应先装设横向连接线，再装设纵向连接线，防止牵引电流只流过扼流变压器高压线圈的半圈而产生高压电，导致人身伤害（图 6-1）。

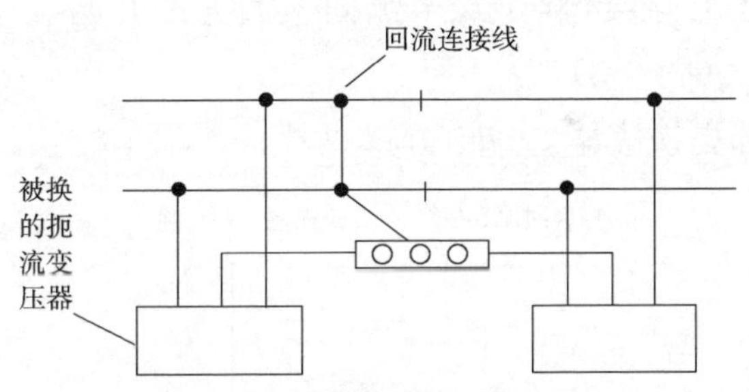

图 6-1　更换扼流变压器示意

3. 被更换的扼流变压器全部装好后，方准撤除回流连接线。

（二）更换扼流变压器引接线

1. 向车站值班员联系要点登记停用。

2. 将所属轨道电路区段的两根钢轨与相邻的轨道电路扼流变压器的中心连接板用回流连接线接通牢固后，方准进行更换（图 6-2）。

3. 被更换的引接线安装好后，方准撤除回流连接线。

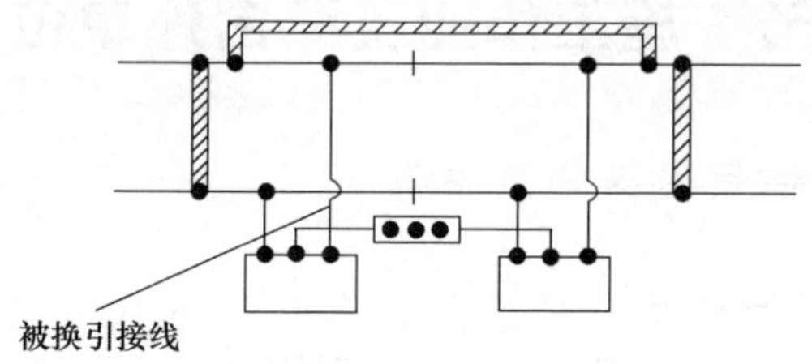

图 6-2　更换扼流变压器引接线示意

（三）更换两相邻扼流变压器中心连接板或同时更换两相邻扼流变压器

1. 向车站值班员联系要点停止使用。

2. 先用回流连接线将两个区段的 4 根轨条分别横向连通，再用一条回流连接线将绝缘节纵向连通方准开始工作，称为"两横一纵"方式（图 6-3）。

3. 全部更换完毕，方准撤除"两横一纵"回流连接线。

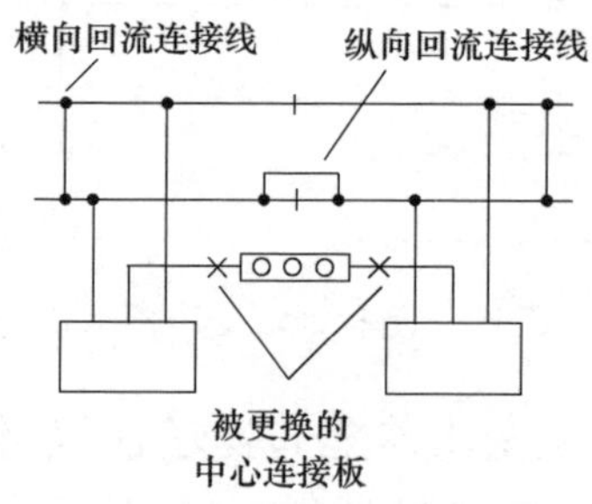

图 6-3　更换相邻扼流变中心连接板示意

（四）更换轨道电路中尖轨和叉心跳线、横向连接线、接续线

1. 更换岔后 3.6 m 跳线、横向连接线时，必须采用"一横"连接线将原有跳线两端的钢轨（原有横向连接线两端的中心连接

板)可靠连通后,方准拆除原有的 3.6 m 跳线、横向连接线(图 6-4)。

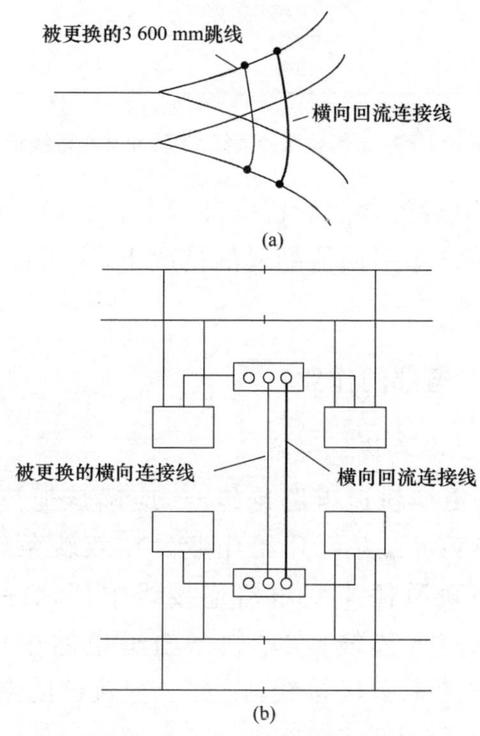

图 6-4　更换轨道电路中尖轨和叉心跳线、横向连接线、接续线示意

2. 更换单侧轨端接续线、尖轨和叉心跳线时,必须采用“一纵”连接线将原有的轨端接续线、尖轨和叉心跳线两端的钢轨可靠连通后,方准拆除原有的轨端接续线、尖轨和叉心跳线(图 6-5)。

3. 更换完毕后,确认新装的 3.6 m 跳线、横向连接线、接续线、尖轨和叉心跳线安装牢固、良好后,方准撤除临时回流连接线。

如电气化区段轨道电路中尖轨和叉心跳线、横向连接线、接

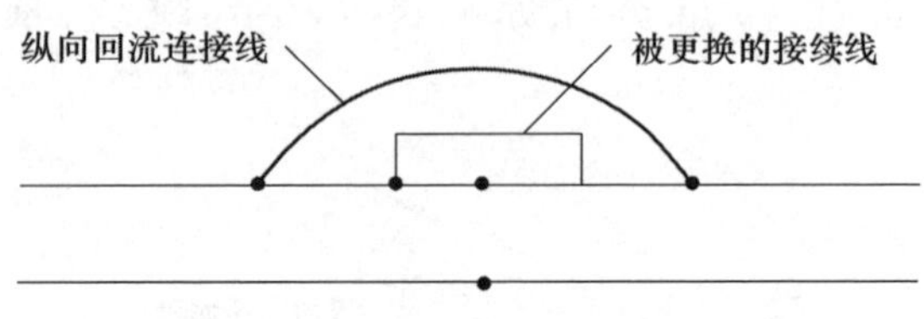

图 6-5　更换单侧轨端接续线、尖轨和叉心跳线示意

续线、扼流变引接线、等阻线已安装双套，且只更换其中一条回流线路时，在确认牵引回流畅通的情况下，也可以不使用纵、横回流连接线。

二、配合工务部门作业

(一)配合工务更换轨道绝缘

信号设备更换轨道电路绝缘时，应确认扼流变压器连接线各部连接良好后，方可开始作业。在双轨条轨道电路中，禁止断开接向轨道扼流变压器连接线中任何一侧或两个扼流变压器中间点的连线；在单轨条轨道电路中，禁止断开相邻两轨道电路的牵引连接线，以及平行轨道的牵引轨条之间的连接线。

(二)配合工务更换钢轨

1. 配合工务更换轨端绝缘处钢轨

首先应由工务部门按规定用横向连接线将被换钢轨相邻的轨条与相对的轨条连接，再用连接线将轨道扼流变压器中间点与被换钢轨相对的钢轨连妥后，然后由电务部门断开扼流变压器上的连接线后，方准开始换轨(图 6-6)。

换轨完毕后，先由电务部门接通扼流变压器的连接板，方准工务部门拆除该回流连接线。

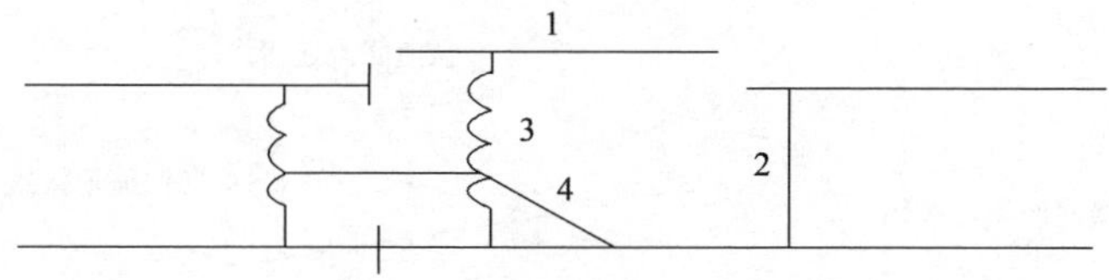

图 6-6　配合工务更换轨端绝缘处钢轨示意

1—被更换的钢轨；2—横向连接线；3—断开扼流线圈；4—纵横向连接线

2. 配合工务更换一股钢轨

换轨前，首先应由工务部门按规定在被换钢轨两端的左右轨节间，各安设一条横向连接线，连接线用截面不少于 70 mm^2 的铜线制成，用夹子紧密接到轨底上，方准开始更换（图 6-7）。换轨完毕后，并经电务部门确认两端连接线安装好后，方准工务部门拆除该回流连接线。

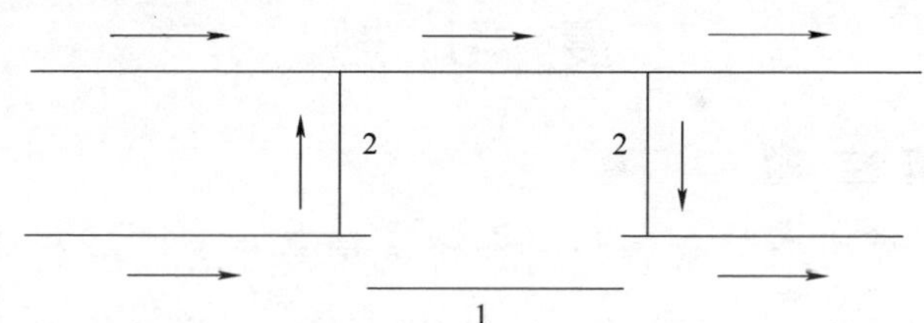

图 6-7　配合工务更换一股钢轨示意

1—被更换的钢轨；2—横向连接线

3. 配合工务更换单个辙叉心

换轨前，首先应由工务部门按规定安装临时回流连接线，方准开始更换（图 6-8）。换轨完毕后，须电务部门将辙叉心两头的跳线连接牢固、良好后，方准工务部门撤除该回流连接线。

三、配合供电部门作业

1. 供电部门检修或更换牵引供电吸上线在扼流变压器中

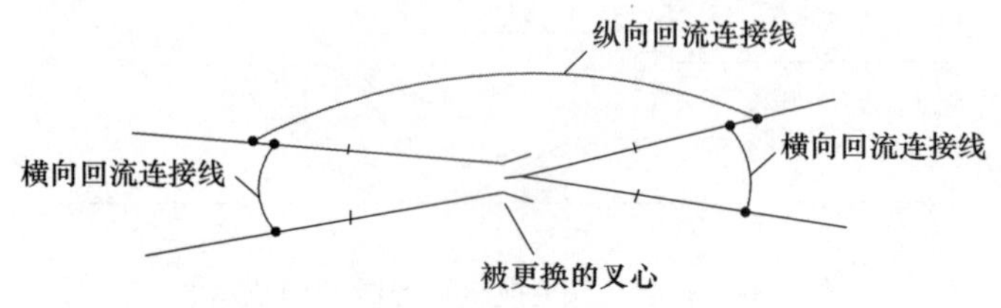

图 6-8　配合工务更换单个辙叉心示意

心连接板进行作业时，电务人员应根据供电段的通知积极配合。电务配合人员应确认连接良好，安装符合电务要求。

2. 电务部门需要断开牵引供电吸上线更换扼流变压器、扼流变压器至钢轨间牵引回流线、中心连接板时，应通知供电部门派员配合，吸上线的拆装由供电部门人员负责。

复习题

一、填空题

1. 电缆的外部金属护套和铠装层要与电缆屏蔽地线<u>连接牢固</u>、接触良好。

2. 在轨道上作业，必须保证<u>牵引电流</u>的畅通并设好防护。

3. 电务作业人员检修机车信号设备时，不得进入<u>机车高压柜</u>。

4. 高压电线路不停电，不得对无线机车信号天线进行<u>维修和故障处理</u>。

5. 信号设备更换轨道电路绝缘时，应确认<u>扼流变压器连接线</u>各部连接良好后，方可开始作业。

6. 处理轨道电路故障，需设置回流连接线时，必须穿<u>高压绝缘靴</u>和<u>高压绝缘手套</u>，方可进行安装。

二、判 断 题(对的打“√”,错的打“×”)

1. 发现轨道电路扼流变压器中心连接线(板)、送受电钢丝绳,接续线(双断)因故损坏时禁止盲目处置。 (√)

2. 雷雨、冰雪、六级以上大风天气,允许攀登高柱信号机作业。 (×)

3. 配合工务更换单轨条轨道电路中的轨道绝缘时,可以断开相邻两轨道电路的牵引连接线,以及平行轨道的牵引轨条之间的连接线。 (×)

4. 供电部门检修牵引供电吸上线在扼流变压器中心连接板进行作业时,电务配合人员应确认连接良好、安装符合电务要求。 (√)

5. 干部在参加劳动、学习期间,可以单独顶岗。 (×)

6. 检修整流、变流及磁饱和等电源设备时,电压高于 220 V 的设备关闭电源后,即可开始工作。 (×)

三、选 择 题

1. 检查轨道电路时,当轨道变压器与扼流变压器连接的低压线圈断开之前,禁止切断其(B)回路。

A. 低压线圈　　B. 高压线圈

C. 牵引电流　　D. 中心连接线(板)

2. 更换轨道绝缘时应先确认(A)各部连接良好方准开始工作。

A. 扼流变压器连接线　　B. 轨道变压器

C. 继电器箱　　D. 线路设备

3. 在更换轨道绝缘时,在双轨条轨道电路中,禁止断开接向(A)连接线中任何一侧或两个扼流变压器中间点的连线;在单轨条轨道电路中，禁止断开相邻两轨道电路的牵引连接线，以及平行轨道的牵引轨条之间的连接线。

A. 轨道扼流变压器　　B. 轨道变压器

C. 继电器箱　　D. 钢轨

4. 新上岗、转岗、提职职工必须进行(B)三级安全教育及其他规定的安全教育，经培训考试合格后，方准上岗作业。

A. 集团公司、站段、车间

B. 段、车间、工区

C. 车间、工区、班组

D. 集团公司、车间、工区

5. 检修电压高于220 V的整流、变流及磁饱和等电源设备时，应关闭电源，并通过(B)放电，释放电容器电能后，方可开始工作。

A. 机械　　B. 人工

C. 机械或人工　　D. 短路

6.（多选题）进行车载设备检修作业时，下列说法正确的有(ABD)。

A. 严禁电务作业人员登上机车车辆顶部，或翻越车顶通过线路

B. 没有机务司乘人员或检修人员配合，电务人员不得检修机车信号设备

C. 电务作业人员检修机车信号设备时，如有需要，可以进入机车高压柜作业

D. 进行无线机车信号天线维修和故障处理时，高压电线路必须停电

E. 机车入库停车检修机车外部电务设备时，应挂黄色信号旗或黄灯防护

7.(多选题)进行高柱信号机作业时,下列说法正确的有(ABE)。

A. 在2 m以上高柱信号机作业时,应按规定选择使用半身(或全身)围杆式区域限制安全带或采取安全有效防护措施

B. 禁止上、下同时作业

C. 将工具、材料放在信号机支柱设备上

D. 上下抛递工具、材料

E. 不准肩扛、手提笨重物品攀登信号机支柱

四、问答题

1. 配合工务更换轨端绝缘处钢轨时需要做哪些工作?

答:更换前,首先应由工务部门按规定用横向连接线将被换钢轨相邻的轨条与相对的轨条连接,再用连接线将轨道扼流变压器中间点与被换钢轨相对的钢轨连妥后,然后由电务部门断开扼流变压器上的连接线后,方准开始换轨。换轨完毕后,先由电务部门接通扼流变压器的连接板,方准工务部门拆除该回流连接线。

2. 进行整修电缆作业时必须做到哪些?

答:首先确认电缆的外部金属护套和铠装层接地良好。电缆外部金属护套和铠装层要与电缆屏蔽地线连接牢固、接触良好。同一电缆沟内数条电缆的外部金属护套和铠装层应全部和接地装置连接良好。必须穿高压绝缘鞋,或站在干燥的绝缘垫上作业。

3. 配合电力部门作业时必须做到哪些?

答:供电部门检修或更换牵引供电吸上线在扼流变压器中

心连接板进行作业时,电务人员应根据供电段的通知积极配合。电务配合人员应确认连接良好,安装符合电务要求。电务部门需要断开牵引供电吸上线更换扼流变压器、扼流变压器至钢轨间牵引回流线、中心连接板时,应通知供电部门派员配合,吸上线的拆装由供电部门人员负责。

4. 更换单台扼流变压器时必须做到哪些?

答:(1)向车站值班员联系要点登记停用。

(2)将所属轨道电路区段的两根钢轨与相邻的轨道电路扼流变压器的中心点用"一横一纵"回流连接线接通后(使牵引电流顺利通过),再拆掉原扼流变压器。装设回流连接线时,应先装设横向连接线,再装设纵向连接线,防止牵引电流只流过扼流变压器高压线圈的半圈而产生高压电,导致人身伤害。

(3)被更换的扼流变压器全部装好后,方准撤除回流连接线。

第七章　车辆作业劳动安全知识

在电气化铁路区段进行车辆检修作业，必须了解和掌握电气化铁路的基本安全知识。

第一节　车辆主要作业

目前，我国普速电气化铁路接触网与轨面的最高高度是6.5 m，最低5.33 m，既有客车、棚车、冷藏车、罐车等车型的限界高度是4.8 m，从接触网到车顶的距离是1.7 m±0.03 m，如果攀顶作业不采取相应的安全措施，无法满足作业安全距离的需要，就会发生触电伤亡事故。故《铁路技术管理规程》规定除专业人员执行有关规定外，其他人员（包括所携带的物件）与牵引供电设备高压带电部分的距离不得少于2 m。遇雨、雪或大雾天气时，各种电绝缘用品的绝缘效果会降低，且环境的相对空气湿度变大，必须结合实际加大安全距离，方能保证人身安全。

一、重点检修处所带电部分

在车站和库列检、列车整备客技站（所），下列设备部件带有25 kV高压电：

1. 接触网及其相连接的部件（包括导线、承力索）；

2. 电力机车主变压器的一侧；

3. 当接触网的绝缘损坏，且接地线破损时，接触网支柱及其金属结构上会瞬间带有高压电。

二、车辆检修作业安全注意事项

为保障作业人员安全，电气化铁路区域范围内，在未办理接触网停电验电接地手续的情况下，禁止攀登到各种车辆的顶部进行检查维修、处理故障等作业；禁止从侧面检查或开闭车辆车顶设备。

列检在检修过程中除应遵守不准登顶作业的要求外，还要注意不准在接触网下抛接工具材料、物件等，同时禁止在接触网下使用或传递、运送侵入安全距离之内的各种工具、设备、物件。

三、车辆整备上水作业安全注意事项

在有接触网的客车整备线进行客车整备作业时，必须首先切断接触网电源并使接触网可靠接地。作业结束必须确认所有作业人员离开危险区域后，方准向接触网供电。电力机车和动车组在段内(或整备所)整备完毕需升弓时，司机必须亲自检查确认高压室、地沟内和车下无作业人员，并与副司机呼唤应答，鸣笛后方可升弓。

客车、机械冷藏车等带有登顶的梯子、支架的车辆，要按规定在登顶的梯子、支架处喷涂“电化区段严禁攀登”字样的明显警告标示，对梯子或支架进行最少 2 格的封闭，以防止人员误攀登。对警告标示不清晰、封闭盖板丢失等问题要纳入检修项目，实施常态化检查、检修和维护。

客车、机械冷藏车等在电气化线路上整备上水时，不能用水管直接冲刷车辆上部，冲洗下部时水管口不得朝上，防止因水流直接喷向电网造成触电伤害。

四、车辆检查作业安全注意事项

货车列检人员在接触网带电的条件下使用人力制动机，必须遵守以下规定：禁止使用棚车、家畜车、冷藏车、毒品车等棚车类车辆的人力制动机；在接触网高度低于 6.2 m 的线路上，禁止使用敞车类车辆的人力制动机；新型及其他类型的车辆，当与接触网的安全距离不足 2 m 时，禁止使用其人力制动机；严禁攀登车顶及踏在高于人力制动机踏板台的车帮、车梯、装载的货物上使用人力制动机。

第二节　车辆乘务员作业

车辆运行途中如发生车顶设备（天线、空调机顶盖板等）故障，特别是盖板翘起等故障，容易刮碰接触网，造成牵引变电所断路器自动跳闸，进而影响列车运行。车辆乘务员发现此类危及行车安全的故障时，要立即采取停车措施，同时向列车长报告，由列车长通知司机和车站值班员（或供电调度），按规定程序停电并采取验电、接地等有效安全措施后，方可登车顶消除故障，故障修复后，必须确认所有人员及工机料具全部处于安全位置方准请求供电，恢复列车运行。

旅客列车运行途中（或库内停留）发生火灾时，不准盲目灭火，首先要确认与牵引供电设备带电部分的安全距离。当使用水或灭火器，对距离牵引供电设备带电部分不足 4 m 的燃着物体实施灭火时，牵引供电设备必须停电；当使用沙土对距离牵引供电设备带电部分超过2 m的燃着物体实施灭火时，牵引供电设备可不停电，但须保持灭火机具及沙土等与带电部分的距离在2 m以上。

第三节　红外线作业

在电气化铁路安装的车辆运行安全监控装置(5T)和铁路车号自动识别系统(AEI)，必须设有符合要求的接地保护并与设备可靠连接，其接地电阻必须符合要求。安装、更换、维修地下埋设的电缆时，电缆的外部金属护套和铠装层必须按规定接地，作业区域须铺设干燥的绝缘垫或作业人员穿用耐高压电绝缘靴，确保作业人员安全。

在带电接触网下进行红外线设备检修作业时，所携带的工机料具应距离带电体2 m以上；禁止抛掷工具、索具及其他非绝缘工具、物件等；禁止在接触网下使用、传递或运送侵入安全距离之内的各种工机料具或设备等；杆件(如模拟轴箱校准架)要平行地面携带，严禁杆件立起或肩扛。检修环温箱、雨量计，安放无线发射天线时，必须严格遵守与带电体保持2 m以上距离的规定。

第四节　隔离开关的操作

隔离开关是接触网的重要设备之一，它的作用是通断接触网设备各分段供电部分间的电路，大多装设在车站两端的绝缘锚段关节处，或电气化区段的列车整备客技站(所)和库检线路上。隔离开关操作的触电安全风险很大,必须严格执行登记、监护、呼唤应答等有关制度,按规定办理手续,不得简化或变更作业流程,具体规定如下。

1. 从事隔离开关操作人员,必须经专门培训,并考试合格后,由供电段发给隔离开关操作证,方可担任工作,其安全等级不得低于三级。

2. 操作隔离开关前,现场操作人员和监护人必须戴好安全帽,按规定穿戴好耐高压电绝缘靴和绝缘手套,确认开关及其传动装置正常,接地线良好,方准按流程操作。

3. 隔离开关开闭作业时,必须有两人在场,一人操作、一人监护。管理人员要现场盯控。

4. 操作要准确迅速,一次开闭到底,中途不得停留和发生冲击。操作过程中身体各部不得与支柱及其构件相接触。

5. 当雷电来临和雷电期间,禁止操作隔离开关。

6. 严禁带负荷操作隔离开关,防止产生弧光短路,烧坏设备,灼伤操作人员。

7. 作业人员应与隔离开关支柱、接地线及贯通地线保持2 m以上的安全距离。

8. 当发现隔离开关及其传动装置状态不良时,值班员应立即要求电力调度派人检修,如危及人身、行车安全时,在修好之前,不得进行操作,并严禁擅自攀登支柱自行修理。

9. 耐高压电绝缘靴和绝缘手套,要存放于阴凉干燥、不落灰尘的容器内,每六个月须送供电段检查和试验一次。每次使用前后,用干布擦净,使用前须进行简略漏气试验。如发现有裂损、漏气等异状时,要立即停止使用并更新。

复　习　题

一、填　空　题

1. 电气化区域范围内，在未办理接触网停电验电接地手续的情况下，禁止到各种车辆的顶部进行任何作业。

2. 在可以攀登通往客车、机械冷藏车顶部的梯子和支架处，均应涂有明显的“电化区段严禁攀登”警告标示。

3. 在有接触网的客车整备线进行客车整备作业时，必须首先切断接触网电源并使接触网可靠接地。

4. 客车、机械冷藏车等在电气化线路上整备上水时，不能用水管直接冲刷车辆上部，冲洗下部时水管口的方向不得朝上。

5. 在带电接触网下进行红外线设备检修作业时，所携带工具物品末端应距离带电体2 m以上。

6. 旅客列车在运行途中或库内停留发生火灾时，不能盲目灭火。首先要确认与牵引供电设备带电部分的距离。使用水或灭火器对距离牵引供电设备带电部分不足4 m的燃着物体实施灭火时，牵引供电设备必须停电；使用沙土对距离牵引供电设备带电部分超过2 m的燃着物体实施灭火时，牵引供电设备可不停电，但须保持灭火机具及沙土等与带电部分的距离在2 m以上。

7. 在接触网高度低于6.2 m的线路上，不准使用棚车类和敞车类车辆人力制动机。

8. 安装、更换、维修地下埋设的红外线设备电缆时，电缆的外部金属护套和铠装层必须按规定接地。

9. 耐高压电绝缘靴和绝缘手套，每六个月须送供电段检查和试验一次。

10. 严禁带负荷操作隔离开关，防止产生弧光短路，烧坏设备，灼伤操作人员。

二、判 断 题(对的打"√"，错的打"×")

1. 在接触网未停电未接地时，禁止使用软管水流冲洗车辆上部。 (√)

2. 在带电的接触网下，禁止到车辆车顶上进行任何作业。 (√)

3. 车辆发生故障，距接触网带电部分不足2m时，必须在接触网停电接地验电后，才能处理。 (√)

4. "禁止攀登""有电危险"只需在客车的车梯处喷涂，防止旅客攀爬，其他车辆不必喷涂此标示。 (×)

5. 隔离开关开闭作业时，必须有两人在场，一人操作、一人监护。 (√)

6. 在电气化铁路安装的红外线探测设备、车号识别设备、车辆运行安全动态检测装置不须设有符合要求的接地保护并与设备可靠连接。 (×)

7. 接触网未停电接地，可以随意开闭罐车、冷藏车的注口(盖)。 (×)

8. 平时应避免与接触网的支柱、支撑结构及其金属结构及回流线与钢轨的连接点接触。 (√)

9. 如果接触网支柱未悬挂涂有"禁止攀登""有电危险"的警告标示牌，可以在支柱旁休息。 (×)

10. 禁止在接触网下使用、传递或运送侵入安全距离之内的各种工具、设备、物件等。杆件应手提或抬平行地面携带上线作业，严禁杆件立起或肩扛携带上线作业。 (√)

三、选 择 题

1. 在接触网未停电未接地验电的情况下，禁止到各种车辆的(A)进行任何作业(如检查车顶设备、上水、上冰等)。

A. 车顶上　　B. 车体侧　　C. 全部位置　　D. 车底

2. 在可以攀登通往客车、机械冷藏车车顶的(C)处，均应涂有明显的“电化区段严禁攀登”警告标志。

A. 梯子　　B. 支架　　C. 梯子和支架　　D. 车门

3. 禁止在接触网(A)时，开闭罐车和冷藏车的注口(盖)或在注口处进行工作。

A. 未停电未接地　　B. 未停电

C. 未接地　　D. 断线

4. 在接触网未停电未接地时，禁止使用软管水流(A)；(B)时水管的方向不得朝上。

A. 冲洗车辆上部

B. 冲洗车辆下部

C. 冲洗车辆上部和冲洗车辆下部

D. 冲洗车辆侧面

5. 在接触网未停电未接地时，处理车辆故障距牵引供电设备带电部分(C)时，必须在无接触网线路上或按规定办理停电手续后，方准进行作业。

A. 2 m　　B. 4 m

C. 不足 2 m　　D. 不足 4 m

6. 在带电接触网下进行红外线设备检修作业时，所携带工具物品末端应距离带电体(D)。

A. 1 m　　B. 1.5 m　　C. 2 m　　D. 2 m 以上

7. 旅客列车在运行途中或库内停留发生火灾时，不能盲目灭火，燃着物距离接触网至少超过(A) m 时可在不停电的情况下用水灭火，但严禁将水流向接触网方向喷射。

A. 4　　B. 6　　C. 8　　D. 10

8. 为保证人身安全，除专业人员按规定作业外，任何人员所携带的物件(包括长杆、导线等)与接触网设备的带电部分需保持(C) m 以上的距离。

A. 1　　B. 1.5　　C. 2　　D. 2.5

9. 在有接触网的客车整备线进行客车整备作业时，必须首先(A)；作业结束必须确认所有作业人员离开危险区域后，方准向接触网供电。

A. 切断接触网电源并使接触网可靠接地

B. 接地

C. 停电

D. 拉开开关

10. 隔离开关开闭作业时，必须有两人在场，(C)。

A. 一人操作、一人检查　　B. 一人操作、一人记录

C. 一人操作、一人监护　　D. 两人同时操作

四、问 答 题

1. 货车列检人员在接触网带电的条件下使用人力制动机，必须遵守哪些规定?

答：禁止使用棚车、家畜车、冷藏车、毒品车等棚车类车辆的人力制动机；在接触网高度低于 6.2m 的线路上，禁止使用敞车类车辆的人力制动机；新型及其他类型的车辆，当与接触网的安全距离不足 2m 时，禁止使用其人力制动机；严禁攀登车顶及踏

在高于人力制动机踏板台的车帮、车梯、装载的货物上使用人力制动机。

2. 电气化区段红外线设备检修作业的安全措施有哪些?

答:在电气化区段进行红外线设备检修作业时,所携带工机料具应距离带电体2 m以上;禁止抛掷工具、索具及其他非绝缘工机料具等;禁止在接触网下使用、传递或运送侵入安全距离之内的各种工机料具或设备等;杆件(如模拟轴箱校准架)要平行地面携带,严禁杆件立起或肩扛。检修环温箱、雨量计,安放无线发射天线时,必须严格遵守与带电体保持2 m以上距离的规定。

3. 耐高压电绝缘靴和绝缘手套应怎样保管、使用和更新?

答:耐高压电绝缘靴和绝缘手套,要存放于阴凉干燥、不落灰尘的容器内,每六个月须送供电段检查和试验一次。每次使用前后,用干布擦净,使用前须进行简略漏气试验。如发现有裂损、漏气等异状时,要立即停止使用并更新。

4. 车辆乘务员在列车运行途中发现车辆顶部设备发生故障危及行车安全时,应如何处理?

答:车辆乘务员在列车运行途中发现车辆顶部设备发生故障危及行车安全时,要立即采取停车措施,并及时向列车长报告,由列车长通知司机和车站值班员(或供电调度),按规定程序停电并采取验电、接地等有效安全措施后,方可登车顶消除故障,故障修复后,必须确认所有人员及工具、材料等物品处于安全区域内方可请求供电,恢复列车运行。

5. 在接触网下方或附近检修车辆时,必须遵守哪些安全要求?

答:为保障作业人员安全,电气化铁路区域范围内,在未办理接触网停电验电接地手续的情况下，禁止攀登到各种车辆的顶部进行检查维修、处理故障等作业；禁止从侧面检查或开闭车辆车顶设备。

列检在检修过程中除应遵守不准登顶作业的要求外，还要注意不准在接触网下抛接工具材料、物件等，同时禁止在接触网下使用或传递、运送侵入安全距离之内的各种工具、设备、物件。

第八章　房建作业劳动安全知识

第一节　站场施工作业

一、大修、整修施工安全注意事项

1. 在电气化铁路接触网的各导线及其相连部件，通常均带有高压电，因此禁止直接或间接（通过任何物件，如棒条、导线、水流等）与上述设备接触。为保证人身安全，房建设备大修、整修施工人员必须认真执行《电气化铁路有关人员电气安全规则》有关规定，除专业人员按规定作业外，任何人员所携带的物件（包括长杆、导线、作业工器具等）与牵引供电设备的高压带电部分需保持 2 m 以上的距离，与回流线、架空地线、保护线保持 1 m 以上距离，距离不足时，牵引供电设备必须停电。

2. 在电气化区段站场施工时，不得将水流向接触网方向喷射。当有雷电时，作业人员应放下手中金属器具，迅速到安全处所躲避，严禁在大树下、电杆旁躲避，雷雨时严禁拨打接听手机。在雨、雪、重雾、霾等恶劣天气或降雨过后空气湿度较大时，施工人员不得进入电气化区域内从事各类作业。

3. 在施工过程中，现场作业人员不准向接触网上搭挂绳索等物，若发现接触网上挂有绳头等物不准直接接触，要及时通知供电专业有关人员进行处理。

4. 各种车辆和行人通过电气化铁路平交道口时，通过道口车辆限界及货物装载高度（从地面算起）不得超过 4.5 m，超过时，应绕行立交道口或进行货物倒装；通过道口车辆上部或其货物装载高度（从地面算起）超过 2 m 通过平交道口时，车辆上部及装载货物上严禁坐人；行人持有长大、飘动等物件通过道口时，不得高举挥动，应与牵引供电设备带电部分保持 2 m 以上的距离。

5. 电气化铁路站场施工作业时，装卸湿粉石灰，应远离接触网，防止破坏及降低接触网对地绝缘强度。

6. 在电气化铁路站场施工，修建靠近接触网的房屋、建筑设备时，不准借助铁塔、支柱搭脚手架或在铁塔、支柱上上下。

7. 凡从事站场作业人员，必须按规定穿戴符合国家标准或行业标准的劳动防护用品和生产作业工具，并按规定进行检测检验。

二、在接触网下施工安全注意事项

1. 严禁攀登机车、客车等各类车辆的车顶，严禁在车顶上站立、行走或从事任何作业。

2. 不准抛掷测量工具（钢卷尺、皮尺等）及其他非绝缘工具、物件等，禁止在带电接触网下使用、传递或运送侵入安全距离之内的各种工具、设备、物件。

3. 在距接触网带电部分不到 2 m 的建筑物上作业时，接触网必须停电，并要遵照下列规定办理。

(1)施工负责人要按照《国铁集团铁路营业线施工管理办法》《高速铁路接触网安全工作规则》《普速铁路接触网安全工作规则》相关规定办理接触网停电手续。

(2)只有在接到许可接触网停电施工的命令，并有供电工区指定的人员安设好接地线、采取好安全措施之后，方可开始施工。施工时供电工区人员必须在场监护，在有关电气安全方面，施工负责人必须听从供电工区人员的指导。

(3)施工结束，供电工区人员要确认所有施工作业人员都处在安全地点之后，方可拆除接地线、恢复安全措施，并根据《国铁集团铁路营业线施工管理办法》相关规定，办理施工结束手续。在拆除接触网接地线、恢复安全措施之后，严禁任何人员再进入现场进行施工。

4. 在距接触网带电部分 2～4 m 的导线、支柱、房顶及其他设施上施工作业时，接触网可不停电，但须有供电工区员工或经专门培训的人员在场监护。

5. 发现接触网断线及其部件损坏或在接触网上挂有线头、绳索等物，均不准与之接触，要立即通知附近的车站，在供电专业检修人员到达以前，将该处加以防护，任何人员均应距已断导线接地处所 10 m 以外。当发现已经侵入已断线索或异物处所的 10 m 以内范围时，不得大步奔跑，而要单足或并足跳离断线、绳索接触地点 20 m 以外的地方。如接触网已断导线等侵入铁路建筑限界危及行车安全时，则必须根据《铁路技术管理规程》的规定进行防护处理。

6. 新建电气化铁路在牵引供电设备送电前 15 天，建设单位应将送电日期通告铁路沿线路内外各有关单位。各单位在接到接电日期书面通知后，要立即记名转告所属有关人员。从此开始视为接触网带电，所需要的作业，均须按带电要求办理。自接触网设备第一次受电开始，在未办理停电接地手续之前，所有单位、部门及人员均须按有电对待。

第二节　房建设备巡检作业

1. 设备巡检人员如必须到风雨棚屋面、作业车库、变电所屋面等距离牵引供电设备不足 2 m 的处所检修作业时，一是要征得供电单位负责人的同意，在专业人员监督下作业；二是办理作业许可证；三是在管理干部的监控下作业，穿戴好安全防护用品。如采用钢卷尺、带金属丝的皮尺等工具测量作业时，禁止采取抛掷的方式，大风等恶劣天气严禁使用钢卷尺、带金属丝的皮尺等工具测量作业。

2. 设备巡检人员作业使用的梯子要结实、轻便、稳固。

3. 由于牵引变电所内场地比较窄小，搬动梯子和长大物件时，要时刻注意与带电部分保持足够的安全距离，以防触电。

第三节　房建作业劳动安全教育培训

1. 根据《电气化铁路有关人员电气安全规则》有关规定，对电气化铁路区段作业人员每年进行考试。对初到电气化铁路区段工作的各类作业人员（含临时用工），必须经过电气化铁路安全培训，考试合格后，方准进入电气化站场作业。各单位要建立作业人员劳动安全培训教育档案，并如实登记。

2. 新上岗、转岗人员必须进行段、车间、工区三级安全教育及其他规定的安全教育培训。

3. 学徒工、实习人员在参加劳动、学习期间，不准单独顶岗作业。

4. 房建段组织年度电气化铁路劳动安全培训教育时，要按照《铁路劳动安全培训规范》执行，应包含但不限于以下培训内容：

(1)《电气化铁路有关人员电气安全规则》有关规定和作业安全措施；

(2)《铁路工程基本作业施工安全技术规程》和房建系统作业人员劳动安全标准；

(3)电气化铁路安全基本常识；

(4)电气化铁路劳动安全基本常识；

(5)常见事故预防、劳动防护用品与职业健康、季节性劳动安全以及事故处置等。

电气化铁路段、车间、工区三级安全培训教育资料由单位教育部门负责管理，并存入作业人员培训教育档案。

复 习 题

一、填 空 题

1. 各种车辆和行人通过电气化铁路平交道口时，通过道口车辆限界及货物装载高度（从地面算起）不得超过4.5 m，超过时，应绕行立交道口或进行货物倒装。

2. 在距接触网带电部分2～4 m的导线、支柱、房顶及其他设施上施工作业时，接触网可不停电，但须有供电工区员工或经专门培训的人员在场监护。

3. 新上岗、转岗人员必须进行段、车间、工区三级安全教育及其他规定的安全教育培训。

4. 不准抛掷测量工具（钢卷尺、皮尺等）及其他非绝缘工具、物件等，禁止在带电接触网下使用、传递或运送侵入安全距离之内的各种工具、设备、物件。

5. 设备巡检人员作业使用的梯子要结实、轻便、稳固。

6. 行人持有长大、飘动等物件通过电气化铁路平交道口时，不得高举挥动，应与牵引供电设备带电部分保持2 m以上的距离。

7. 凡从事站场作业人员，必须按规定穿戴符合国家标准或行业标准的劳动防护用品和生产作业工具，并按规定进行检测检验。

二、判　断　题（对的打“√”，错的打“×”）

1. 自接触网设备第一次受电开始，在未办理停电接地手续之前，所有单位、部门及人员均须按有电对待。（√）

2. 学徒工、实习人员在参加劳动、学习期间，经车间领导同意可以单独顶岗。（×）

3. 在电气化区段站场施工时，不得将水流向接触网方向喷射。装卸湿粉石灰时，要远离接触网，防止破坏或降低接触网对地绝缘强度。（√）

4. 现场作业人员可以向接触网上搭挂绳索等物，若发现接触网上挂有绳头等物不准接触，要及时通知有关人员进行处理。（×）

5. 在距接触网带电部分不到 2 m 的建筑物上作业结束，拆除临时接地线、恢复安全措施之后严禁任何人员再进入现场进行施工。（√）

6. 对初到电气化铁路区段工作的临时用工，必须经过电气化铁路安全培训，考试合格后，方准进入电气化站场作业。（√）

7. 根据《电气化铁路有关人员电气安全规则》有关规定，对电气化铁路区段作业人员每两年进行一次安全考试。（×）

三、选 择 题

1. 在电气化铁路站场施工，在修建靠近接触网的房屋、建筑设备时，(A)铁塔支柱搭脚手架或在铁塔支柱上下。

A. 不准借助　　B. 允许借助

C. 必须借助　　D. 可临时借助

2. 自接触网设备第一次受电开始，在未办理(C)手续之前，所有单位、部门及人员均须按有电对待。

A. 停电　　B. 接地　　C. 停电接地　D. 施工封锁

3. 通过道口车辆上部或其货物装载高度(从地面算起)超过(A)m通过平交道口时，车辆上部及装载货物上严禁坐人。

A. 2　　B. 3　　C. 4　　D. 5

4. 新建电气化铁路在牵引供电设备送电前15天，(C)应将送电日期通告铁路沿线路内外各有关单位。

A. 供电设备管理单位　　B. 施工单位

C. 建设单位　　D. 集团公司

5.(多选题)接触网未停电、未采取接地安全措施时，下列在接触网下施工的安全注意事项说法正确的有(ABD)。

A. 严禁攀登机车、客车等各类车辆的车顶

B. 严禁在车顶上站立、行走或从事任何作业

C. 在接触网下抛掷测量工具(钢卷尺、皮尺等)及其他非绝缘工具、物件等

D. 禁止在带电接触网下使用、传递或运送侵入安全距离之内的各种工具、设备、物件

E. 在距接触网带电部分2～4 m的导线、支柱、房顶及其他设施上施工时，接触网可不停电直接进行作业

6.(多选题)房建设备巡检人员如须到风雨棚屋面、作业车库、变电所屋面等距离牵引供电设备不足2m的处所检修作业时,下列说法正确的有(ABCE)。

A. 要征得供电单位负责人的同意,在专业人员监督下作业

B. 办理作业许可证

C. 在管理干部的监控下作业,穿戴好安全防护用品

D. 使用钢卷尺、带金属丝的皮尺等工具测量作业时,可以采取抛掷的方式

E. 大风等恶劣天气严禁使用钢卷尺、带金属丝的皮尺等工具测量作业

7.(多选题)房建段组织年度电气化铁路劳动安全培训教育时,要按照《铁路劳动安全培训规范》执行,应包含但不限于(ABCDE)培训内容。

A.《电气化铁路有关人员电气安全规则》有关规定和作业安全措施

B.《铁路工程基本作业施工安全技术规程》和房建系统作业人员劳动安全标准

C. 电气化铁路安全基本常识

D. 电气化铁路劳动安全基本常识

E. 常见事故预防、劳动防护用品与职业健康、季节性劳动安全以及事故处置等

四、问 答 题

1. 在距接触网带电部分不到2m的建筑物上进行施工作业,接触网必须停电,需要遵照哪些规定办理?

答:(1)施工负责人要按照《国铁集团铁路营业线施工管理

办法》《高速铁路接触网安全工作规则》《普速铁路接触网安全工作规则》相关规定办理接触网停电手续。

(2)只有在接到许可接触网停电施工的命令，并有供电工区指定的人员安设好接地线、采取好安全措施之后，方可开始施工。施工时供电工区人员必须在场监护，在有关电气安全方面，施工负责人必须听从供电工区人员的指导。

(3)施工结束，供电工区人员要确认所有施工作业人员都处在安全地点之后，方可拆除接地线、恢复安全措施，并根据《国铁集团铁路营业线施工管理办法》相关规定，办理施工结束手续。在拆除接触网接地线、恢复安全措施之后，严禁任何人员再进入现场进行施工。

2. 新建电气化铁路在牵引供电设备送电时，要遵守哪些规定?

答:新建电气化铁路在牵引供电设备送电前 15 天，建设单位应将送电日期通告铁路沿线路内外各有关单位。各单位在接到接电日期书面通知后，要立即记名转告所属有关人员。从此开始视为接触网带电，所需要的作业，均须按带电要求办理。自接触网设备第一次受电开始，在未办理停电接地手续之前，所有单位、部门及人员均须按有电对待。

3. 在风雨棚屋面、作业车库、变电所屋面等距离牵引供电设备不足 2 m 的处所检修作业的基本安全要求是什么?

答:一是要征得供电单位负责人的同意，在专业人员监督下作业;二是办理作业许可证;三是在管理干部的监控下作业，穿戴好安全防护用品。如采用钢卷尺、带金属丝的皮尺等工具测量作业时，禁止采取抛掷的方式，大风等恶劣天气严禁使用钢卷尺、带金属丝的皮尺等工具测量作业。

第九章　电气事故与触电救护

第一节　电气事故概述

众所周知，电能的开发和应用给人类的生产和生活带来了巨大变革，大大促进了社会的进步和文明。然而，如若对使用电能的风险认识不足，管理和控制不当，防护措施不力，在电能的传递和转换过程中，将会因异常情况造成电气事故。

一、电气事故的类型与危害

电气事故是指电能失去控制或作用于人体所造成的意外事件，即与电能直接关联的意外灾害。电气事故将使人们的正常活动中断，并可能造成人身伤亡和设备、设施的毁坏。管理、规划、设计、安装、试验、运行、维修、操作中的失误都可能导致电气事故。按照构成事故的基本要素，电气事故可分为触电事故、雷击灾害、静电事故、电磁辐射危害和电路故障及电路事故。

1. 触电事故是由电流及其转换成其他形式的能量失去控制所造成的事故。触电事故分为电击和电伤。电击是电流直接作用于人体所造成的伤害。电伤是电流转换成热能、机械能等其他形式的能量作用于人体造成的伤害。触电事故往往突然发生，在极短的时间内造成严重的后果。

2. 雷击灾害是自然界中相对静止的正、负电荷形式的能量造成的事故。雷电放电具有电流大、电压高等特点，其能量释放出来可能产生极大的破坏力。雷击除可能毁坏设施和设备外，还可能直接伤及人畜，造成大规模停电，甚至引起火灾和爆炸。

3. 静电事故是工艺过程中及人体活动中产生的相对静止的正、负电荷形式的能量所造成的事故。静电电压可能高达数万乃至数十万伏，可能在现场发生放电，产生静电火花，静电的最大危险是引起爆炸和火灾，还可能给人以电击伤害，或者妨碍正常生产。

4. 电磁辐射危害是电磁波形式的能量造成的事故。人体在高频电磁场作用下吸收辐射能量，使人的中枢神经系统、心血管系统等部件受到不同程度的伤害。射频辐射危害还表现为感应放电。

5. 电路故障及电路事故是由电能传递、分配、转换失去控制造成的。断线、短路、接地、漏电、误合闸、误掉闸、电气设备或电气元件损坏等都属于电路故障。电气线路或电气设备故障容易导致人员伤亡、设备损坏等事故。

二、电气事故的主要原因

1. 电气系统结构设计不合理。如电气系统结构设计不合理，容易造成系统过负荷运行，导致电气组件受到损坏，进而引发电气事故。

2. 电气设备质量不良。如电气设备的质量状态不良，极易发生故障，进而引发电气事故。

3. 电气设备安装、检修不当。如电气设备不按规定安装和检修,容易形成电气设备隐患导致故障多发,进而引发电气事故。

4. 电气设备老化。如电气设备经过长时间使用后出现结构受损、功能受限,容易引发电气事故。

5. 电气系统维护不足。如电气系统维护不足,容易出现电气设备故障,引发电气事故。

6. 外界因素。如突遇大风、暴雨、雷电、地震等自然灾害,可能导致电气线路受损,引发电气事故。

7. 人为因素。如人为性操作不当或失误等引发电气事故。

8. 漏电。如电气设备的绝缘损坏后漏电,引发电气事故。

9. 电磁干扰。如外界电磁波干扰、影响电气设备的正常工作,引发电气事故。

三、电气事故的主要特点

1. 危害性大。发生电气事故即伴随着危害和损失,严重的电气事故不仅造成重大的经济损失,还可能造成人员伤亡。事故电能直接作用于人体会造成电击;电能转换为热能作用于人体,会造成烧伤或烫伤;电能脱离正常的通道,会形成漏电、接地或短路,引发火灾、爆炸。据有关部门统计,我国触电死亡人数占全部事故死亡人数的5%左右。

2. 危险识别难。由于电本身不具备为人们直观识别的特征,既看不见、听不见,又嗅不着,其所引发的危险不易为人们所察觉、识别,故电气事故往往来得猝不及防、神出鬼没。

3. 涉及面广。任何使用电能的地方都有可能发生短路、断路、触电、设备(或线路)故障等引发的电气事故;在非用电场所也会因出现雷电、静电或电磁场危害等释放电能而造成灾害或伤害，这也属于电气事故的范畴。

4. 防护研究综合性强。电气事故的机理涉及电学、力学、化学、生物学、医学等学科；其预防措施包含技术和管理两个方面。在技术方面，预防电气事故主要是通过完善传统的电气安全技术，研究新出现电气事故的机理及其对策，开发电气安全领域的新技术等。在管理方面，主要是健全和完善各种电气安全组织管理措施。一般来说，电气事故的共同原因是安全技术措施不完善或安全组织措施不健全。实践表明，即使有完善的技术措施，如果没有相适应的组织措施，仍然会发生电气事故。因此必须重视防止电气事故的综合性措施。

电气事故具有规律性，且其规律是可以被人们认识和掌握的。人们在长期的生产和生活实践中，已经积累了同电气事故作斗争的丰富经验，各种技术措施、安全工作规程及有关电气安全的规章制度，都是长期的管理经验和技术改进成果的体现。只要依照客观发展规律办事，不断完善电气安全技术措施和管理措施，电气事故是可以避免的。

第二节　人体触电伤害的基本原理

从电气事故的类型、特点来看，触电事故是生产过程中的常见事故，具有面广、难控、多发、致死率高等特点，严重危及作业人员的生命安全。因此，相关管理和作业人员都必须充分认识触电风险，了解触电原理，完善防范措施，增强防范技能。

一、人体触电的危险性与相关因素

人体接触带电体并不是所有情况下都能造成触电伤害，当带电体超过人体所能接受的安全电压或电流以及人体接近带电体并突破安全距离，就有可能发生触电伤害事故。

当人体接触带电体时，人体就被当作一个电路元件接入回路。人体阻抗通常包括外部阻抗（与触电人员当时所穿衣服、鞋袜以及身体的潮湿情况有关，从几千欧到几十兆欧不等）和内部阻抗（与触电者的皮肤阻抗和体内阻抗有关）。人体阻抗不是纯电阻，主要由人体电阻决定。人体电阻也不是一个固定的数值。

一般认为干燥的皮肤在低电压下具有相当高的电阻，约10万Ω。当电压在500～1 000 V时，这一电阻便下降为1 000 Ω。表皮具有这样高的电阻是因为它没有毛细血管。手指某部位的皮肤还有角质层，角质层的电阻值更高，而不经常摩擦部位的皮肤的电阻值最小。皮肤电阻还同人体与带电体的接触面积以及压力有关。

当表皮受损暴露真皮时，人体内因布满了输送含盐溶液的血管而具有很低的电阻。一般认为，接触到真皮里，一只手臂或一条腿的电阻大约为500 Ω。因此，由一只手臂到另一只手臂或由一条腿到另一条腿的通路相当于一只1 000 Ω的电阻。假定一个人用双手握紧一带电体，双脚站在水坑里而形成导电回路，这时人体电阻基本上就是体内电阻约为500 Ω。

一般情况下，人体电阻可按1 000～2 000 Ω考虑。人体对0.5 mA以下的工频电流一般是没有感觉的。实验资料表明，对不同的人引起感觉的最小电流是不一样的，成年男性平均约为1.1 mA，成年女性约为0.7 mA，这一数值称为感知电流。这时人体由于神经受刺激而感觉轻微刺痛。同样，对不同的人触电后能自主摆脱电源的最大电流也不一样，成年男性平均为16 mA，成年女性约为10.5 mA，这个数值称为摆脱电流。一般情况下，8～10 mA 以下的工频电流，50 mA 以下的直流电流可以看作人体允许的安全电流，但这些电流长时间通过人体也是有危险的。在装有防止触电的速断保护装置的场合，人体允许的工频电流约 30 mA。在空中、水面等可能因电击造成严重二次事故的场合，人体允许的工频电流应按不引起强烈痉挛的 5 mA 考虑。

人体触电时的危险性与以下各因素有关：

1. 人体触电时，致命的因素是通过人体的电流，而不是电压，但是当电阻不变时，电压越高，通过导体的电流就越大。因此，人体触及带电体的电压越高，危险性越大。但不论是高压还是低压，触电都很危险。

2. 电流通过人体的持续时间是影响电击伤害程度的又一重要因素。一方面，人体通过电流的时间越长，人体电阻就越低，流过的电流就越大，后果就越严重。另一方面，人的心脏每收缩、扩张一次，中间约有 0.1 s 间歇，这 0.1 s 对电流最敏感。如果电流在这一瞬间通过心脏，即使电流很小（零点几毫安）也会引起心脏震颤；如果电流不在这一瞬间通过，即使电流较大，也不至于引起心脏停搏。由此可知，如果电流持续时间超过 0.1 s，则必然与心脏最敏感的间隙相重合而造成更大的危险。

3. 电流通过人体的途径也与电击伤害程度有直接关系。电流通过人体头部，会使人立即昏迷，电流如果通过脊髓会使人半截肢体瘫痪，电流通过心脏、呼吸系统和中枢神经，会引发神经损伤或心脏停搏，中断全身血液循环，造成死亡。因此，从手到脚的电流途径最为危险。其次，是手到手的电流途径，再次是脚到脚的电流途径。

4. 电流频率对电击伤害程度有很大影响。50 Hz 的工频交流电，对设计电气设备比较合理，但是这种频率的电流对人体触电伤害程度也最严重。

人的健康状况与人体皮肤的干湿程度等对电击伤害程度也有一定影响。凡患有心脏病、神经系统疾病或结核病的病人，经受电击后的伤害程度比健康人严重。此外，皮肤干燥电阻大，通过的电流小，皮肤潮湿电阻小，通过的电流就大，危害也大。

二、人体触电的基本方式

1. 单相触电。是指人体站在地面或其他接地体上，人体的某部位触及一相带电体所引起的触电。它的危险程度与电压的高低、电网的中性点是否接地、每相对地电容量的大小有关，是较常见的一种触电方式。在日常工作和生活中（三相四线制），低压用电设备的开关、插销和灯头，以及电动机、电熨斗、洗衣机等家用电器，如果其绝缘损坏，带电部分裸露而使外壳、外皮带电，当人体碰触这些设备时，就会发生单相触电情况。如果此时人体站在绝缘板上或穿绝缘鞋，人体与大地间的电阻就会很大，通过人体的电流将很小，这时发生触电的风险就很小。

2. 两相触电。是指人体有两部位同时接触带电的任何两相电源时的触电。发生两相触电时，电流由一根导线通过人体流至另一根导线，作用于人体上的电压等于线电压，若线电压为380 V，则流过人体的电流高达268 mA，这样大的电流只要经过0.186 s就可能导致触电者死亡，故两相触电比单相触电更危险。

3. 跨步电压触电。当电气设备发生接地故障或当线路发生一根导线断线故障，并且导线落在地面时，故障电流就会从接地体或导线落地点流入大地，并以半球形向大地流散，距电流入地点越近，电位越高，距电流入地点越远，电位越低，以入地点为圆心半径 20 m 以外处，地面电位近似零。如果此时有人进入这个区域，其两脚之间的电位差就是跨步电压。由跨步电压引起触电，称为跨步电压触电。人体承受跨步电压时，电流一般是沿着人的下身，即从脚到胯部再到脚流过，与大地形成通路，电流很少通过人的心脏重要器官，看起来似乎危害不大，但是，跨步电压较高时，人就会因脚抽筋而倒在地上，这不但会使作用于身体上的电压增加，还有可能改变电流通过人体的路径而经过人体的重要器官，因而大大增加了触电的危险性。因此，当发现设备出现接地故障或导线断线落地时，要远离断线落地区；一旦不小心已步入断线落地区且感觉到有跨步电压时，应赶快把双脚并在一起或用一条腿跳着离开断线落地区；当必须进入断线落地区救人或排除故障时，应穿绝缘靴。

4. 接触电压触电。接触电压是指人站在发生接地短路故障设备的旁边，触及漏电设备的外壳时，其手、脚之间所承受的电压。由接触电压引起的触电称为接触电压触电。在发电厂和变电所中，一般电气设备的外壳和机座都是接地的，正常时，这些设备的外壳和机座都不带电。但当设备发生绝缘击穿、接地部分破坏，设备与大地之间产生电位差时，人体若接触这些设备，其手、脚之间便会承受接触电压而触电。为防止接触电压触电，往往要把一个车间、一个变电站的所有设备均单独埋设接地体，对每台电动机采用单独的保护接地。

5. 弧光放电触电。因不小心或没有采取安全措施而接近了裸露的高压带电设备，将会发生严重的放电触电事故。在电气化铁路作业中发生的这类触电事故居多。

6. 停电设备突然来电引起的触电。在停电设备上检修时，若未采取可靠的安全措施，如未装挂临时接地及悬挂必要的禁动标示牌，而有人向正在检修的设备送电，就会让正在检修的人员触电。

三、人体触电的主要症状

人体触电后，通过心脏、肺及中枢神经系统的电流强度越大，触电时间越长，其后果就越严重。而电击对人体所造成的伤害，以心脏为最要害部位。触电引发死亡的原因较多，但大多数是因电流刺激人体心脏引发心室的纤维性颤动（简称"室颤"）、停搏或电流引发呼吸中枢麻痹导致呼吸停止而死亡。人体触电后主要症状表现为局部电灼伤和电休克。

1. 局部症状

当身体局部接触电流时，由于高热和电火花的作用，可出现局部电灼伤。一般有两个以上的创面，一为进口，其余为出口。创面一般较小，但较深，呈黄褐色焦痂。接触高压电（1 kV 以上）时最明显。

2. 全身症状

（1）如电流小、电压低、接触时间短，触电者会出现头晕、心悸、恶心等症状。

（2）如电流强、电压高（交流电 65 V 以上，直流电 300 V 以上）、接触时间长，可能造成电休克（又称假死现象），即出现触电者失去知觉、面色苍白、瞳孔放大、脉搏停止和呼吸停止。如不及时采取正确的措施抢救，即会造成死亡，这是触电伤害的最主要症状。

（3）值得注意的是，上述症状可能在触电当时表现轻微，而过 1 h 后会突然加重，出现昏迷，呼吸、心脏停止等症状。

第三节　触电伤害的预防和救护

在生产过程中，只要严格执行有关安全规定并做好安全防护，触电事故是可以有效预防和避免的。所以，所有企业都要认真做好电气安全培训和宣传教育工作，督促管理人员和作业人员严格执行安全用电管理制度、触电伤害的防范措施，掌握触电伤害急救知识，及时准确地做好事故应急处置，最大限度地预防事故、减少事故，降低事故损失。

一、触电伤害的预防工作

（一）强化安全用电知识的宣传和教育培训

1. 宣传和教育培训触电对人体危害的严重性。

2. 宣传和教育培训用电的安全操作规程。

3. 宣传和教育培训预防触电伤害的个人防范知识。

4. 宣传和教育培训触电伤害的现场自救与抢救知识。

5. 强化事故案例警示教育，增强职工的安全用电意识。

（二）严格执行电气设备安全操作规程

1. 非相关专职持证操作人员严禁接触、开启、修理电气设备和线路（尤其避免接触高压部分）。

2. 电气设备和线路要有安全可靠的绝缘、隔离措施。

3. 电气设备和线路要有可靠有效的接地、接零措施。

4. 电气设备和线路要有可靠灵敏的保护切断装置。

5. 相关专职持证操作人员在维修电气设备和线路时，要严格执行安全操作规程，切实关闭电源并悬挂禁动标示牌。必须带电操作时，要有严密的保护措施。

（三）建立定期检查制度

1. 要对各种电气设备和线路建立定期检查制度，并按规定落实定期检查。

2. 对发现的问题和隐患，要及时处理和排除。

（四）采取预防触电的安全防护措施

1. 对可能直接触电的带电体可采取下列防护措施：

（1）绝缘。即用绝缘物体阻隔防止人体触及带电体，可将带电体加以绝缘，或将作业人员加以绝缘，或者在带电体与作业人员之间加以隔离来实现这种保护，但要防范绝缘存在的失效可能。

（2）屏护。即用屏障、遮栏、围栏、护罩、箱盒等将带电体与外界相隔离，这是防止作业人员触电和电弧伤人的一种安全措施。

（3）障碍。即设置障碍以防止人体无意触及或接近带电体，但它不能防止有意绕过障碍去触及带电体的行为。

（4）间距。即通过保持带电体与地面、其他带电体、其他设备和人体范围之间设定一定的安全距离（按电压等级确定），来防止人体触及或接近带电体，如导线的高空架设。

（5）漏电保护装置。即采用一些高灵敏、快速动作的保护装置，当人体触及带电体或绝缘损坏漏电时，在数毫秒内切断整个电路，避免对人体造成严重伤害。这种漏电保护装置只用作附加保护，不应单独使用。

（6）安全电压。即在有触电危险的场合采用相应等级的安全电压。当额定电压在 24 V 以下时，通常不必另行采取防止触电的措施。

2. 对可能间接触电的带电体可采取下列防护措施：

(1)接地、接零保护。即当电气设备发生故障时，通过接地或接零回路，迫使线路上的保护装置迅速动作而切除故障，防止间接触电事故的发生。

(2)不导电环境。这种措施是防止工作绝缘损坏时人体同时触及不同电位的两点。当所在环境的墙和地板均系绝缘体，或可能出现不同电位的两点之间的距离超过 2 m 时，可满足这种保护条件。

(3)电气隔离。即采用输入电路与输出电路上隔离的变压器或独立电源供电，以实现电气隔离，防止裸露导体故障带电时造成触电事故。被隔离的电压不应超过 500 V，其带电部分不能同其他电气回路或大地相连，以保持隔离要求。

(4)等电位环境。即把所有容易同时接近的裸露导体(包括设备以外的裸露导体)互相连接起来，以防止危险的接触电压。等电位范围不应小于可能触及带电体的范围。此外，还可以采用防止直接触电的有关措施，如安全电压、绝缘、漏电保护装置等。

要加强对各种触电伤害类型、特点和环境条件的研究，特别是对感应电所存在的各种综合性环境或条件的研究，在发现和明确其存在表现的同时，落实有效的安全防范措施，同时逐步提升电气设备设施的本质化安全防护功能。

二、触电伤害急救的基本原则

触电伤害急救的基本原则：严格落实迅速、就地、准确、坚持的原则。一是迅速脱离电源。尽快切断电源，使触电者脱离带电体。二是就地急救处理。当触电者脱离电源后，必须在现场就地抢救。只有事发现场对安全有威胁时，才能把触电者抬到安全地方进行抢救，但不能等把触电者送往医院后再进行抢救。三是准确地进行人工呼吸。如果触电者神志清醒，仅心慌、四肢麻木或者一度昏迷还没有失去知觉，应让其安静休息。四是坚持抢救。坚持就是触电者复生的希望，即使仅有1%的希望也要尽100%的努力。

三、触电伤害现场的应急处置方法

触电伤害的急救要点是抢救迅速与救护得法。电流作用于人体，时间愈长，后果愈严重，故发现有人触电后，首先要尽快使其脱离电源；然后拨打120急救电话，并根据具体情况，迅速对症救护。

(一)立即将触电者脱离电源

1. 关闭电源开关。低压触电时，现场或救护人员应立即采取关闭开关、拉下电闸、拔出插头等措施，使触电人员尽快脱离电源。对于高压触电事故，可采用下列方法使触电者脱离电源。

(1)立即通知有关部门断电。

(2)戴上绝缘手套，穿上绝缘靴，用相应电压等级的绝缘工具按顺序拉开开关。

(3)抛掷裸金属线使线路短路接地，迫使保护装置动作，断开电源。注意抛掷金属线之前，先将金属线的一端可靠接地，然后抛掷另一端；注意抛掷的一端不可触及触电人员和其他人。

2. 切断电线。低压触电时，可用电工钳剪断电线，或用木柄刀、斧、锄、铲等斩断电源线，也可用搭通火线、零线造成短路，使总电源跳闸等方法来切断电源。高压触电禁止采取此法。

3. 挑开电源线。低压触电时，如果无法采用上述方法，应迅速寻找干燥的木棒、竹竿等，将触电人员身上的电源线挑开，禁止使用金属杆（棒）以及潮湿的物体挑电源线，注意不要使电线弹到自己身上。高压触电禁止采取此法。

4. 拉开触电者。低压触电时，如上述方法均不能救出触电者，触电人员又伏在带电物体上时，则可用干绳子、布单等套在触电者身上，将其拉出，也可戴上绝缘手套将其拉出。此时现场或救护人员应特别注意自身保护，如站在厚木板或棉被等绝缘物体上。严禁用手直接去拉触电人员，以防引起连锁触电。这虽然是一般救护常识，但在情况紧急时可能忘记。高压触电禁止采取此法。

（二）触电伤害的现场急救方法

严重的触电伤害可导致心跳、呼吸停止，这是因为电流使呼吸中枢麻痹和心室纤维性颤动所致。一般而论，在心跳停止 4 min 内能实施心肺复苏并在 8 min 内获得进一步医治者，救愈率可达 45％或更高；超过 6 min 者，大脑多已发生不可逆转的损害，复苏存活的可能性微小。如不及时抢救，必然导致死亡，因此必须立即实施紧急心肺复苏措施。

1. 对触电人员的抢救要尽量创造条件就地实施抢救，不要搬动触电者，要最大限度地争取抢救时间。要进行神志判断，口诀为拍案（按）叫好。其中：

拍：拍肩，注意用力，过小达不到目的，过大可能加重触电者受伤部位伤情；

案（按）：按压人中，注意用力，过小达不到目的，过大可能引发触电者过激反应；

叫：呼叫（呼叫声音要大）；

好：摆好体位。

2. 触电人员如出现心跳停止，现场或救护人员应首先进行心前区叩击数次，若无效则进行胸外心脏按压。用摸颈动脉判定伤员颈动脉有无搏动，无搏动可判定心跳停止。动作操作时间不能短于 6 s，注意保持头部后仰。

3. 触电人员如呼吸停止，立即进行口对口人工呼吸。要进行呼吸判断，口诀为抬出(除)看戏(吸)。其中：

抬：仰头抬颏，用一只手置于伤员前额，另一只手的食指与中指置于下颌骨近下颏处，抬起下颌，头部后仰，使下颏骨同耳垂连线与地面成 90°直角；

出(除)：清除异物，要用手的食指来清除口腔异物，因食指与其他指比较，其力度、灵活性等方面都强，另有异物时，可与拇指配合进行异物清除；

看：看、听、试，看、听动作一齐做，看胸、腹部有无呼吸动作起伏，听鼻孔有无呼吸气流声，试口鼻有无呼吸气流。

戏(吸)：呼吸两口气，每项动作操作时间 3～5 s，注意保持气道通畅。

口对口人工呼吸方式：

(1)保持气道通畅；

(2)用按于前额一手的拇指与食指捏住伤员的鼻翼下端；

(3)用自己的嘴唇包住伤员微张的嘴；

(4)一次吹气完毕后，放松捏鼻的手，观察伤员胸部有无起伏；

(5)仰头抬颏手法要正确，仰头抬颏用力不能过大，用力过大有可能引起伤员伤情加重。

4. 触电人员如伤势严重，心跳、呼吸均停止，应同时采用人工呼吸与心脏按压进行抢救。

(1)应将伤员的头、胸处于同水平,躺在坚硬平面上。

(2)按压位置位于胸骨中下1/3交界处。

(3)下压3.5~4.5 cm,按压时手指不得压在胸壁上,以免引起肋骨骨折。上抬时手不离胸,以免移位,垂直按压,以免压力分散。

(4)按压不放松,要时间相等、用力均匀,每分钟按压80~100次,直至恢复心跳呼吸。

(5)人工呼吸与胸外按压应同时交替进行。按压与呼吸比例:单人15∶2;双人5∶1。

(6)人工循环时间因伤员年龄、身体状况而定,对触电伤员的按压时间要稍长些。

5. 触电人员如受伤症状较轻或经抢救好转时,应让其安静地休息,在送往医院途中要注意观察,防止病情突然加重。

6. 对触电人员局部灼伤的伤口要给予覆盖包扎。

7. 对触电人员因触电造成的如机械或其他伤害等导致的出血、骨折等,应及时采取相应的救护措施。

8. 在应急救护的同时要迅速转送医院,注意途中不可停止抢救。

(三)触电伤害现场急救注意事项

当人触电以后,可能由于手部痉挛或失去知觉等原因而紧抓或无法自行摆脱带电体。此时,让触电人员尽快脱离带电体对于挽救生命至关重要。在急救过程中,应根据具体情况,采用合适的方法,并注意以下问题。

1. 当发生触电事故时,现场人员要迅速判断是高压触电还是低压触电。发生高压触电未切断电源前,禁止现场(或救护)人员接近触电现场或靠近触电人员。

2. 施救人员不可直接用手或其他金属及潮湿的物体作为救护工具，而必须使用适当的绝缘工具，佩戴适用的绝缘防护用品。施救人员最好用一只手操作，以防自己触电。

3. 要防止触电人员脱离电源后可能造成摔伤，特别是当触电人员在高处时，应考虑预防高处坠落措施。即使触电人员在平地，也要注意触电人员倒下的方向和环境以防止摔伤。

4. 如果事故发生在夜间，应迅速解决临时照明设施，利于抢救并避免事故影响扩大。

5. 要坚持持续实施人工呼吸和胸外心脏按压的抢救工作，切不可轻易停止，运送触电人员前往医院途中也不能终止抢救。在抢救过程中，如果发现触电人员皮肤由紫变红，瞳孔由大变小，则说明抢救收到了效果；如果发现触电者嘴唇稍有开、合，或眼皮活动，或喉头有咽东西的动作，则应注意其是否有自主心脏跳动和自主呼吸。当触电人员能自主呼吸时，即可停止人工呼吸。如果人工呼吸停止后，触电者仍不能自主呼吸，则应立即再做人工呼吸。

复习题

一、填空题

1. 按照构成事故的基本要素，电气事故可分为触电事故、雷击灾害、静电事故、电磁辐射危害和电路故障及电路事故。

2. 人的健康状况与人体皮肤的干湿程度等对电击伤害程度也有一定影响。凡患有心脏病、神经系统疾病或结核病的病人，经受电击后的伤害程度比健康人严重。

3. 要对各种电气设备和线路建立定期检查制度，并按规定落实定期检查。

4. 触电事故是由电流及其转换成其他形式的能量失去控制所造成的事故，分为电击和电伤。电击是电流直接作用于人体所造成的伤害。

5. 静电事故是工艺过程中及人体活动中产生的相对静止的正、负电荷形式的能量所造成的事故。

6. 当发生触电事故时，现场人员要迅速判断是高压触电还是低压触电。发生高压触电未切断电源前，禁止现场(或救护)人员接近触电现场或靠近触电人员。

7. 非相关专职持证操作人员严禁接触、开启、修理电气设备和线路(尤其避免接触高压部分)。

8. 人工呼吸与胸外按压应同时交替进行。按压与呼吸比例：单人15∶2；双人5∶1。

9. 当身体局部接触电流时，由于高热和电火花的作用，可出现局部电灼伤。一般有两个以上的创面，一为进口，其余为出口。创面一般较小，但较深，呈黄褐色焦痂。

10. 要坚持持续实施人工呼吸和胸外心脏按压的抢救工作，切不可轻易停止，运送触电人员前往医院途中也不能终止抢救。

11. 如果事故发生在夜间，应迅速解决临时照明设施，利于抢救并避免事故影响扩大。

12. 当发生触电事故时，现场人员要迅速判断是高压触电还是低压触电。发生高压触电未切断电源前，禁止现场(或救护)人员接近触电现场或靠近触电人员。

13. 触电人员如受伤症状较轻或经抢救好转时，应让其安静地休息，在送往医院途中要注意观察，防止病情突然加重。

14. 触电人员如出现心跳停止，现场或救护人员应首先进行心前区叩击数次，若无效时则进行胸外心脏按压。

15. 所谓接地、接零保护，即当电气设备发生故障时，通过接地或接零回路，迫使线路上的保护装置迅速动作而切除故障，防止间接触电事故的发生。

二、判 断 题(对的打"√"，错的打"×")

1. 电气事故具有规律性，且其规律是可以被人们认识和掌握的。 (√)

2. 人体接触带电体并不是所有情况下都能造成触电伤害，当带电体超过人体所能接受的安全电压或电流以及人体接近带电体的安全距离，就有可能发生触电伤害事故。 (√)

3. 人体电阻是一个固定的数值。 (×)

4. 皮肤干燥的电阻小，通过的电流大，皮肤潮湿的电阻大，通过的电流就小，危害也小。 (×)

5. 人体触电后，通过心脏、肺及中枢神经系统的电流强度越大，触电时间越长，其后果就愈严重。 (√)

6. 用绝缘物体阻隔防止人体触及带电体，可将带电体加以绝缘，或将作业人员加以绝缘，或者在带电体与作业人员之间加以隔离来实现这种保护，此时没必要防范绝缘失效可能。 (×)

7. 当额定电压在 24 V 以下时，通常不必另行采取防止触电的措施。 (√)

8. 当人体触及带电体或绝缘损坏漏电时，在数毫秒内切断整个电路，使人体避免造成严重伤害。这种漏电保护装置可单独使用。 (×)

9. 施救人员不可直接用手或其他金属及潮湿的物体作为

救护工具，而必须使用适当的绝缘工具，佩戴适用的绝缘防护用品。施救人员最好用一只手操作，以防自己触电。（√）

10. 如果事故发生在夜间，应迅速解决临时照明设施，利于抢救并避免事故影响扩大。（√）

11. 电击是电流转换成热能、机械能等其他形式的能量作用于人体造成的伤害。（×）

12. 电伤是电流直接作用于人体所造成的伤害。（×）

13. 人体触电时，致命的因素是通过人体的电压，而不是电流。（×）

14. 当电阻不变时，电压越高，通过导体的电流就越大。（√）

15. 人体触电后主要症状表现为局部电灼伤和电休克。（√）

三、选择题

1. 电流作用于人体，时间愈长，后果愈严重，故发现有人触电后，首先要尽快使其(B)。

A. 拉闸　　B. 脱离电源

C. 报告“120”　　D. 切断电线

2. 电击对人体所造成的伤害，以(C)为最要害部位。

A. 颅脑　　B. 肺部　　C. 心脏　　D. 神经系统

3. 对触电人员的抢救要尽量创造条件(A)，要最大限度地争取抢救时间。

A. 就地实施抢救

B. 抬到室内抢救

C. 等待“120”送医院抢救

D. 找专业医生抢救

4. 人体接触带电体并不是所有情况下都能造成触电伤害，当带电体超过人体所能接受的(C)以及人体接近带电体并突破安全距离，就有可能发生触电伤害事故。

A. 安全电压

B. 安全电流

C. 安全电压(或电流)

D. 人体电阻

5. 发生两相触电时，电流由一根导线通过人体流至另一根导线，作用于人体上的电压等于线电压，若线电压为(D) V，则流过人体的电流高达 268 mA，这样大的电流只要经过 0.186 s 就可能导致触电者死亡。

A. 110　　B. 220　　C. 250　　D. 380

6. 通过保持带电体与地面、其他带电体、其他设备和人体范围之间设定一定的(A)(按电压等级确定)，来防止人体触及或接近带电体，如导线的高空架设。

A. 安全距离　B. 标准　C. 安全电压　D. 安全电流

7. 当电气设备发生故障时，通过(C)回路，迫使线路上的保护装置迅速动作而切除故障，防止间接触电事故的发生。

A. 接地　　B. 接零

C. 接地和接零　　D. 回流线

8. 触电人员如伤势严重，心跳、呼吸均停止，应同时采用(C)进行抢救。

A. 人工呼吸

B. 心脏按压

C. 人工呼吸和心脏按压

D. 送往医院

9. 采用电气隔离时，被隔离的电压不应超过(C) V，其带电部分不能同其他电气回路或大地相连，以保持隔离要求。

A. 220　　B. 380　　C. 500　　D. 600

10.（多选）对可能间接触电的带电体可采取的防护措施有(ABCD)。

A. 接地、接零保护

B. 不导电环境

C. 电气隔离

D. 等电位环境

E. 安全距离

11.（多选）对于高压触电事故，可采用(ABC)方法使触电者脱离电源。

A. 立即通知有关部门断电

B. 戴上绝缘手套，穿上绝缘靴，用相应电压等级的绝缘工具按顺序拉开开关

C. 抛掷裸金属线使线路短路接地，迫使保护装置动作，断开电源

D. 现场或救护人员应立即关闭开关

E. 迅速拉下电闸、拔出插头

12.（多选）强化安全用电知识的宣传和教育培训的主要方式有(ABCDE)。

A. 宣传和教育培训触电对人体危害的严重性

B. 宣传和教育培训用电的安全操作规程

C. 宣传和教育培训预防触电伤害的个人防范知识

D. 宣传和教育培训触电伤害的现场自救与抢救知识

E. 强化事故案例警示教育，增强职工的安全用电意识

13.(多选)电气事故的主要特点有(ABCD)。

A. 危害性大

B. 危险识别难

C. 涉及面广

D. 防护研究综合性强

E. 无规律可循

14.(多选)人体触电的基本方式有(ABCDE)。

A. 单相触电

B. 两相触电

C. 跨步电压触电

D. 接触电压触电

E. 弧光放电触电

四、问答题

1. 电气事故的主要原因是什么？

答：①电气系统结构设计不合理。②电气设备质量不良。③电气设备安装、检修不当。④电气设备老化。⑤电气系统维护不足。⑥外界如突遇大风、暴雨、雷电、地震等自然灾害因素。⑦人为性操作不当或失误等因素。⑧电气设备的绝缘损坏后漏电等。⑨外界电磁波干扰、影响电气设备的正常工作等。

2. 触电后的全身症状是什么？

答：(1)如电流小、电压低、接触时间短，触电者会出现头晕、心悸、恶心等症状。

(2)如电流强、电压高(交流电 65 V 以上，直流电 300 V 以上)、接触时间长，可能造成电休克(又称假死现象)，即出现触电

者失去知觉、面色苍白、瞳孔放大、脉搏停止和呼吸停止。如不及时采取正确的措施抢救，即会造成死亡，这是触电伤害的最主要症状。

(3)上述症状可能在触电当时表现轻微，而过1 h后会突然加重，出现昏迷，呼吸、心脏停止等症状。

3. 对于高压触电事故，采用什么方法使触电者脱离电源？

答：(1)立即通知有关部门断电。

(2)戴上绝缘手套，穿上绝缘靴，用相应电压等级的绝缘工具按顺序拉开开关。

(3)抛掷裸金属线使线路短路接地，迫使保护装置动作，断开电源。注意抛掷金属线之前，先将金属线的一端可靠接地，然后抛掷另一端；注意抛掷的一端不可触及触电人员和其他人。

4. 什么是触电事故？分为哪两种类型？

答：触电事故是由电流及其转换成其他形式的能量失去控制所造成的事故。触电事故分为电击和电伤。电击是电流直接作用于人体所造成的伤害。电伤是电流转换成热能、机械能等其他形式的能量作用于人体造成的伤害。

5. 触电伤害急救的基本原则是什么？

答：严格落实迅速、就地、准确、坚持的原则。一是迅速脱离电源。尽快切断电源，使触电者脱离带电体。二是就地急救处理。当触电者脱离电源后，必须在现场就地抢救。只有事发现场对安全有威胁时，才能把触电者抬到安全地方进行抢救，但不能等把触电者送往医院后再进行抢救。三是准确地进行人工呼吸。如果触电者神志清醒，仅心慌、四肢麻木或者一度昏迷还没有失去知觉，应让其安静休息。四是坚持抢救。坚持就是触电者复生的希望，即使仅有1%的希望也要尽100%的努力。

6. 对可能直接触电的带电体可采取哪些防护措施?

答:(1)绝缘。即用绝缘物体阻隔防止人体触及带电体。

(2)屏护。即用屏障、遮栏、围栏、护罩、箱盒等将带电体与外界相隔离。

(3)障碍。即设置障碍以防止人体无意触及或接近带电体。

(4)间距。即通过保持带电体与地面、其他带电体、其他设备和人体范围之间设定一定的安全距离(按电压等级确定)。

(5)漏电保护装置。即采用一些高灵敏、快速动作的保护装置,当人体触及带电体或绝缘损坏漏电时,在数毫秒内切断整个电路,避免对人体造成严重伤害。

(6)安全电压。即在有触电危险的场合采用相应等级的安全电压。

第十章　事故案例分析与防控措施

电气化铁路的接触网线顺沿铁路线路架设于铁路上方，给运行的机车车辆提供动力能源，一般距离线路钢轨轨面 5.3～6.5 m，标称电压值为 25 kV，最高工作电压为 27.5 kV，短时(5 min)最高工作电压为 29 kV，最低工作电压为 19 kV；变电所电压等级一般为 110/220 kV、55/27.5 kV、10 kV 及 380/220/110 V；电气化铁路运行的列车速度多在 160 km/h 及以上。电气化铁路区段作业人员的工作环境中，既有高压带电设备，又有高速运行列车，还有高处维修作业，时刻存在触电、高处坠落、机车车辆伤害等能直接导致人身伤亡的严重风险。选取近年电气化铁路发生的部分典型人身伤亡事故案例，在分析原因、明确教训的基础上，有针对性地提出措施建议，进而防范类似事故重复发生。

第一节　触电事故案例分析与事故预防

我国铁路是在持续服务国家战略中，不断建设和发展的，为了达到低碳转型、降耗减排的“碳达峰”“碳中和”目标，电气化铁路建设成为主流且占比逐年提升。电气化铁路区段发生的触电伤亡事故比例凸显，已成为电气化铁路劳动安全防范的三大重点风险之一。

1. 作业区少设接地线，电力工死于感应电

事故概况：2023年4月18日，××供电段××检修车间按照维修日计划对××站至××站间电力自闭线进行停电检修作业。13时37分，检修342号耐张杆的第一作业组电力工甲，突然听见背面作业的同组人员乙发出异声，立即转身发现乙身体后仰、斜靠在拉线上，急忙呼叫及简单施救无果后，电话通知检修负责人丙并拨打120，随后120将乙送至医院抢救，18时20分，医院宣布经抢救无效死亡。

事故原因：

(1)事发区段电力架空线路与电气化铁路并行，电力线路与接触网的最小距离为10 m(小于15 m距离的电杆约占50%)，最大距离为30 m。电力自闭线331号杆至384号杆的间距为3.9 km，此间未加挂接地封线，作业前及作业过程也未对感应电压进行测试，违反《电气化铁路有关人员电气安全规则》第46条"电气化铁路区段进行架空电力线路维修、施工作业时，在与铁路长距离平行作业区段内至少每隔1 km加装1组接地线"的规定，是导致触电事故发生的主要原因。

(2)经分别测试现场多组接地封线和342号杆拉线接地电阻得知，接地针约为700～800 Ω，拉线为490 Ω，感应电压平均在160～230 V之间未能得到有效抑制。作业人员乙在342号耐张杆上自A相转向C相作业位置时，右手抓住导线，右腿跨过拉线时大腿根部碰触了拉线，感应电通过右手穿越身体至右腿根部击穿，导致触电死亡。

教训和措施：

(1)对感应电危害不重视，不按规章要求制定并执行安全措施，干部的盯控把关作用发挥失效，专业管理漏洞亟待补强。

(2)作业前必须针对现场实际开展安全预想，严格对照规章和标准制定安全措施。

(3)盯控干部和作业负责人必须检查确认安全措施落实到位后，方可准许作业。

2. 擅自攀爬至车顶，电弧灼伤险丧命

事故概况：2022 年 8 月 4 日，××起重有限公司维修人员甲在××机务段库内检修处置起重机的柴油机故障时，身体侵入接触网限界，被电弧灼伤坠落地面，经医院诊断为体表 50%～59%烧伤(全身多处 53%Ⅱ～Ⅲ度电烧伤合并高坠伤)，构成重伤。

事故原因：

(1)维修人员甲违规在接触网未停电的情况下，擅自攀爬登上铁路救援起重机顶部作业，身体侵入带电接触网的安全限界，被电弧灼伤后坠落，是导致事故的直接原因。

(2)××机务段对委外作业安全监管不力，未能及时发现维修作业人员的违规行为，是导致事故的间接原因。

教训和措施：

(1)对进入电气化铁路危险区域作业的外来维修人员开展安全教育、危险告知不到位，对其作业过程监督控制不力，导致事故发生的教训深刻。

(2)针对事故暴露的问题，要加强委外人员的安全教育培训，督促其明确作业安全风险，并在作业中严格执行规章制度。

3. 违规拆除接地线，灾祸源于感应电

事故概况：2022 年 6 月 30 日，××供电段××接触网工区

在××站Ⅴ形天窗内进行检调接触网线岔、分段绝缘器作业。17时50分，办理完停电手续后开始作业，18时32分，检修完成32号至30号道岔间的分段绝缘器后，接触网工甲拆除地线时，因操作顺序错误导致被感应电击伤。现场紧急施救并拨打120，后经医院抢救无效死亡。

事故原因：

(1)地线操作人员甲违反《普速铁路接触网安全工作规则》第八十一条规定的操作顺序，在拆除接地线时，未先拆除接地线与导体相连接的上端部分，而是擅自先拆除接地线与钢轨相连的下端部分，是导致受感应电电击死亡的直接原因。

(2)地线监护人员乙未认真履行监护职责，在甲违反操作顺序时，未及时制止其违章作业，是导致甲受感应电电击死亡的间接原因。

教训和措施：

(1)当事人作业安全意识薄弱，现场作业管理失管失控，车间、班组安全基础管理薄弱，干部履职尽责不力，安全生产大检查流于形式。

(2)车间、班组必须有针对性地加强职工安全业务和操作技能培训。

4. 检查设备不停电，高压电击命归天

事故概况：2022年4月26日7时25分，××供电段××水电车间××电力工区在××线自闭线004号至072号杆进行停电检修作业，对059号支柱隔离开关加装绝缘护套时，工作领导人车间副主任甲与工长乙擅离岗位去检查附近贯通线的接头箱运行状况，甲在检查中身体失稳前倾，右手触碰到电缆接头箱内

的带电设备,被电击身亡。

事故原因:

(1)现场工作领导人甲在既有停电作业过程中,临时起意擅自盲目决定检查附近贯通线的电缆接头箱运行状况,在查看过程中打开接头箱上翻盖时,因精力不集中脚下失稳,身体前倾致右手触碰到电缆接头箱内的带电设备,是导致触电身亡的直接原因。

(2)工作领导人在既有停电计划任务未完成情况下,擅自违规带领工作执行人离岗超范围检查带电设备,工作执行人明知违规却未制止,未履行监护工作责任,是导致事故的间接原因。

教训和措施:

(1)现场工作领导人甲带头违章蛮干,工作执行人明知违规却未制止,暴露了车间、工区安全规矩意识缺失,基础管理亟待加强。

(2)要组织开展车间、工区管理岗位履职情况的专项检查,存在问题的严格追责考核,督促以身作则、履职尽责,将“安全第一”思想落到实处。

5. 安全措施未实施,擅自登杆被电击

事故概况:2022 年 2 月 18 日,××供电段××供电车间在××上行线××站至××站间进行 V 形天窗内接触网检修作业。4 时 03 分,西侧作业组进入作业门,处理 116 号支柱电气连接线螺杆缺失作业,4 时 26 分,作业人员分别在 114 号和 118 号支柱接触网上接挂好接地线,但回流线没有设置接地线。4 时 28 分至 38 分,作业人员甲在监护下登上 116 号支柱加挂好等电位短接线后对接触网设备进行检查,发现电气连接线螺杆齐全

即返回地面。4时43分，担任监护人员的副工长乙再次登杆时，因未接挂回流线地线、加挂等电位短接线且无人监护，被电击伤，5时43分，120送医院后经抢救无效死亡。

事故原因：

(1)副工长乙违反《普速铁路接触网安全工作规则》第六十九、七十一条之规定，在未采取回流线接挂地线、加挂等电位短接线、无人监护的情况下，擅自登杆作业，被电击伤致死，是导致触电死亡事故的直接原因。

(2)事故单位对该工区管理、监控不力，教育、培训不到位，副工长违章蛮干没有及时得到制止，是导致事故的间接原因。

教训和措施：

(1)副工长乙作为作业监控人，安全意识薄弱，带头违章蛮干，反映出工区基础薄弱、管理混乱。

(2)针对副工长违章致死所酿成血的教训，对工班长和作业监护人员认真开展履职情况检查监督，强化工班长的安全意识和班组管理能力，使其真正以身作则，带领职工严格按标准作业。

6. 违章指挥盲目干，侵网触电命不还

事故概况：2020年8月3日，××供电段××供电车间××供电运行工区班长甲利用××上行线V形天窗，组织人员在××站内Ⅱ道正线及4～10道进行接触网设备全面检查监测(利用激光测量仪测量线岔、分段技术参数)作业。8时40分，作业领导人甲组织完成测量作业后，临时发现接触网上挂有塑料布，在未采取安全措施的情况下，违章指挥接触网工乙在38号支柱处上网清理塑料布，乙被感应电击伤，现场立即拨打120，9时

30 分,120 到达现场,经抢救无效死亡。

事故原因:

(1)接触网工乙安全意识淡薄,明知上网处理异物属于超范围、超作业内容,且未采取安全措施,仍盲目上网作业,最终被感应电电击致死,是导致触电死亡事故的直接原因。

(2)工作领导人甲,在 V 形天窗没有采取安全措施的情况下,违章指挥作业人员上网处理异物,是导致触电死亡事故的间接原因。

教训和措施:

(1)工作领导人违章指挥,作业人员冒险蛮干是此事故的最惨痛教训。

(2)要加强对工班长、工作领导人、监护人的安全教育培训,切实增强其安全敬畏意识和依法依规管理的能力,杜绝违章指挥。

7. 作业触碰中性区,接地失效被电死

事故概况:2020 年 4 月 14 日 16 时 13 分,××供电段××供电车间接触网工甲在××联络线××站至××站间进行接触网综合检修施工作业,在撤除 173 号～175 号支柱间等位线时,因右手抓握接触网中性区接触线而触电昏迷,后经 120 送医院抢救无效于 20 时 11 分死亡。

事故原因:

(1)作业人员甲对感应电危害可能造成的严重后果预想不到位,作业中安全卡控措施不落实,违反《普速铁路接触网安全工作规则》相关规定,在撤除等位线时右手碰触到中性区接触线,是导致感应电触电死亡事故的直接原因。

(2)检查当日接地线发现,175 号支柱接地线接地靴处接线端子压接工艺不良,致使接地线压接处受损后折断,导致接地失效,是导致感应电触电死亡事故的间接原因。

教训和措施:

(1)标准化作业制度不落实。一是作业人员甲撤除等位线时,违章使用右手抓握中性区接触线。二是现场各级管理人员对作业标准执行过程中的“两违”问题,未能进行有效管控,作业标准化没有得到全面贯彻执行。

(2)接地线使用管理不到位。175 号支柱接地线已使用8 年,外包绝缘护套已变色发黑,在无法观察到铜绞线的状态下,没有明确检查手段和标准,使用前没有进行电流导通检查。

(3)针对此次事故暴露问题和教训,一是加强职工现场作业技能和安全防护意识培训,严格落实作业标准化管理。二是优化关节式分相、绝缘关节、隔离开关等关键设备停电作业安全措施,制定更为安全可靠的等位线设置标准及方式,提高关键作业安全防护能力。三是立即开展接地线隐患排查。立即组织对接地线进行导通测量,并打开接线端子压接处护套进行逐一检查,发现有导通率不合格和断股散股的停用封存,将接地线的导通试验和直流电阻测试纳入周期性试验项目,确保使用中的接地线状态良好。四是现场管理人员要针对关键作业,开展风险研判,工作领导人及盯控干部做好风险提示,要安排专人进行盯控,及时纠正作业人员的违章作业行为,确保作业过程安全可控。

8. 车梯触碰短接线,盲目施救致遇难

事故概况:2019 年 11 月 17 日 8 时 47 分,××公司在××线××站内Ⅱ道进行接触网软横跨更换作业时,上部固定绳因

锈蚀老化突然断脱，高处作业人员甲悬在空中侵入下行线接触网带电设备范围，施工负责人乙在未采取下行线接触网停电措施的情况下，擅自安排车梯进行施救，车梯作业人员抬车梯时触碰短接线，造成施救人员中丙被电击死亡、丁受轻伤。

事故原因：

(1)作业人员甲违反《普速铁路接触网安全工作规则》第四十二条之规定，也没有认真执行施工方案、人身及行车安全保障方案内“对软横跨绳索锈蚀程度、受力状态进行逐一确认，消除更换过程中支柱断裂、软横跨绳索断脱的风险”的措施要求，导致作业人员发生险情。

(2)工作领导人违章指挥，不听从设备管理单位现场防护人员的劝阻，在未采取下行线接触网停电措施的情况下，盲目组织施救导致险情扩大成为事故。

教训和措施：

(1)施工单位制定的施工方案和安全保障措施形同虚设，没有落实，紧急情况下的应急处置仓促慌乱、不守规矩、盲目施救导致险情发展扩大成为事故。

(2)施工单位必须加强施工方案的编制与审核，严格督查相关安全措施落到实处。

(3)健全完善紧急情况下的应急处置预案，组织培训和演练，有效提高职工尤其是施工负责人的应急处置能力。

9. 盲目拆除接地线，不幸死于感应电

事故概况：2018 年 3 月 19 日，××车间接触网集中修作业队在××站至××站间进行接触网全面检查，绝缘清扫作业组成员甲在完成作业任务后，在未得到监护人允许且未撤除接地

线导体端的情况下，盲目、错误拆除071号支柱的接地线接地端，造成感应电触电身亡。

事故原因：在双线区段，一线停电，另一线有电时，停电一线上便会产生感应电势。这种感应电势的大小与供电臂长度成正比，与两供电臂间的距离成反比，与气候有很大关系。

(1)绝缘清扫作业人员甲在未得到作业负责人许可、未确认接地线导体端是否拆除的情况下，违规拆除071号支柱供电线接地端钩钉，是导致感应电触电事故的直接原因。

(2)作业负责人对施工过程中关键环节的安全注意事项布置不细致，未明确各小组严格按照作业组分工进行作业；绝缘清扫组负责人对本小组成员未履行好监护职责，没有及时发现并制止甲超出自身作业范围、盲目参与拆除接地线作业的行为，是导致事故发生的间接原因。

(3)071号柱地线监护人未起到监护作用，对监护的两处地线监护不到位，没有及时发现并制止非地线操作人员参与接地线拆除作业的违章行为，也是导致事故发生的一个原因。

教训和措施：

(1)作业分工不明确，安全措施不落实，擅自、盲目拆除接地线是此事故的深刻教训。

(2)针对事故暴露的问题，要结合管理实际，加强职工的安全敬畏意识与业务技能培训，使员工明确掌握并自觉执行各项作业标准。

(3)作业负责人要根据作业实际，认真开展安全预想，辨识安全风险，明确作业分工，严格监督落实。

(4)监控人员要重点盯控关键环节、关键部位的作业，确保作业各个流程和环节安全有序进行。

10. 网下冒险上车顶，惨遭电击丢性命

事故概况：2019 年 10 月 25 日，××车辆段××运用车间上部整修组检车员甲同检车员乙和熔接工丙，对××客整场 6 道停放的 1 辆临修车的茶炉漏水故障进行施修。由于该茶炉腐蚀严重，需拆卸处理，甲登上车顶查看并准备拆卸茶炉烟囱帽时，被接触网电击死亡。

事故原因：

(1)检车员甲自我安全保护意识不强，安全预想不到位，在接触网线路上进行车辆整备作业，违反《电气化铁路有关人员电气安全规则》第 9 条“机车、动车及各种车辆上方的接触网设备未停电并办理安全防护措施前，禁止任何人员攀登到车顶或车辆装载的货物上”之规定，攀上车顶进行烟囱帽拆卸作业，是导致事故发生的直接原因。

(2)××电气化局承建的××客整场 6、7 道电气化改造收尾工程拖沓，缺陷整改不到位，在交接与开通使用的衔接上缺乏安全控制，管理上出现空档，未能及时办理交接手续。××车辆段与施工单位沟通、协调不力；在该接触网线路上整备客车作业，未能建立健全相应的安全管理制度和控制措施；现场作业未能落实安全联防联控制度措施，是导致事故发生的间接原因。

教训和措施：

(1)从作业人员到管理人员的劳动安全意识淡薄，对安全问题不敏感。由于工程过渡期长，有关领导和管理人员思想上产生懈怠，放松了管理，段和车间的安全卡控措施未落到实处。

(2)专业管理有差距。××车辆段技术主管部门对运用车间仅有的两股接触网线检查监督不够，卡控不到位。车辆部门

对工程的遗留问题没有从专业管理的角度进一步加强沟通、协调，工程竣工交接工作迟迟未能到位。

(3)安全关键环节管理薄弱。电气化开通后，偏重于对客列检和乘务员的安全教育，放松了对库内作业人员的安全教育和安全预想落实。

(4)要强化电气化条件下劳动安全措施的审查和落实，尤其是工程交验过程中，应制定全面有效的安全卡控措施。

11. 盲目指挥拆地线，他人命丧感应电

事故概况：2019 年 8 月 23 日，××供电段××接触网工区按计划在××上行线区间 12～20 号支柱间进行更换正馈线作业。12 时 56 分，电调发布 859 号停电命令(限定完成时间为 13 时 37 分)，13 时 40 分时作业仍未完成，现场作业领导人甲(工长)要求延点，13 时 46 分，工作领导人甲在未确认作业区域上方作业人员已撤至安全地带的情况下，违章指挥接地线人员撤除接地线。13 时 47 分，地面作业人员乙发现 18 号支柱的 AP 肩架上还有一根铁丝套子，就提醒正从 18 号支柱上向下撤离的高处作业人员丙摘除，丙摘除铁丝套子时遭感应电电击，经送医院抢救无效死亡。

事故原因：

(1)工作领导人甲违反《普速铁路接触网安全工作规则》第八十五条“由工作领导人确认具备送电、行车条件，清点全部作业人员、机具、材料撤至安全地带，拆除接地线”之规定，在丙还未从接触网支柱下来时，就盲目通知拆除地线，造成丙在 18 号支柱处用左手取 AP 肩架上的铁丝套子时，触及保护线，被感应电电击死亡，是导致事故的直接原因。

(2)盯岗人员未有效发挥作用,没有对作业中的安全重点环节实行有效盯控,在未确认接地线是否拆除的情况下,要求高处作业人员丙收回铁丝套子,是导致事故的间接原因。

(3)丙在作业中未按分工要求完成应有的作业内容,未及时取下铁丝套子,在重新摘取铁丝套子时也未确认地线是否接地,也是导致事故的原因之一。

教训和措施:

(1)作业标准不落实。工作领导人未严格执行标准化作业程序,违章蛮干。没有认真确认作业人员是否完全撤出安全地带,盲目通知撤除地线;作业人员安全意识不强,不按要求作业。

(2)干部把关制度不落实。车间主要负责人安全管理失职,未按三级施工负责制的要求亲自到现场把关,指派不具备专业资质的人员跟班盯控。

(3)施工组织不严。工作领导人对施工预想不充分,造成作业延点,收尾工作匆忙,给施工安全留下隐患。

(4)施工作业单位要落实安全管理责任,强化现场作业控制,切实加强对工班长、工作领导人、监护人、工作票签发人的管理。强化安全技能培训教育,提高专业防护技能,增强安全责任意识和作业现场卡控能力。

12. 臆测停电攀支柱,不幸走向不归路

事故概况:2020 年 4 月 8 日,××段××公司施工队 9 人配合××工务机械段进行大型机械化养路作业(作业时间为 10:30—13:40),作业现场负责人甲随大型机械进行接触网测量及停电调整作业(计划停电时间为 11:40—13:10),当测量到 19 号支柱处时,测量人员乙发现该处定位拉出值为 260 mm,超

标准设计值 200 mm。11 时 15 分，同组作业人员丙和丁调整光学测量仪进行复测时，忽然发现身后电光一闪，转身发现 19 号接触网支柱上部的乙已坠落至接触网支柱下，后经抢救无效死亡。

事故原因：

(1)作业人员乙臆测行事，在接触网未停电，且没有得到可以上网的作业命令的情况下，误认为接触网已经停电，擅自攀上接触网支柱，是导致触电死亡事故的直接原因。

(2)作业负责人和监控人员对现场作业安全控制不力，没有及时发现并制止乙盲目上网作业，是导致触电死亡事故的间接原因。

教训和措施：

(1)现场不落实基本作业安全制度，不落实互控、他控制度。作业人员乙测量完 19 号定位后，报告丙拉出值超标，丙和丁随即蹲下进行复测，未能及时发现乙的异常举动并及时加以制止。

(2)班组安全管理存在漏洞，作业前安全预想不充分。

(3)安全思想麻痹，忽视小型辅助作业。生产力布局调整后的大型施工比较多，认为一般的测量、调整作业属小型简单作业，在一段配合时间后，轻车熟路，而忽视了互控自控。

(4)事故单位要组织开展人身安全专项检查活动，加强多元系统单位作业人员培训和管理。从停电作业工作票、安全预想、人员分工、作业监护等多方面入手，重点对车间、班组进行全面检查，抓好基本作业制度的落实，切实增强作业人员自我保护意识和专业技能。

13. 接触网断电未确认，登车顶触电成遗恨

事故概况：2020 年 1 月 3 日 21 时 55 分，××机务段××运

用车间甲、乙在整备库内对××号机车进行整备作业时，司机甲在未确认隔离开关分闸、接触网断电的情况下，登上机车顶部作业，触电身亡。

事故原因：

(1)值乘司机甲在整备作业时未确认隔离开关分闸、接触网断电的情况下，盲目用钥匙打开机车顶部天窗，登上机车顶部作业，是导致事故的直接原因。

(2)××整备车间当班隔离开关监护员未遵守隔离开关操作规程，将隔离开关备品箱钥匙和机车顶部天窗钥匙交与司机，也没有出场进行监控，严重失职，是导致事故的间接原因。

教训和措施：

(1)安全管理失控。××机务段对长交路机车作业方式和环境产生的新变化、新问题安全预想不够，没有研究制定具体的安全措施；日常对关键处所、关键岗位、关键作业缺乏有效的监管监控，尤其是对隔离开关操作员、监护人员、受电弓检查人员有章不循、有禁不止行为督促和制止不力。

(2)安全教育失效。一是事故责任人员和相关责任人员对操作隔离开关基本安全制度和程序不熟。二是日常安全培训教育和考试流于形式。三是生产力布局调整后，长交路机车作业方式和环境发生变化，有针对性的安全培训和教育未能及时跟上。

(3)事故单位要强化安全教育和现场关键作业环节卡控，认真落实《电气化铁路有关人员电气安全规则》，认真排查事故隐患，建立健全各项安全防范措施。

(4)事故单位要制定随车地线作业标准和安全措施；对固定接地装置进行全面检查，作业人员在挂地线时必须首先除锈，保证接触良好。

14. 短封线脱落成回路，两人员触电酿事故

事故概况：2018 年 7 月 31 日 4 时 20 分，××供电段××接触网工区在××站 84 号支柱进行隔离开关双引线更换作业。5 时 22 分，作业人员甲、乙在检修拆卸引线最后一个螺栓时，因引线下坠导致螺栓无法正常拆除，甲便双手托起引线晃动，致使旁路短封线脱落造成电流回路开路而被电击伤。6 时 50 分，甲经医院抢救无效死亡，乙受轻伤。

事故原因：

(1)作业人员甲在进行隔离开关双引线更换检修作业过程中，未将旁路短封线牢固固定，而是缠绕在隔离开关主刀闸与西端隔离开关引线上。当托起引线晃动时，导致旁路短封线脱落，造成电流回路开路致使甲、乙均被电流击中。

(2)该接触网工区在上行线停电检修作业时，下行线带电运行。5 时 14 分和 5 时 21 分，两列车分别在该供电臂下行方向通过。因上下行轨道回路连通，造成部分轨回流经上行轨道 90 号支柱接地线至 82 号支柱接地线构成回流通路，由于短封线脱落，隔离开关引线断开时将作业人员人体串入导电回路，造成作业人员触电。

教训和措施：

(1)专业部门对短封线的使用规定和要求不明确，没有制定短封线具体的装设位置和连接方式，导致在双线区段检修作业中缺少严格、可靠的作业标准。

(2)加强作业人员的基本电气安全知识和操作技能的培训，使其明确作业程序，掌握具体的操作方法，增强严格按标准作业的自觉意识。

(3)事故单位要加强专业管理、现场管理,特别是对关键设备的检修,要制定有针对性的作业安全卡控措施并认真监督落实。

15. 故障处理不遵章,擅登支柱命遭殃

事故概况:2018 年 8 月 26 日 21 时 30 分,××供电段××接触网工区管内的接触网设备故障。21 时 35 分,该工区出动 16 人巡视设备,22 时 07 分,到达区间 48 号支柱,发现××次机车后弓损坏,司机请求处理。22 时 20 分,工长将人员分成两组,工长甲等 9 人在此检查设备及处理受电弓。副工长乙等 7 人向××站方向扩大巡视,22 时 58 分,巡视发现 114 号支柱反定位管被打弯,乙派 4 名作业人员向西侧扩大巡视,与丙、丁等 3 人在 114 号支柱看守。乙接到前方 108 号支柱的定位管被打脱的汇报后,前去查看设备损坏情况,派丁向××站侧巡视,让丙在 114 号支柱处等候。23 时 07 分,丙从对讲机断续听到工长甲喊话“两端接地已接好,可以上去”(实际是通知机车停车位置地线已接好,可以上车顶作业),便擅自攀登至 114 号支柱上部处理故障,被高压感应电电击后吊在支柱上。23 时 11 分,副工长乙行走在 110～108 号支柱之间时,听到身后有放电声,立即跑回 114 号支柱处发现丙已吊在支柱上。8 月 27 日 1 时 55 分,经对丙全力抢救无效死亡。

事故原因:

(1)丙未经联系确认接地线设置完毕,分别违反《普速铁路接触网安全工作规则》第六十九条“遇有特殊情况需停电作业时,应增设接地线,并在加强监护的情况下方准作业”和第七十一条 V 形停电作业接地线设置时,“两接地线间距大于 1 000 m 时,需增

设接地线”等规定，擅自攀登支柱上网作业，触及已停电但未采取任何安全措施的接触网设备，是导致触电死亡事故的直接原因。

(2)工长甲忽视日常安全管理，抢修联系用语不规范，没有自报和直呼姓名，没有报清作业内容，造成丙误听误上，是导致触电死亡事故的间接原因。

教训和措施：

(1)事故单位及工区安全管理存在漏洞，班组管理工作薄弱，防护措施执行不严格。

(2)干部作风不实，安全逐级负责制不落实。干部未按规定到施工现场盯岗，导致弓网事故处理过程中引发了抢修作业人员触电死亡事故。

(3)抢修巡视范围较大，现场组织指挥混乱，副工长在扩大巡视中安全监护不力。

(4)事故单位要加强现场作业控制，作业前和事故抢修前精心组织，合理分工。作业中严格执行作业标准化用语，完善事故抢修应急预案，加强人身安全控制，事故抢修中严禁单岗作业，切实杜绝违章指挥、盲目蛮干的突出问题。

16. 电气化区段攀车顶，高压电击倒茶炉工

事故概况：2020年1月4日12时25分，××段乘务车间担当乘务的××次列车到达××站，停靠站台准备折返。该列车茶炉工甲打开6号车厢反面车门，由列车背面攀上5号车厢顶部准备处理锅炉烟筒排烟不畅问题，被接触网高压电击中后当场死亡。

事故原因：

(1)茶炉工甲违反《电气化铁路有关人员电气安全规则》第

9条“机车、动车及各种车辆上方的接触网设备未停电并办理安全防护措施前，禁止任何人员攀登到车顶或车辆装载的货物上”和第26条“电气化铁路区段，当列车、动车组在运行途中发生故障，机车司机、动车组司机、动车组机械师等需上车顶作业时，严格按照相关规定办理停电手续并做好安全防护措施后，方能作业”之规定，擅自攀登车厢顶部捅锅炉烟筒，被高压电电击，是导致触电死亡事故的直接原因。

(2)××段乘务车间客运车队及××次乘务组，对列车乘务人员管理存在疏漏，规章制度执行不严，尤其是对茶炉工、餐车等关键岗位作业人员的安全卡控不力，是导致触电死亡事故的间接原因。

教训和措施：

(1)电气化铁路的安全培训只停留在会背、考试合格是远远不够的，最为关键的是增强安全敬畏意识、提高严格按章作业的自觉性。

(2)要加强电气化区段作业人员的安全培训和警示教育，严格督促执行电气化铁路安全规程和措施，认真落实联防联控制度，杜绝此类事故重复发生。

17. 盲目攀登机车顶，高压击中人丧生

事故概况：2019年6月12日15时10分，××机务段司机甲与副司机乙准备对刚经过中修的××号机车进行上水阻和功率整定试验作业，该机车司机室内有司机甲、副司机乙等4人。甲在副操纵台上对乙说：“不知空调挡水板放好没有，要上去看一看。”乙回答说：“过一会儿我到水阻试验台上看。”甲通过机车通道爬上车中部的车梯上了车顶，被接触网高压电击中后，从司

机室右上方坠落至旁边的排水沟内，经送医院抢救无效死亡。

事故原因：

(1)司机甲在接触网未停电的情况下，违反《电气化铁路有关人员电气安全规则》第 26 条“电气化铁路区段，当列车、动车组在运行途中发生故障，机车司机、动车组司机、动车组机械师等需上车顶作业时，严格按照相关规定办理停电手续并做好安全防护措施后，方能作业”之规定，盲目攀登车顶进行作业，是导致触电死亡事故的直接原因。

(2)驾驶室内副司机乙及其他几名人员看到司机甲盲目攀登车顶时，没有及时提醒和制止，不落实劳动安全联防互控措施，是导致触电死亡事故的间接原因。

教训和措施：

(1)事故单位对作业人员的劳动安全教育不到位。该段无职工死亡事故安全期近 30 年，干部职工安全思想麻痹，放松了职工安全教育培训。

(2)安全管理不到位。该段对机车在外段检修没有制定切实可行的控制措施；部分干部工作作风不实，在劳动安全制度、措施的落实上抓得不细，安全关键点控制不力。

(3)事故单位要认真落实安全生产逐级负责制，加强安全教育，牢固树立“安全第一”的思想，切实落实作业现场联防互控制度。

18. 躲避列车中断监护，不听命令导致事故

事故概况：2019 年 4 月 5 日，××供电段××接触网工区在××站内带电检调隔离开关。当隔离开关调整完毕处于分闸状态时，有一货物列车开来，工作领导人甲命令操作人员乙原处不

动，待车过后再行作业，但操作人乙却在列车通过作业地点时，擅自拆除隔离开关短接线。因开关处于分闸位置，短接线拆除的一刹那，负荷电流通过操作人乙的身体构成回路，致操作人乙当即死亡。

事故原因：

(1)操作人乙没有听从工作领导人的指挥，违反《普速铁路接触网安全工作规则》第六十九条检修隔离开关等作业时，“应用不小于 25 mm^2 的等位线先连接等位后再进行作业”之规定，擅自拆除隔离开关短接线，是导致触电死亡事故的直接原因。

(2)工作领导人甲虽然在列车通过时命令操作人员原地不动，但在躲避列车时却站在了隔离开关另侧线路，列车通过时阻隔了对接触网上作业人员的监护视线，是导致触电死亡事故的间接原因。

教训和措施：

(1)安全规程的每一项作业标准，都是用鲜血和生命换来的。此事故说明了作业有章不循、违章蛮干的严重性和危害。工作领导人甲未在隔离开关同侧线路实施不间断监护，未能及时发现和制止作业人员的违章作业行为。

(2)事故单位各级管理人员在电气化施工作业现场，必须做到精力集中，监护到位，确保作业人员人身安全。

19. 抛皮尺触及接触网，测量工电击致身亡

事故概况：2018 年 4 月 5 日 14 时 05 分，××局工务勘测设计所路基设计室一行 5 人组成的外业勘测组，在××线进行危岩整治测量作业，测量工甲站在线路右侧路堑边坡高约 20 m 的平坦处，用皮卷尺从上往下抛掷测量路堑边坡断面时，皮卷尺

(经查皮卷尺内嵌有 4 根金属丝)触及 27.5 kV 高压接触网线，导致甲当场触电死亡。

事故原因：

(1)测量工甲安全意识薄弱，违反《电气化铁路有关人员电气安全规则》第 6 条“为保证人身安全，除牵引供电专业人员按规定作业外，任何人员及所携带的物件、作业工器具等须与牵引供电设备高压带电部分保持 2 m 以上的距离，与回流线、架空地线、保护线保持 1 m 以上距离，距离不足时，牵引供电设备须停电”的规定，盲目抛掷皮卷尺进行测量作业触及接触网，是导致触电死亡事故的直接原因。

(2)路基设计室主任乙作为此次测量作业的现场负责人，没有针对此次测量作业现场的特殊地形和根据电气化区段的有关安全规定，进行安全预想，研究制定确保安全的测量方法。对作业现场的危险因素和特殊作业条件的测量作业监控不力，是导致触电死亡事故的间接原因。

教训和措施：

(1)皮卷尺不是绝缘的，为使其保持准确度，其内嵌有金属丝。因此，在接触网和自闭线附近，千万不要放风筝，抛掷皮卷尺、绳索、电线等，各单位要以此教育员工从中吸取教训，引以为戒。

(2)电气化区段施工作业单位和部门，在电气化区段施工作业前，要组织安全措施的学习培训，组织对作业场所和周边环境安全隐患的检查，尤其是危及作业人员安全的危险因素，要组织研究和制定安全措施，严格履行告知、提醒和警示义务，确保作业人员人身安全。

20. 缺乏常识盲目救人，跨步电压致死其身

事故概况：2018年12月23日，××供电段大修队在××站下锚处利用绝缘挂梯带电调整锚支吊弦，由于锚支接触线较高，挂梯挂好后人在地面上不好扶，接触网工甲便登上车站围墙，蹲在墙上扶着梯子。当操作人乙由挂梯上网接近接触线时，扶梯人甲突然从围墙上站起，与乙共同短接了绝缘挂梯有效绝缘部分。甲乙两人触电后均撒不开手。地面接触网工丙看到后，急忙跑向绝缘挂梯，想拉开绝缘挂梯救人。但人未到绝缘挂梯跟前，丙突然大叫一声触电倒地死亡。

事故原因：

(1)甲蹲在围墙上扶绝缘挂梯，这一严重违章行为是导致触电死亡事故的主要原因。因为蹲在围墙上扶挂梯，肯定会短接绝缘挂梯一定的有效绝缘长度；而当甲蹲累了突然站起来时，便将绝缘挂梯的有效绝缘部分短接，而乙又未到网上，乙与接触网、甲与乙间空气间隙击穿放电，电流入地。

(2)对作业人员安全意识和业务技能教育培训不力，致使丙缺乏对跨步电压危险性的认识，盲目应急救援而进入危险区域拉绝缘挂梯，是导致触电死亡事故的重要原因。

教训和措施：

(1)作业人员缺乏绝缘挂梯有效绝缘长度安全知识，特别是缺乏跨步电压方面安全防护知识，盲目进行应急施救，是事故发生的主要教训。

(2)要对作业人员进行电气安全常识的系统化培训教育，针对事故暴露的问题，要制定完善应急救援预案，并督促认真学习和演练。

第二节　高处坠落事故案例分析与事故预防

电气化铁路的畅通和安全运营，必须有良好的设备做保障；而良好的设备，又离不开精检细修。电气化设备的维修多数都是高处作业，高处坠落是高处作业中的多发性伤害事故，是电气化铁路劳动安全的防控重点之一。

1. 电杆埋深不到位，致人伤亡惹大事

事故概况：2023 年 4 月 25 日 13 时 11 分，××供电段在××线××站至××站间进行电力贯通线检修作业时，电杆突然倒塌(三联耐张杆)，致使杆上作业的 2 名电力工摔下，造成 1 人死亡、1 人受伤。

事故原因：

(1)××安装公司送变电分公司建设施工时，未按设计图要求对该贯通线电杆进行埋深处理(设计要求为埋深 2.3 m，事故发生后 3 根电杆自东往西现场检测埋深依次为 0.63 m、0.9 m、0.78 m)，导致电杆抗倾力不够，是造成此次事故的主要原因。

(2)××供电段检修人员在撤除东边一侧的防风拉线后，在失去防护作用的情况下，2 名作业人员分别在杆上作业产生扰动，使电杆失稳造成 3 根电杆接连发生倾覆，是造成此次事故的重要原因。

教训和措施：

(1)电杆埋设施工单位未按设计图要求施工，电杆埋深严重不足，偷工减料，是事故发生的直接原因，教训深刻，同时反映了设备管理单位对施工缺乏监督控制，疏于管理的严重问题。

(2)设备管理单位必须严格施工关键环节的盯控和监督检查,强化设备源头质量控制,及时发现并制止违规施工、盲目作业的问题,对不按规定施工的问题严肃查处。

(3)相关单位要健全完善电杆上部作业的安全措施,不得随意撤除防风拉线,要通过案例教育现场作业人员严格按标准作业。

2. 电杆状态存隐患,折断坠地人遇难

事故概况:2019 年 4 月 1 日,××供电段××供电车间在××线××站至××站间检修电力设备,电力工甲在杆上作业时,因电杆钢筋锈蚀中部折断坠地受伤,经医院抢救无效死亡。

事故原因:

(1)该电杆内部存在生产源头性质量隐患,断口范围内共计 18 根预应力钢筋,有 4 根为新断痕,其余 14 根均为陈旧性断痕,加之在作业过程中因作业人员自重及移动时产生的振动导致电杆从距地面 3.08 m 处折断是造成事故的主要原因。

(2)电杆施工单位对施工用料质量卡控不严,造成存在内部质量隐患的电杆安装使用,是造成事故的次要原因。

(3)设备管理单位对停用电力线路设备管理不到位,也是造成事故的一个原因。

教训和措施:

(1)电杆源头质量不良是造成事故的主要原因,但也暴露设备管理单位对零小施工维修作业计划和组织管理不到位,作业过程安全风险研判控制工作落实不力,设备专业技术管理不到位等问题。

(2)要高度重视零小施工安全管理,将零小施工及维修作业纳入单位生产组织管理体系进行有效管控。

(3)要加强作业过程中的安全风险研判和控制，指导督促车间工区严格执行班前安全风险研判和作业过程安全卡控制度，强力推进车间、工区有效落实安全风险管控措施。

(4)要严格落实设备采购，强化落实施工、改造竣工技术资料交接制度和资料归档工作。

3. 安全带使用不当，作业中坠落摔伤

事故概况：2019年2月27日，××供电段××供电车间配电室电源二线路45号杆电缆烧损，7时40分，车间组织人员在电源二线路36号电杆电源侧、74号电杆负荷侧分别挂1号、2号高压接地封线各1组；11时30分，电缆故障处理完毕。××电力工区工长甲安排乙、丙拆除74号电杆负荷侧2号高压接地封线，操作人为丙，监护人为乙；11时40分，丙在74号杆上转身拆除C相接地封线时，因安全带系绳的保险钩环松脱，安全带从固定挂点滑出导致丙坠地摔成重伤。

事故原因：

(1)操作人丙在登杆作业使用安全带时未锁好保险环，转身拆除74号杆接地封线前未检查确认安全带钩环状态，安全带钩环松脱是导致事故发生的直接原因。

(2)监护人乙没有对高处作业人员的作业全过程进行不间断监护，未及时提醒丙正确使用安全带，是导致事故发生的间接原因。

教训和措施：

(1)高处作业时的安全带就是救命带，如果不按规定使用而冒险蛮干，就会导致此类事故的重演，相关人员对此惨痛教训要

深刻汲取。

(2)要加强职工的安全培训和警示教育,要督促作业人员工前认真检查安全用具,确认状态良好,作业中严格按规定使用。

4. 攀登支柱未抓牢,高坠身亡命不要

事故概况:2019 年 3 月 15 日,××供电段××车间接触网工区在××线××站至××站间,利用天窗进行接触网悬挂检修和清扫绝缘子作业,接触网工甲从作业车平台上攀登至支柱上部,准备将安全带围套在钢柱过程中,因未做到手把牢靠、脚踏稳准,不慎从 18 m 高的接触网支柱上坠落至桥下的河床,经医院抢救无效死亡。

事故原因:

(1)接触网工甲在作业难度较大、危险性较高的桥梁上部接触网支柱上作业时,违反《普速铁路接触网安全工作规则》第四十五条"攀登支柱时要手把牢靠,脚踏稳准,尽量避开设备并与带电设备保持规定的安全距离"之规定,攀登支柱未手把牢靠、脚踏稳准,有章不循、忽视安全,未按规定使用安全带和辅助安全绳,是导致事故发生的直接原因。

(2)事故单位对作业人员安全教育、技能培训不到位,以及监控人员履行职责不力是导致事故的间接原因。

教训和措施:

(1)高处作业过程中,每一个作业环节的每一个步骤都要确认安全位置,确保手把牢靠,每一次位置移动都应确认安全绳的分部挂点与安全带绳钩环固定情况,在攀爬到位后准备挂安全带系绳时要抓稳站牢,切不可放松警惕。

(2)事故相关单位要针对事故暴露的问题,强化作业人员的安全意识、实作培训和演练，提高其登高作业的自我保护和实作技能。

(3)要加强安全监控人员的管理，使其充分发挥监督检查作用，严格履职，及时提醒并有效把控关键作业环节。

5. 防护用品当儿戏，踏空坠落被摔死

事故概况：2020 年 2 月 21 日 10 时 05 分，××供电段××工区进行下行正线作业时，工作领导人甲安排人员处理 2 月 20 日晚巡视发现的 31 号腕臂偏移 450 mm 问题，因此时驻站联络员通知下行有单机通过，工作领导人甲通知作业组将车梯从下行正线抬到五线，作业人员乙登上横梁软横跨，从五线下横梁结束作业，当乙准备顺腕臂下车梯时未使用安全带，脚未踩到车梯而坠地，经医院抢救无效死亡。

事故原因：

(1)乙自我安全保护意识淡薄，高处作业不使用安全带，造成踏空坠亡，是导致坠落死亡事故的直接原因。

(2)监控人员未及时发现并制止高处作业人员的违章行为，是导致坠落死亡事故的间接原因。

教训和措施：

(1)高处作业移动位置不挂安全带，将劳动防护用品当儿戏是此事故的主要教训。

(2)要加强登高作业人员安全意识教育、实作培训和演练，提高其登高作业自我保护和实作技能。

(3)要严格落实高处作业专人监护制度。停电作业时，每个监护人的监护范围不得超过两个跨距，在同一组软横跨上作业时不超过 4 个股道，确保监控到位。

6. 失稳滑落挂空中，惨遭车撞丢性命

事故概况：2020 年 2 月 14 日 8 时 28 分，××公司项目部××作业队在××线进行接触网调线作业，劳务工甲未挂安全带便向接触网腕臂处移动，因身体失稳滑坠侵线同时引发接触网线弹动，造成另劳务工乙失控坠落，乙的身体被安全带倒挂侵入下行正线，两人先后被此时通过的××次旅客列车车厢顶部空调等设备碰撞死亡。

事故原因：

(1)作业人员作业技能不扎实，在网上作业失稳滑落侵线，未按规范要求使用安全带，遇意外情况时安全带未能起到应有的防护作用，是导致事故发生的直接原因。

(2)施工单位在铁路营业线施工作业中，安排不具备防护员资质、不熟悉施工安全防护业务的人员担当防护，应急处置能力欠缺，没有及时采取措施拦停列车，是导致事故发生的间接原因。

教训和措施：

(1)此起事故的主要教训就是将施工安全防护当儿戏，安排不具备防护员资质、没有应急处置能力的人员担当防护，错失防止事故的时机。

(2)施工单位要高度重视施工现场安全防护工作，严格执行《铁路营业线施工安全管理办法》的规定要求，铁路营业线施工维修作业的劳务工必须由具有带班资格的正式职工带领，劳务工不得单独上线作业；施工维修作业必须由经过培训合格的职工担任防护员，劳务工不得担任防护工作；施工维修作业要严格按照规定设置现场施工安全防护，防护人员要切实履行防护职责，认真做好安全防护工作。

（3）铁路营业线施工、维修单位要加强对劳务工的施工安全培训，按照三级安全培训教育要求，根据施工维修作业内容进行应知应会和安全专业技术培训；做好特殊作业岗位的安全技能培训，特殊作业人员必须持证上岗，严格按规定配备和使用劳动防护用品，强化现场的安全监护与监督检查。

7. 不顾安全违章断线，导致重伤后悔已晚

事故概况：2019 年 9 月 8 日，××供电段××接触网工区工作领导人甲带领 16 名作业人员在××站利用 80 min 给点更换Ⅲ道接触线，具体作业内容是拆除旧线悬挂定位后，安装新线悬挂定位，再从接触网上取下旧线。由于工作量大，现场作业人员少，要令人向电调申请延点 20 min，电调同意并要求尽快完成。快到延点结束时间时，操作人员乙、丙在车梯上用钢锯锯切旧接触线，当锯至 2/3 截面时，旧接触线的自身张力导致其被突然拉断，惯性作用将车梯上的乙带落坠地并摔成重伤。

事故原因：

（1）在接触线有张力情况下，违章用钢锯锯断接触线，是造成这起事故的直接原因。

（2）工作领导人甲监护不力，没有对乙、丙这种违章行为及时发现并予以制止，是导致事故的间接原因。

教训和措施：

（1）在效率与安全发生矛盾的情况下，工作领导人甲没有摆正两者之间的关系，只考虑延点结束时间影响列车运行，忽视了作业人员人身安全，而“抢”出事故。

（2）大型施工作业要根据施工内容和工作量合理调配劳动力，在确保作业人员安全前提下按时完成工作任务。

8. 高处挂线严重违章，失手坠落导致重伤

事故概况：2019 年 8 月 23 日，××供电段××接触网工区在××站下行停电处理缺陷。要令人甲要好停电作业命令后，通知作业组两端验电接地。东端接地线为乙、丙 2 人。乙担任监护，丙接地线。丙验明无电后，即攀登 19 号支柱，当登至 5 m 高时，准备将地线挂于接触线上，因手未抓牢而从高处坠落，左腿、右臂骨折构成重伤。

事故原因：

(1)丙在高处挂地线时未按规定系挂安全带，未按规定手抓牢靠而从高处坠落，是导致事故的直接原因。

(2)当丙攀杆挂地线时，监护人乙却在做其他事情，未严格履行监护职责，是导致事故的间接原因。

教训和措施：

(1)验电和装设、拆除接地线必须由两人进行，一人监护、一人操作。监护中不得做其他无关事情，而中断对操作人验电和装设、拆除接地线的监护。

(2)操作人员攀杆装设或拆除接地线时，必须按规定系好安全带，以防失手坠落。

(3)操作人员攀登支柱挂地线危险性大，应采用长地线杆在地面挂地线的方式，确保作业人员的人身安全。

9. 超速推行车梯掉道，操作人员坠落摔伤

事故概况：2020 年 4 月 27 日，××供电段××接触网工区工作领导人甲带领作业组配合工务部门抬道，调整拉出值作业。由于在曲线处推行车梯的速度过快造成车梯掉道，车梯上部的

操作人乙、丙坠地受重伤。

事故原因:

(1)推车梯人员没有时刻注意保持车梯的稳定,在曲线处违规以 7 km/h 的速度推行车梯,致使车梯掉道造成 2 人坠落受伤,是导致事故的直接原因。

(2)工作领导人未指定车梯负责人,安排工作未着重强调限速推行车梯,严防人身伤害问题,是导致事故的间接原因。

教训和措施:

(1)推行和使用车梯必须有专人负责,并着重强调推行车梯的注意事项。当车梯上有人时,推车梯速度不得超过 5 km/h,并不得发生冲突和急剧起车、停车。

(2)工作台上操作人要与车梯负责人呼唤应答配合默契,推动车梯时应听从工作台上人员指挥。

10. 身体疲倦登高作业,高坠受伤多处骨折

事故概况:2018 年 4 月 21 日 2 时,××供电段××接触网工区接触网工甲乘火车返回工区后,参加当日白天在××站进行的停电作业。当甲登杆作业时因体力不支,从约 5 m 高处失手坠落,造成左脚踝骨骨折和腰椎 2、3 节压缩性骨折。

事故原因:

(1)甲因睡眠不足、体力不支导致登杆作业坠落受伤,是事故发生的主要原因。

(2)该工区工长安全预想不到位、作业分工不当,是导致事故的重要原因。

教训和措施:

(1)接触网工所从事的高处作业危险性大,患有职业禁忌证

或身体疲倦的人员严禁参与此类作业。

(2)作业人员在特殊情况下如睡眠不足、连续加班作业等，应主动向现场作业负责人提出请求临时调整工作。

(3)工长知晓该职工后半夜回到单位，休息不好，在分配工作时应调整安排一些辅助工作，以避免人身伤亡。

11. 安全带系位错误，作业中发生事故

事故概况：2019年10月21日，××供电段××接触网工区工作领导人甲带领14名作业人员处理××区间91号支柱腕臂偏移问题。作业前，甲要求操作人乙把腕臂鞍子的U形螺栓松开，用脚将腕臂蹬正，再将螺栓紧固好。由于乙是技术不熟练的新职工，耗时很久也未松开锈蚀严重的螺母。甲又派丙上杆帮助乙卸螺母，丙上杆后站在接触线上，手够不到承力索的鞍子螺母，就将安全带拴系在斜拉线上，脚踏在接触线上，左手拉住吊弦，右手卸螺母，仍卸不动。丙便上到承力索上，双手同时用力，斜拉线就在其用力瞬间突然绷断，丙的安全带滑出导致从高处坠地，地面人员丁用双手托了一下，丙左眼被道砟划破失明，丁的小拇指被丙的扳手砸成粉碎性骨折。

事故原因：

(1)丙未按规定系挂安全带，没有检查斜拉线的腐蚀和回圈处铁线的磨损情况(4号铁线制成的斜拉线之回圈处截面已磨损1/4)，再加上锈蚀并受力过大而断裂，致丙坠地，是导致事故的直接原因。

(2)对作业人员安全教育、技能培训不到位，是导致事故的间接原因。

教训和措施：

(1)作业前未按规定将安全带系在承力索或腕臂上，两名作业人员将安全带先系挂在斜拉线上，作业时也未将安全带及时倒换挂在承力索或腕臂上。

(2)作业人员登上接触网线后，没有用手摇动或用脚猛踩以检查人体承重部件的牢固性。

(3)工作领导人未有效监护高处作业人员的行为，未能及时发现并纠正安全带拴挂位置不当问题。

(4)作业人员要始终建立对安全的敬畏之心，始终把作业安全措施放在第一位；工作领导人在布置工作时必须研判作业安全风险，时刻关注和纠正现场的不安全行为，确保作业人员安全。

12. 安全带状态不良，作业中坠落摔伤

事故概况：2019 年 4 月 5 日，××供电段××接触网工区在××站清扫绝缘子，当接触网工甲清扫至 24 号支柱的定位绳绝缘子时，安全带的保险钩环突然脱开，甲从高处坠落受重伤。

事故原因：

(1)该工区 1 名实习生作业前发现并向甲指出安全带的保险钩环不好，甲置之不理，使用中保险钩环脱开是导致高处坠落伤害的直接原因。

(2)对作业人员安全教育、技能培训不到位，工区对安全带的检查、更新不到位，是导致事故的间接原因。

教训和措施：

(1)这起事故的教训，就是明知安全带存在隐患，仍然冒险使用。

(2)每次使用安全带前,必须检查确认安全带及附属配件的质量状态良好,使用中,特别要注意确认安全带的保险钩环锁闭良好。

(3)工区要加强安全带的定期检查,发现安全带及其附属配件的质量状态不良,要及时维修或更新。

13. 车梯底座有问题,倾倒伤人致残疾

事故概况:2020 年 4 月 5 日,××接触网工区利用车梯在××站进行停电作业,车梯推行过程中因掉道倾倒,操作人甲从车梯上掉下,大腿骨折、门牙掉 4 颗构成重伤。

事故原因:

(1)车梯底座不平造成 4 个轮子不在一个平面内,加之推行速度过快,是导致坠落伤害的直接原因。

(2)未按规定定期检查试验车梯各部螺栓、焊接部分、框架、轮子、底座等状态,使用前也没有按规定检查,没有及时发现并处理隐患是导致坠落伤害的间接原因。

教训和措施:

(1)要定期检查确认试验车梯的质量状态良好,并坚持做好使用前检查。

(2)使用车梯时应指定车梯负责人;推动车梯人员应听从工作台上部人员的指挥。车梯负责人要与工作台上操作人员呼唤应答。

(3)工作台上有人时,推动车梯的速度不得超过 5 km/h,并不得急剧起车、停车,不得发生冲击。

14. 事故抢修违章蛮干,空中跨越摔伤截瘫

事故概况:2021 年 11 月 20 日凌晨,××站 5 道接触网发生

断线事故，因接触线断头正好处于停留机车正上方，需登上电力机车顶部进行抢修作业。电力机车司机当时不在，接触网工甲既未经抢修事故负责人同意，也没有提醒作业组成员扶稳放在两线间车梯的情况下，擅自登上车梯顶部，当从车梯顶部向电力机车顶部跨越时脚下打滑，从车顶坠落，造成高位截瘫。

事故原因：

（1）甲登机车顶部时，没有得到抢修负责人的同意，擅自从两线间无人把扶的车梯上向机车顶部跨越，同时因机车顶部的厚霜造成甲脚下打滑跌落，是导致坠落伤害的直接原因。

（2）对作业人员安全教育、技能培训不到位，以及现场负责人对登高作业人员监护不力是导致事故的间接原因。

教训和措施：

（1）作业人员急于抢修设备开通线路，而忽视安全防护和作业安全卡控，教训极其深刻。

（2）作业人员要听从事故抢修负责人的统一指挥调遣，服从分工、做好配合，遵章守纪、忙而不乱，才能安全、及时、有效、快速处理事故。

（3）线路上登攀机车、罐车、棚车车顶处理事故，无法系挂安全带，现场负责人要加强对车顶作业人员的监护。登车顶时手要抓牢、脚要踩稳。尤其遇到风雾雨雪等恶劣天气，更要严格执行规章，做好安全防护，严防高处坠落伤害。

15. 患病发烧攀铁塔，体力不支人摔下

事故概况：2018 年 8 月 6 日，××供电段××接触网工区作业人员甲、乙在××站登上铁塔除锈涂漆，丙为监护人。甲和乙上塔前，丙提醒两人天气炎热、手要抓牢、脚要踏实，上去后要扎

好安全带再涂漆作业，当甲爬至约 10 m 高处时失手摔下，坠落至道岔的调控手柄上当场死亡。

事故原因：

(1)甲因感冒发烧而身体不适，没有告知工作领导人病情，烈日下攀登铁塔致体力不支是导致坠落伤害的主要原因。

(2)作业前，工长、工作领导人均未及时注意到甲的身体状况不良，安全卡控不到位，是导致坠落伤害的重要原因。

教训和措施：

(1)登高作业危险性高、消耗体力大，特别是夏天烈日下作业更加艰难，如遇患病发烧、身体疲劳等情况，要主动向工作领导人报告，严禁冒险登高作业。

(2)相关干部、班组长要掌握现场作业人员的身体状况，关心他们的身体健康。

(3)高处作业危险性大，要督促作业人员充分休息，保证睡眠，夏季作业要切实做好防暑降温工作，切实保障作业人员的身体健康和生命安全。

第三节　其他伤亡事故案例分析与事故预防

电气化铁路的安全风险，除了触电、高处坠落伤害以外，机车车辆伤害也是伤亡事故的多发因素和劳动安全的防控重点，机械伤害、物体打击等导致的人身伤亡也占有一定比例。因此，对于这类事故的防范和控制，要予以足够重视。

1. 错误操作车溜逸，两人被撞一人死

事故概况：2020 年 5 月 30 日，××供电段在××线××站

至××站间进行接触网检修作业，接触网作业车换端起步时因司机甲操作错误而溜逸，甲没有及时发现并采取制动措施，且在GYK“空挡溜逸报警”后盲目按压“警惕”按钮解除报警，致使作业车溜逸 55 m 后撞上违章站在道心准备安装地线的作业人员乙和丙，造成乙死亡、丙重伤。

事故原因：

(1)作业车司机错误操纵车辆，盲目按压“警惕”按钮解除GYK“空挡溜逸报警”。司机从Ⅱ端切换到Ⅰ端操作，在 9‰的坡道上起步，由于 ECU(电子控制单元)输出延时、加载不足导致车辆向后溜逸且发动机熄火，溜逸 4 m 后司机制动停车。作业车变速器工作开关处于 0 位，司机实施第二次起步操作时，作业车发生第二次溜逸后 GYK 发出了“空挡溜逸报警”，报警持续 2 s 后，司机按压“警惕”按钮解除了“空挡溜逸报警”造成 GYK 未放风制动，进而车辆继续溜逸，是导致伤亡事故的主要原因。

(2)接触网工区工长丁在缺少 1 名作业人员的情况下，担任监护人，安排两名见习人员进行接地作业，且在作业中违章站在道心指挥接地，未发现作业车溜逸直至撞人，是导致伤亡事故的重要原因。

教训和措施：

(1)作业车司机错误操纵，盲目按压“警惕”按钮解除“空挡溜逸报警”，导致坡道溜车撞人；上道作业无专人防护，监护人违章站在道心指挥作业是上道作业的大忌。

(2)事故单位要强化干部职工的安全敬畏意识培育，提升安全自控互控能力，严格落实上道作业安全管理制度，督促作业人员认真学规章学业务，强化作业车司机的专业技能培训。

2. 作业中站位不当，酿事故大腿受伤

事故概况：2019年6月14日，××供电段××工区在××区间1条半径仅800 m的曲线段进行拉出值调整作业，职工甲调整××号支柱拉出值时，因接触线受力侧空间小无法站人，在未采取防止线索滑脱措施的情况下，站在接触线的受力反侧松开定位环，瞬间被接触线弹出车梯，造成大腿软组织严重挫伤，幸因身体已挂好安全带而未造成更大伤害。

事故原因：

(1)作业人员甲高处作业未采取防止线索滑脱的措施，便在接触线索受力方向的反侧松开定位环，是造成个人伤害的直接原因。

(2)对作业人员安全教育、技能培训不到位，以及现场负责人对作业人员监护不力，是导致事故的间接原因。

教训和措施：

(1)事故未造成更严重后果的原因是安全带起了作用，事实告诫我们，安全带就是救命带，必须正确使用。

(2)要认真学习并严格落实安全规章制度，《普速铁路接触网安全工作规则》第四十二条规定进行高处作业时，“人员不宜位于线索受力方向的反侧，并采取防止线索滑脱的措施。在曲线区段调整接触网悬挂时，要有防止线索滑移的后备保护措施”。

(3)要加强作业人员的安全培训和警示教育，严格督促执行电气化铁路安全规程和措施，认真落实联防联控制度，杜绝此类事故重复发生。

3. 只顾躲避上行车，侵入下行招惨祸

事故概况：2019 年 4 月 1 日，××接触网工区在××站内上行线安装接触网腕臂及定位器，工作领导人甲将作业组分成 2 个，每组 4 人。乙、丙、丁、戊一组安装至××号支柱，戊已经登上了支柱，此时由内燃机车牵引的一旅客列车经上行正线通过，乙、丙两人到二站台上避车，丁见二站台高不好上，就走到下行正线并坐在钢轨上；上行旅客列车通过时，下行正线有一货物列车也开了过来，发现有人坐于钢轨上，连续紧急鸣笛，丁没有听见也未起身，机车司机紧急制动不及将丁撞死。

事故原因：

(1)作业人员丁自我安全保护意识极其淡薄，在上行线来车的情况下，违规坐于下行正线钢轨上避车。上下行列车在车站交会通过鸣笛时，丁的注意力不集中，而误认为是上行列车在鸣笛。违规避车和注意力不集中是导致机车车辆伤害事故的直接原因。

(2)作业负责人作业中没有尽到安全监管和提醒、警示责任，是导致机车车辆伤害事故的间接原因。

教训和措施：

(1)双线作业，不但要注意本线来车，还要注意邻线车辆。避让列车时必须撤离到安全地带，不得在未封锁的线路上或两线间停留。

(2)作业组再分组后，每个小组必须安排作业负责人。负责人作业中必须履行监护职责，履行安全告知、提醒和警示义务，确保作业人员人身安全。

4. 棕绳腐蚀受力拉断，线盘翻倒一死一残

事故概况：2018年9月10日，××接触网工区工作领导人甲带领工区人员在××站的站内股道××支柱处，往轨道车平板上装一盘长1 km的钢铝线，先将4根轨枕的一端斜放于地上，另一端搭于平板车车边上；在线圈圆盘孔内插入1根粗钢管，钢管两端各绑了1根棕绳；将棕绳的一端系于平板车上，另一端由2组作业人员用力拉拽上车；要求拉拽2根棕绳的两侧人员用力均匀，线盘两侧各有2人把扶以防止线盘倾倒，保持线盘顺着轨枕向平板车上方滚动。当线盘滚动至距平板车板面约0.25 m时，左侧棕绳突然被拉断，线盘向下滚落，轨枕翻倒砸中左侧扶线盘人员，造成1人死亡、1人受伤。

事故原因：

(1)左侧棕绳因被蓄电池的硫酸溶液腐蚀而强度降低，使用前没有按规定检查，受重拉力作用后被拉断，是导致事故的直接原因。

(2)该棕绳保管不当，与汽车蓄电池堆放一起；日常更未按规定进行拉力、强度试验，是导致事故的间接原因。

教训和措施：

(1)对绳索等受力工具，日常应按规定进行拉力、强度试验，使用前应按规定认真检查质量状态，发现异状应立即停止使用。

(2)对于庞大笨重物体，应尽量使用吊车等装卸设备。若没有吊车或虽有吊车但由于条件限制无法使用，非人力装卸不可时，要预想各种安全风险并采取安全有效的保护措施，确保装卸作业的绝对安全。

5. 事故抢修盲目干，铁塔倾倒腿砸断

事故概况：2018 年 8 月 11 日，××供电段××接触网工区在工作领导人甲的带领下，前往××站处理接触网支柱断杆事故，作业程序为先组立一座临时铁塔，将断裂支柱的设备倒入临时铁塔，恢复供电行车。组立铁塔人员中有 2 人负责拉后绳，2 人负责拉左绳，乙与丙负责拉右绳，2 人负责稳固根基，14 人负责拉滑轮组大绳。在甲的指挥下，铁塔一端升起至与地面约呈 45°角时，铁塔突然向右边倒下，丙见铁塔倒向自己便赶紧跑离，但由于逃生路线与铁塔倒下的方向相同，铁塔落地砸伤丙右腿，经医院诊断为右胫腓骨粉碎性骨折。

事故原因：

(1)工作领导人甲对组立铁塔作业组织、指挥不当，是导致事故的主要原因。滑轮组在铁塔上的受力点与钢轨的受力点连线不是在铁塔的中心线上，存在较大右偏角；负责滑轮组的 14 人抢修心切，只顾一齐用力拉绳，在铁塔离开地面后没有关注铁塔倾斜情况，待工作领导人发现喊停时铁塔已向右偏斜倾倒。

(2)未事先编制此项抢险作业的应急处置预案，也没有组织有针对性的应急实战演练，致使抢险作业慌乱无序，是导致事故的重要原因。

教训和措施：

(1)主要教训在于作业前安全预想不充分，未编制应急处置方案；作业中指挥不当，慌乱无序。

(2)人工组立临时铁塔是事故抢修作业项目，必须注意防范以下四点：一是滑轮组在铁塔上的受力点与钢轨上的受力点连

线不在铁塔的中心线上，中心线与实际边线间有偏斜夹角；二是铁塔主拉人员只拉绳、不关注铁塔升起后的状态变化；三是铁塔根部滑动；四是现场组织无序，工作领导人现场指挥不当或作业人员注意力不集中。

（3）组立临时铁塔时，工作领导人既要做好分工，又要讲清安全注意事项，尤其要告诫拉铁塔的人员边拉绳边观察铁塔起升情况，拉时速度要慢，若发现铁塔倾斜需平稳放下。工作领导人要检查铁塔所挂滑轮的受力点和钢轨上滑轮的受力点，确认两滑轮组的绳索受力后所成直线的垂直投影一定要与铁塔中心线相吻合。

6. 防护不当撞车梯，躲避不及被砸死

事故概况：2018 年 7 月 19 日，××供电段××接触网工区在××区间带电综合检修。当检修到该区间一隧道北口桥上的两支柱跨中时，驻站联络员甲通知一货物列车自车站发出，作业组接到来车信息时，已能看清机车头部，现场防护人员乙手持红旗拦车未拦住，货物列车机后第 3 位车辆剐倒刚放在桥上的作业车梯并拖离，拖拽的车梯将已下道的接触网工丙撞伤致死。

事故原因：

（1）驻站联络员通知下道晚、现场防护不到位是导致事故发生的主要原因。

（2）上道作业人员安全意识淡薄，下道后的作业人员没有及时转移至安全地带，是导致事故的重要原因。

教训和措施：

（1）在繁忙干线或枢纽站作业，驻站联络员必须及时将列车发出时间信息提前通报作业组，遇隧道等通信不良地段要研判

并强化有效联控措施。

(2)要选派懂得行车防护知识、责任心强的人员担任驻站联络和现场防护工作。

(3)要教育接触网工严格遵守安全防护规章制度,掌握正确的避车知识。

(4)严禁在未封锁的线路上使用车梯,严禁作业现场的工机料具侵入机车车辆限界。

7. 作业违章又违纪,上道行走酿惨剧

事故概况:2019 年 7 月 31 日,××供电段××供电工区工长甲在无作业计划的情况下,私自安排乙带领员工丙等 2 人上道进行危树清理作业;21 时 20 分,丙在下行线道心内背对来车方向行走时,被身后驶来列车撞击死亡。

事故原因:

(1)工长甲违章指挥,在无作业计划、无工作票、未布置安全措施、未登记、未设置行车防护的情况下,擅自安排工作;作业人员臆测行事,且背对来车方向违规走道心,是导致事故的主要原因。

(2)作业人员自我保护意识淡薄,作业中未能做到坚持原则,盲从指挥,对工长违章指挥没有及时果断地提出并拒绝作业;带班人员未起到监护作用,对新入职员工作业安全监控不力,未及时制止作业人员丙违规走道心、打手机等严重违章行为,是导致事故的重要原因。

教训和措施:

(1)这起事故的主要教训,一是违章指挥,擅自安排上道作业;二是臆测行事,违规冒险走道心。这都是撞"红线"的行为。

(2)要切实抓好员工安全培训教育。日常开展好安全警示教育,每次作业前要组织员工学习典型事故案例,通过典型案例等血的教训警示、教育员工,持续增强和固化员工的安全敬畏意识。

(3)要强化红线管理,严肃职工两纪。要加大作业现场的监督检查力度,凡违反安全管理“红线”者,一律待岗,及时纠正员工的不良习惯。

(4)要加强员工铁路作业基础知识的教育培训,明确掌握上道作业、穿越线路等标准和要求。

8. 违章指挥冒险作业,上道行走车撞人灭

事故概况:2019 年 11 月 30 日,××维管段××工区工长甲擅自安排作业组 3 人利用“图定天窗点”进入栅栏上道作业,作业人员乙进入栅栏后在下行线道心内背对列车行走过程中,××次动车组列车运行至××客专下行线××站至××客运车场间××处,司机发现后刹车不及,作业人员乙被列车撞击当场死亡。

事故原因:

(1)工长甲在未按规定提报维修天窗作业计划、未安排人员设置防护的情况下,违章指挥,擅自安排作业人员利用“图定天窗点”进入栅栏上道作业,严重违反《铁路电力安全工作规程补充规定》第二十七、二十八条和《国铁集团营业线施工管理办法》第七十二条之规定,是导致事故的主要原因。

(2)作业人员乙毫无自我保护意识,违章进入栅栏上道,并冒险背对列车在道心行走,是造成事故的重要原因。

(3)该工区 3 名作业人员安全意识淡薄,没有拒绝工长甲的违

章指挥，盲目服从，在未设防护的情况下，违章进入栅栏，对同组作业人员乙冒险在道心行走未及时制止，也是造成事故的原因之一。

教训和措施：

(1)针对这起事故暴露的问题，要吸取教训，加强工、班长的法律意识、责任意识和安全意识教育，杜绝违章指挥冒险作业的行为。

(2)加强作业人员的法律知识和安全知识教育，运用这个惨痛案例开展警示教育，引导职工勇于拒绝违章指挥的冒险作业，督促其严格遵章守纪、按标准作业，并在作业中认真开展劳动安全联防联控，及时发现制止违章行为，防止事故发生。

(3)认真梳理施工维修作业管理存在的隐患和问题，严格施工维修作业管理，严格施工维修计划提报审批，严格作业防护设置，坚决杜绝无计划、无防护随意上道作业。

(4)强化干部现场检查监控，严格落实安全红线、底线管理，严肃整治违章指挥、违章作业，严肃整治违反作业纪律和劳动纪律的行为，强力推进作业标准化落实。

9. 设备缺陷加失误，腕臂抽脱出事故

事故概况：2020 年 5 月 9 日 7 时 12 分，××供电段××网工区对××站接触网设备综合检修，××支柱上部的作业人员甲发现平腕臂的铁锚压板固定螺母松动，便吩咐同组监护人乙找出备用螺母，准备更换，在乙翻找备用螺母的同时，平腕臂突然从棒式绝缘子金属附件管内抽脱，甲佩戴的安全带系绳直接从平腕臂抽脱处滑出，甲从高处坠落摔伤，经医院抢救无效死亡。

事故原因：

(1)甲在高处作业过程中，发现该支柱平腕臂插入附件管深

度不足、螺母与螺栓不匹配后，安全意识淡薄，仍然将安全带系绳拴挂于平腕臂上，在平腕臂抽脱时安全带失去作用，是导致坠落伤害事故的主要原因。

(2)施工单位作业人员责任心不强，该支柱平腕臂与绝缘子金属附件支柱侧的U形卡箍螺栓紧固时力矩不足，当线路侧的U形卡箍脱落后，支柱侧的U形卡箍也没有起到卡紧平腕臂的作用，导致平腕臂从绝缘子金属附件中脱出，是导致坠落伤害事故的重要原因。

(3)监护人安全预想不全面到位，对甲说过的平腕臂铁锚压板螺母松动问题，没有进一步预想平腕臂抽脱的严重后果，未能尽到监护、提醒责任，也是导致事故的一个原因。

教训和措施：

(1)作业人员已经发现支柱平腕臂处存在严重隐患，却没有采取措施防止隐患酿成事故，是这起事故的主要教训。

(2)高处作业人员作业时必须将安全带系绳拴挂于安全牢靠的地方。

(3)施工单位要加强作业人员的责任意识教育，督促职工严把施工质量，消除安全隐患。

(4)监护人员要时刻注意作业人员的安全状态，研判可能存在的风险，及时发现并制止作业人员的不安全行为。

10. 知来车仍不避让，被撞飞当场死亡

事故概况：2018年3月7日，××供电段××网工区配合其他工区恢复处理设备故障，具体负责更换××支柱处损坏的承锚补偿器。22时15分，工长甲手机联系作业车司机助理乙，让其通知丙、丁两人携带对讲机、照明灯具及个人防护用品前往

××站××支柱处配合其他工区接挂地线，并通知工区驻站联络员戊做好行车防护，同时安排监管人员庚在作业车处为两人做好现场防护。22 时 16 分，丙和丁沿Ⅲ道田野侧路肩向目标支柱行走，因前方有道岔转辙机阻挡，且田野侧有涵洞桥护栏，路肩的道路较窄无法行走，于是进入Ⅰ道道心内背向来车方向行走。通过转辙机后，22 时 31 分至 34 分间，驻站联络员共 3 次通知现场作业人员“下行有车，注意避让”。丙接通知后均用对讲机回复：“下行来车，丙明白。”22 时 34 分，监管人员庚又通知丙：“下行正线有车通过，注意避让。”丙用对讲机回复：“下行正线通过，丙明白。”随后仍在道心行走，大约前行 5 m 行至涵洞桥护栏处时，被身后开来的客运列车撞飞至田野侧绿化带中。经现场检查确认丙已当场死亡。

事故原因：

(1)作业人员丙自我安全保护意识极其淡薄，违章行走道心，且在接到驻站联络员、监管人员通报下行来车以及丁的劝阻后，仍盲目行走道心，不及时下道避车，是导致事故发生的直接原因。

(2)工长甲安排作业人员在天窗未开始的情况下，就开始作业前的准备工作，且在到达作业现场进行人员分工时，未直接向作业人员下达分工命令、布置安全措施，而是通过该工区的轨道车司机助理向作业人员传达分工命令和安全措施，严重违反标准化作业程序，是导致事故发生的间接原因。

教训和措施：

(1)从事故发生过程来看，丙的死亡是由于自己有章不循、盲目蛮干、臆测行事、任性作为造成的，其教训极为深刻。

(2)要加强现场作业标准化的监督检查力度，发现严重违章行为，必须予以严肃追责考核；同时运用警示教育等手段，强化职工自我安全保护意识，提高遵章守纪的自觉性。

(3)现场作业负责人在作业前必须组织开展有针对性的安全预想，向作业人员布置相应的安全措施，做好全过程的安全监控，督促作业人员严格按标准作业。

附录一

电气化铁路有关人员电气安全规则

（铁运〔2013〕60 号）

第一章 总　　则

第 1 条　为保证电气化铁路沿线有关人员人身安全，防止触电伤亡事故，特制订本规则。

第 2 条　新建电气化铁路在牵引供电设备送电前 15 天，建设单位应将送电日期通告铁路沿线路内外各有关单位。自通告之日起，视为牵引供电设备带电，有关人员均须遵守本规则相关规定。

第 3 条　电气化铁路沿线路内外各单位需组织学习本规则的相关内容。电气化铁路相关作业人员每年至少进行一次安全考试，考试合格后，方准参加作业。

第 4 条　牵引供电专业人员遵守本规则和牵引供电的专业规定。

第 5 条　对于违反本规则的单位和人员，按有关规定追究其责任。

第二章 一般安全规定

第 6 条　为保证人身安全，除牵引供电专业人员按规定作业外，任何人员及所携带的物件、作业工器具等须与牵引供电设备高压带电部分保持 2 m 以上的距离，与回流线、架空地线、保护线保持 1 m 以上距离，距离不足时，牵引供电设备须停电。

第 7 条 电气化铁路区段，具有升降、伸缩、移动平台等功能的机械设备进行施工、装卸等作业时，作业范围与牵引供电设备高压带电部分须保持 2 m 以上的距离，与回流线、架空地线、保护线保持 1 m 以上距离，距离不足时，牵引供电设备须停电。

第 8 条 在距牵引供电设备高压带电部分 2 m 以外，与回流线、架空地线、保护线 1 m 以外，临近铁路营业线作业时，牵引供电设备可不停电，但须按照铁路营业线施工安全管理有关规定执行。

第 9 条 机车、动车及各种车辆上方的接触网设备未停电并办理安全防护措施前，禁止任何人员攀登到车顶或车辆装载的货物上。

第 10 条 电气化区段上水、保洁、施工等作业，不得将水管向供电线路方向喷射，站车保洁不得采用向车体上部喷水方式洗刷车体。

第 11 条 牵引供电设备故障时，与牵引供电设备相连接的支柱、接地引下线、综合接地线等可能出现高电压，未采取安全措施前，禁止与其接触，并保持安全距离。

第 12 条 发现牵引供电设备断线及其部件损坏，或发现牵引供电设备上挂有线头、绳索、塑料布或脱落搭接等异物，均不得与之接触，应立即通知附近车站，在牵引供电设备检修人员到达未采取措施以前，任何人员均应距已断线索或异物处所 10 m 以外。

第 13 条 牵引供电设备支柱及各部接地线损坏，回流吸上线与钢轨或扼流变连接脱落时，禁止非专业人员与之接触。

第 14 条　距牵引供电设备支柱及牵引供电设备带电部分 5 m 范围以内具备接入综合接地条件的金属结构应纳入综合接地系统；不能接入综合接地系统的金属结构须装设接地装置，接地电阻一般不大于 10 Ω。

第 15 条　站内和行人较多的地段，牵引供电设备支柱在距轨面 2.5 m 高处均要设白底黑字"高压危险"并有红色闪电符号的警示标志。禁止借助接触网支柱搭脚手架，必须借助接触网支柱登高时，必须有供电专业人员现场监护。

第 16 条　天桥、跨线桥靠近或跨越牵引供电设备的地方，须设置防护栅网，栅网由所附属结构的产权或工程建设单位负责安设。防护栅网安设"高压危险"标志，警示标志由供电设备管理单位制作安装。

第 17 条　电气化铁路区段车站风雨棚、跨线桥、隧道等构建物应安装牢固，状态良好，不得脱落。距牵引供电设备 2 m 范围内不得出现漏水、悬挂冰凌等现象。附挂在跨线桥、渠上的管路，以及通信、照明等线缆，须设专门固定设施，且安装可靠，不得脱落。

第 18 条　电力线路、光电缆、管路等跨越电气化铁路施工时，须在接触网停电并做好安全防护措施后进行。

第三章　接发列车及调车作业安全规定

第 19 条　电气化铁路接触网停电检修时，禁止向停电区放行电力机车及动车组。司机发现不符合此项规定时，应立即降下受电弓并停车。

第四章 货运、装卸作业安全规定

第20条 装卸货物线的接触网隔离开关平时要处于合闸状态，雨、雪、雾、霾等恶劣天气下，严禁处于分闸状态。

第21条 接触网隔离开关操作规定：

1. 隔离开关操作人员须经过培训并取得由供电设备管理单位颁发的安全操作证后，才能担任工作。

2. 隔离开关开闭作业时，必须执行一人操作一人监护制度。

3. 隔离开关操作前，操作人必须按规定穿戴好绝缘靴和绝缘手套，确认开关及其操作机构正常，接地线良好，方准按程序操作。

4. 遇雷雨天气时，禁止操作隔离开关。严禁带负荷操作隔离开关。

5. 绝缘靴、绝缘手套等安全用品，应半年进行一次绝缘耐压试验，并存放在阴凉干燥、防尘处所，使用前用干布擦拭，并进行外观检查，发现有漏气、裂损等现象禁止使用。

第22条 货物装载高度须满足《铁路技术管理规程》及《铁路超限超重货物运输规则》规定的电气化区段安全距离。

第23条 需停电装卸作业时，必须先断开隔离开关停电后，在指定的货物线安全区域标志内进行装卸作业。装卸作业结束，确认所有人员已至安全地带后，方能合上隔离开关。

在装卸线的分段绝缘器内侧2 m处设安全区域标志（如图1）。

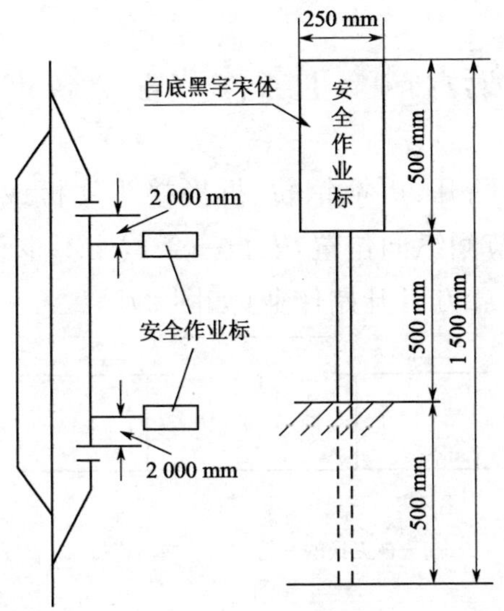

图 1　安全作业标设置图

第五章　机车、动车、车辆作业安全规定

第 24 条　电气化铁路区段各车站给水线、电力机车整备线和动车组整备线，在分段绝缘器内侧 2 m 处应设安全区域标志（如图 1）。

第 25 条　接触网隔离开关操作规定同第 21 条。

第 26 条　电气化铁路区段，当列车、动车组在运行途中发生故障，机车司机、动车组司机、动车组机械师等需上车顶作业时，严格按照相关规定办理停电手续并做好安全防护措施后，方能作业。

第 27 条　在电气化区段运行的机车、动车、车辆及自轮运转设备可以攀登到车顶或作业平台的梯子、天窗等处所，均应有“电化区段严禁攀登”的警告标志。

第六章　工务作业安全规定

第 28 条　断开、更换钢轨、拆换接头夹板或调整轨缝前应在钢轨两端轨节间纵向位置，安设一条截面不少于 70 mm^2 的铜连接线，连接可靠方可开始作业（如图 2）。

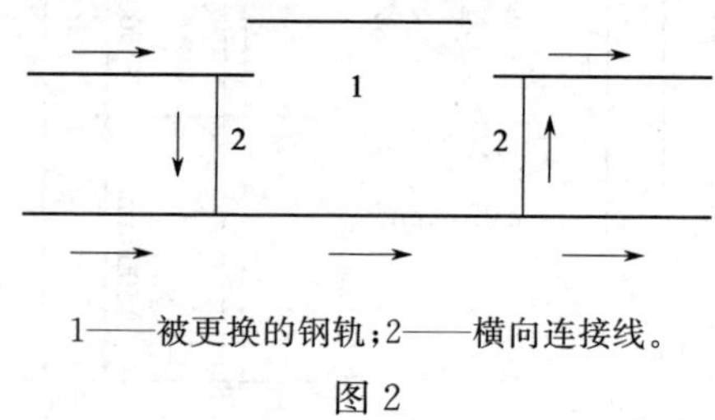

1——被更换的钢轨；2——横向连接线。

图 2

第 29 条　工务作业需拆开接触网接地线、吸上线，电务扼流变钢轨引线等设备时，应由专业设备管理单位按设备分界进行作业，并及时恢复。

第 30 条　大型养路及施工机械作业，如施工机械不超出机车车辆上部限界，且作业人员及所持机具与接触网带电部分保持 2 m 以上距离时，接触网可不停电。不符合上述条件时，应按照规定办理停电手续并做好安全防护措施后，方能作业。

第 31 条　电气化铁路区段声屏障、风屏障、栅栏等金属体结构部分应可靠接地。

第七章　电务作业安全规定

第 32 条　维修或更换信号设备扼流变压器、中心连接板、轨道电路送、受电的扼流变压器引接线、站内横向连接线等器件时，应按规定采取保证牵引回流畅通措施后，方可开始作业。

第 33 条　信号设备更换轨道电路绝缘时，应确认扼流变压器连接线各部连接良好后，方可开始作业。

第 34 条　断开综合接地贯通地线前，须在贯通地线纵向位置，安设一条截面不少于 70 mm^2 的铜连接线，连接可靠方可开始作业。

第 35 条　通信电缆（含光电综合缆）引入室内，应做绝缘接头，将外护套（或屏蔽层）和金属加强件可靠断开，室外电缆（含光电综合缆）的金属护套及金属加强件应可靠接地。

第 36 条　光缆引入室（箱）内，应换接室内光缆，并作绝缘接头，室内、外金属护套及金属加强件应断开彼此绝缘。室内光电缆引入柜（架）、分线盒等应可靠接地。

第八章　牵引供电、电力作业安全规定

第 37 条　从事牵引供电工作的有关人员，实行安全等级管理制度。

第 38 条　牵引供电停电作业时，专业作业人员（包括所持的机具、材料、零部件等）与周围带电设备的距离不得小于下列规定：330 kV 为 5 000 mm；220 kV 为 3 000 mm；110 kV 为 1 500 mm；25 kV和35 kV为1 000 mm；10 kV 及以下为 700 mm。

第 39 条　接触网的检修作业分为停电作业、间接带电作业、远离作业。

第 40 条　各种受力和绝缘工具应有合格证并定期进行试验。

第 41 条　利用作业车进行作业时，工作平台严禁向未封锁、有电的线路侧旋转。

第 42 条 遇有雨、雪、雾恶劣天气时，一般不进行接触网“V”形天窗作业。若必须利用“V”形天窗进行检修和事故抢修时，应增设接地线。

第 43 条 接触网“V”形天窗停电作业时：

1. 撤除相邻线供电(馈线)臂的重合闸。

2. 在牵引供电回路开口作业时，应事先采取旁路、等电位措施。

3. 吸上线与钢轨及扼流变中性点连接处一般不进行拆卸作业，确需拆卸处理时，必须采取旁路措施，按分界由专业设备管理部门配合。

第 44 条 电气化铁路区段整修电缆时，电缆铠装及电缆芯两端须装设临时接地线，作业地点铺设干燥绝缘垫或作业人员穿高压绝缘靴进行。

第 45 条 需攀登牵引供电设备支柱的电力检修，由牵引供电设备专业人员现场监控进行。

第 46 条 电气化铁路区段进行架空电力线路维修、施工作业时，在与铁路长距离平行作业区段内至少每隔 1 km 加装 1 组接地线。

第九章　电气化铁路附近消防安全规定

第 47 条 电气化铁路附近发生火灾时，须遵守下列规定：

1. 距牵引供电设备带电部分不足 4 m 的燃着物体，使用水或灭火器灭火时，牵引供电设备必须停电。

2. 距牵引供电设备带电部分超过 2 m 的燃着物体，使用沙土灭火时，牵引供电设备可不停电，但须保持灭火机具及沙土等与带电部分的距离在 2 m 以上。

第十章　车辆行人通过道口安全规定

第48条　各种车辆和行人通过电气化铁路平交道口必须遵守下列规定：

1. 通过道口车辆限界及货物装载高度（从地面算起）不得超过4.5 m，超过时，应绕行立交道口或进行货物倒装。

2. 通过道口车辆上部或其货物装载高度（从地面算起）超过2 m通过平交道口时，车辆上部及装载货物上严禁坐人。

3. 行人持有长大、飘动等物件通过道口时，不得高举挥动，应与牵引供电设备带电部分保持2 m以上的距离。

本条规定内容应制成揭示牌，固定在道口两面限界门右侧门框上，由供电设备管理单位负责安装及维护（如图3）。

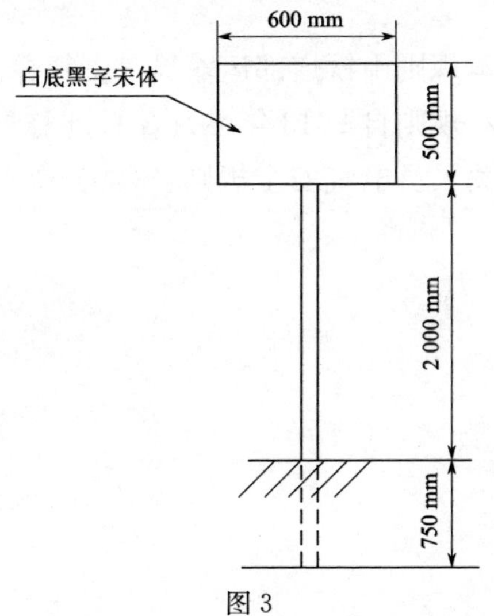

图3

备注：1. 安全揭示牌设于限界门汽车前进方向右侧的立柱上（距路面高2.5 m）。

2. 限界门安全揭示牌的尺寸为：厚度为1.0～2.0 mm钢板制成，规格500 mm×600 mm。

第十一章　其他安全规定

第 49 条　电气化铁路区段房建、通信、信号、电力、给水、信息、照明、广播、防灾、视频、红外、安全监控等各种室外设备金属箱体、外壳等均应安装牢固，除专业特殊规定外应可靠接地。

第 50 条　电气化铁路区段电缆在切割电缆外皮或打开电缆套管之前，要将电缆（不含全塑电缆）外皮两端连通并临时接地，在作业地点铺设干燥的橡皮绝缘垫或作业人员穿高压绝缘靴进行。

第十二章　附　　则

第 51 条　本规则由铁道部运输局负责解释。

第 52 条　本规则自 2013 年 4 月 1 日起施行。铁道部前发《电气化铁路有关人员电气安全规则》[（79）铁机字 654 号] 同时废止。

附录二

高速铁路接触网安全工作规则

（铁总运〔2014〕221号）

第一章 总 则

第一条 在高速铁路接触网运行和检修工作中，为确保人身、行车和设备安全，特制定本规则。

第二条 从事高速铁路接触网工作各单位（包括高速铁路接触网设备管理、维修和从事高速铁路接触网施工的单位，下同）应经常进行安全技术教育，组织有关人员认真培训和学习本规则，切实贯彻执行本规则的各项规定。

第三条 各级管理部门应建立健全各岗位责任制，抓好各管理岗位、作业岗位基础工作，依靠科技进步，积极采用新技术、新工艺、新材料，不断提高和改善高速铁路接触网的安全工作和装备水平，确保人身和设备安全。

第四条 本规则适用于200 km/h及以上铁路和200 km/h以下仅运行动车组列车（含相关联络线和动车走行线）铁路接触网的安全运行和检修工作。各铁路局（公司）可根据本规则规定的内容，结合具体情况制定细则，并报铁路总公司核备。

第二章　一般规定

第五条　高速铁路（含 200 km/h 及以上铁路、200 km/h 以下仅运行动车组列车铁路及相关联络线和动车走行线，下同）所有的接触网设备，自第一次受电开始即认定为带电设备。之后，接触网上的一切作业，必须按本规则的规定严格执行。

铁路防护栅栏内进行的接触网作业，必须在上下行线路同时封锁，或本线封锁、邻线限速 160 km/h 及以下条件下进行。

第六条　从事高速铁路接触网运行和检修工作的人员，实行安全等级制度，经过考试评定安全等级，取得《高速铁路供电安全合格证》之后（安全合格证格式和安全等级的规定，分别见附件 1、附件 2），方准参加与所取得的安全等级相适应的工作。每年定期按表 1 要求进行一次安全考试并签发《高速铁路供电安全合格证》。

表 1

应试人员	主持考试单位和签发安全合格证部门	安全合格证签发人
单位的主管负责人和专业负责人	各单位上级业务主管部门	上级主管负责人
其他从事接触网工作人员	各单位	单位的主管负责人

第七条　各单位除按第六条规定组织从事高速铁路接触网运行和检修工作的有关现职人员每年进行一次安全等级考试外，对属于下列情形的人员，还应在上岗前进行安全等级考试：

（一）开始参加高速铁路接触网工作的人员。

（二）安全等级变更，仍从事高速铁路接触网运行和检修工作的人员。

（三）接触网供电方式改变时的检修工作人员。

（四）接触网停电检修方式改变时的检修工作人员。

（五）中断工作连续 6 个月以上仍继续担任高速铁路接触网运行和检修工作的人员。

第八条　参加高速铁路接触网作业人员应符合下列条件：

（一）作业人员符合岗位标准要求，1～2年进行一次身体检查，符合作业所要求的身体条件，并取得《高速铁路岗位培训合格证书（CRH）》。

（二）经过高速铁路接触网作业安全培训，考试合格并取得相应的安全等级。

（三）熟悉触电急救方法。

第九条　进入铁路防护栅栏内进行的接触网停电作业，一般应在上、下行线路同时停电及封锁的垂直天窗内进行。

高速铁路接触网一般不进行 V 形天窗作业。故障处理、事故抢修等特殊情况下必须在邻线行车的情况下作业时，必须在办理本线封锁、邻线列车限速 160 km/h 及以下申请，在得到列车调度员（车站值班员）签认后，方可上道作业。

遇有雷电时（在作业地点可见闪电或可闻雷声）禁止在接触网上作业。

第十条　应急处置需进入铁路防护栅栏内进行设备巡视、检查、测量或处理接触网设备异物时，可不申请停电，但须在办理本线封锁并邻线列车限速 160 km/h 及以下手续后进行。

第十一条　在高速铁路接触网上进行作业时，除按规定开具工作票外，还必须有列车调度员准许停电的调度命令和供电调度员批准的作业命令。

除遇有危及人身或设备安全的紧急情况，供电调度员发布的倒闸命令可以没有命令编号和批准时间外，接触网所有的作业命令，均必须有命令编号和批准时间。

第十二条 在进行接触网作业时，作业组全体成员须穿戴有反光标识的防护服、安全帽。作业组有关人员应携带通信工具并确保联系畅通。在夜间、隧道内或光线不足处所进行接触网作业时必须有足够照明灯具。工区配置照明用具应满足夜间200 m范围内照明充足，4 h内连续使用条件，接触网作业车作业平台照度值应不小于40 lx。

第十三条 利用接触网作业车或专用车辆进行接触网巡视或检测时，应申请行车计划或安排在施工维修天窗时间内进行，同时执行以下规定：

（一）邻线未封锁时，应在办理邻线列车限速160 km/h及以下手续后进行。

（二）需要升起作业平台或人员登上平台时，须在接触网停电、巡视或检测范围内按停电作业要求设置接地线、作业车运行速度不大于10 km/h、作业平台设置旋转闭锁的条件下进行。

第十四条 新研制及经过重大改进的作业工具应由铁路局及以上单位鉴定通过，批准后方准使用。

第十五条 需进入铁路防护栅栏内进行接触网作业的人员，必须在得到驻调度所（驻站）人员同意后方准进入。进、出铁路防护栅栏时，必须清点人员，并及时锁闭防护网门，防止人员遗漏及闲杂人员进入。

作业组所有的工具物品和安全用具均须粘贴反光标识，在使用前均须进行状态、数量检查，符合要求方准使用。进、出铁路防护栅栏时对所携带和消耗后的机具、材料数量认真清点核对，不得遗漏在线路或铁路防护栅栏内。核对检查确认方式由各铁路局自定。

第三章　作业制度

第一节　作业分类

第十六条　高速铁路接触网的检修作业分为三种：

（一）停电作业——在接触网停电设备上进行的作业。

（二）间接带电作业——借助绝缘工具间接在接触网带电设备上进行的作业。

（三）远离作业——在距接触网带电部分 1 m 及其以外的处所进行的作业。

第二节　工　作　票

第十七条　工作票是进行接触网作业的书面依据，填写时要字迹清楚、正确，需填写的内容不得涂改和用铅笔书写。

工作票填写一式两份，一份由发票人保管，一份交给工作领导人。

事故抢修和遇有危及人身或设备安全的紧急情况，作业时可以不签发工作票，但必须有供电调度批准的作业命令，并由抢修负责人布置安全、防护措施。

第十八条　根据作业性质的不同，工作票分为三种：

（一）接触网第一种工作票（格式见附件 3），用于停电作业。

（二）接触网第二种工作票（格式见附件 4），用于间接带电作业。

（三）接触网第三种工作票（格式见附件 5），用于远离作业即距带电部分 1 m 及其以外的高空作业、较复杂的地面作业、未接触带电设备的测量及铁路防护栅栏内步行巡视等。

第十九条 工作票有效期不得超过 3 个工作日。

作业结束后，工作领导人要将工作票和相应命令票（格式见附件 6、附件 7）交工区统一保管。在工作票有效期内没有执行的工作票，须在右上角盖“作废”印记交回工区保管。所有工作票保存时间不少于 12 个月。

第二十条 工作票签发人和工作领导人安全等级不低于四级。同一张工作票的签发人和工作领导人必须由两人分别担当。

第二十一条 发票人一般应在作业 6 h 之前将工作票交给工作领导人，使之有足够的时间熟悉工作票中的内容并做好准备工作。工作领导人对工作票内容有不同意见时，应向发票人提出，经认真分析，确认无误后，签字确认。

每次作业，一名工作领导人同时只能接受一张工作票。一张工作票只能发给一名工作领导人。

第二十二条 工作票中规定的作业组成员一般不应更换，若必须更换时，应由发票人签认，若发票人不在可由工作领导人签认。工作领导人更换时，必须由发票人签认。

当需变更作业种类、作业地点、作业内容、需停电的设备、封锁或限行条件等要素之一时，必须废除原工作票，签发新的工作票。

第二十三条　工作领导人应提前组织作业组成员（含作业车司机）召开工前预备会，宣讲工作票并进行作业分工、安全预想，将本次作业任务和安全措施逐项分解落实到人，并进行针对性安全提示。作业组成员有疑问时应及时提出，工作领导人组织答疑并确认无误。

作业前，工作领导人应组织作业组成员列队点名，并确认作业安全用具准备充分、作业组人员身体及精神状态良好后，方准作业。

第二十四条　V形接触网检修作业使用的工作票右上角应加盖“上行”或“下行”印记。工作票中要有针对V形接触网检修作业的特殊性提出的安全措施。主要是：

（一）写明上行（下行）封锁及停电，下行（上行）未封锁及有电，人员机具和作业车平台旋转不得侵入下行（上行）限界的范围。

（二）防止误触有电设备的安全措施。

（三）防止感应电伤害的安全措施。

（四）防止穿越电流伤害的安全措施。

（五）防止电力机车将电带入作业区段的安全措施。

在设备较复杂的区段作业时，应附页画出作业区段简图，标明停电作业范围、接地线位置，并用红色标记带电设备。

第三节　作业人员的职责

第二十五条　工作票签发人在安排工作时，要做好下列事项：

（一）所安排的作业项目是必要和可能的。

（二）所采取的安全措施是正确和完备的。

（三）所配备的工作领导人和作业组成员的人数和条件符合规定。

第二十六条 工作领导人在安排工作时，要做好下列事项：

（一）确认作业内容、地点、时间、作业组成员等均符合工作票提出的要求。

（二）确认作业采取的安全措施正确而完备。

（三）检查落实工具、材料准备，与安全员（安全监护人）共同检查作业组成员着装、工具、劳保用品齐全合格。

（四）监督作业组成员的作业安全。

（五）检查确认接触网设备送电及线路开通条件。

第二十七条 作业组成员要服从工作领导人的指挥、调动，遵章守纪。对不安全和有疑问的命令，要及时果断地提出，坚持安全作业。

第四章 受力工具和绝缘工具

第二十八条 各种受力工具和绝缘工具应有合格证并定期进行试验，做好记录，禁止使用试验不合格或超过试验周期的工具。

第二十九条 各单位应制定受力工具和绝缘工具管理办法，专人负责进行编号、登记、整理，并监督按规定试验和正确使用。绝缘工具的反光标识应粘贴在明显且不影响绝缘性能的部位。

与试验记录对应的受力工具和绝缘用具上应有统一制定的编号标记（试验标准见附件 10、附件 11）。

第三十条　绝缘工具应具有良好的绝缘性、绝缘稳定性和足够的机械强度，轻便灵活，便于搬运。

第三十一条　绝缘工具应按下列要求进行试验：

（一）新购、制作（或大修）后，在第一次投入使用前进行机械和电气强度试验。绝缘工具的电气强度试验一般在机械强度试验合格后进行。机械强度试验应在组装状态下进行。

（二）使用中的绝缘工具要定期进行试验。

（三）绝缘工具的机、电性能发生损伤或对其怀疑时，应中断使用并及时进行相应的试验。

第三十二条　绝缘工具材质的电气强度不得小于 3 kV/cm，间接带电作业的绝缘杆等其有效长度大于 1 000 mm。

第三十三条　绝缘工具每次使用前，须认真检查有无损坏，并用清洁干燥的抹布擦拭有效绝缘部分后，再用2 500 V兆欧表分段测量（电极宽 2 cm，极间距 2 cm）有效绝缘部分的绝缘电阻，不得低于 100 MΩ，或测量整个有效绝缘部分的绝缘电阻不低于 10 000 MΩ。

第三十四条　绝缘工具应存放在室内，室内要保持清洁、干燥、通风良好，并采取防潮措施。

第三十五条　绝缘工具在运输和使用中要经常保持清洁干燥，切勿损伤。使用管材制作的绝缘工具，其管口要密封。

第五章　高空作业

第一节　一般规定

第三十六条　凡在距离地（桥）面2 m及以上的处所进行

的作业均称为高空作业。

第三十七条 高空作业必须设有专人监护，其监护要求如下：

（一）间接带电作业时，每个作业地点均要设有专人监护，其安全等级不低于四级。

（二）停电作业时，每个监护人的监护范围不超过 2 个跨距，在同一组硬（软）横跨上作业时不超过 4 条股道，在相邻线路同时作业时，要分别派监护人各自监护；当停电成批清扫绝缘子时，可视具体情况设置监护人员。监护人员的安全等级不低于三级。

（三）作业人员及所携带的物件、作业工器具等与接触网带电部分距离小于 3 m 的远离作业，每个作业地点均要设有专人监护，其安全等级不低于四级。

第三十八条 高空作业使用的小型工具、材料应放置在工具材料袋（箱）内。作业中应使用专门的用具传递工具、零部件和材料，不得抛掷传递。

第三十九条 高空作业人员作业时必须将安全带系在安全牢靠的地方。

第四十条 进行高空作业时，人员不宜位于线索受力方向的反侧，并采取防止线索滑脱的措施。在曲线区段调整接触网悬挂时，要有防止线索滑移的后备保护措施。

第四十一条 冰、雪、霜、雨等天气条件下，接触网作业用的车梯、梯子、接触网作业车的爬梯和平台应有防滑措施。

第二节 攀杆作业

第四十二条 攀登工具应在出库前检查状态良好，安全用具完好合格。攀登支柱前要检查支柱状态，观察支柱上有无其他设备，选好攀登方向和条件。

第四十三条　攀登支柱时要手把牢靠，脚踏稳准，尽量避开设备并与带电设备保持规定的安全距离。用脚扣攀登时，要卡牢系紧，严防滑落。

第三节　登梯作业

第四十四条　接触网作业用的车梯和梯子必须符合下列要求：

（一）结实、轻便、稳固。

（二）车梯的车轮采取可靠的绝缘措施。

（三）按附件 10 和附件 11 的规定进行试验。

第四十五条　使用车梯进行作业时，应指定车梯负责人，工作台上的人员不得超过两名。所有的零件、工具等均不得放置在工作台的台面上。

第四十六条　作业中推动车梯应服从工作台上人员的指挥。当车梯工作台面上有人时，推动车梯的速度不得超过 5 km/h，并不得发生冲击和急剧起、停。工作台上人员和车梯负责人应呼唤应答，配合妥当。

第四十七条　车梯负责人和推车梯人员，应时刻注意和保持车梯的稳定状态。当车梯在曲线上或遇大风时，对车梯要采取防止倾倒的措施；当外轨超高≥125 mm 或风力 5 级以上时，未采取固定措施禁止登车梯作业。车梯在大坡道上时，应采取防止滑移的措施；当车梯放在道床、路肩上或作业人员的重心超出工作台范围作业时，作业人员应将安全带系在接触网上；车梯在地面上推动时，工作台上不得有人停留。

第四十八条 当用梯子作业时，作业人员应先检查梯子是否牢靠；要有专人扶梯，梯子支挂点稳固，严防滑移；梯子上只准有1人作业。

第四节 接触网作业车作业

第四十九条 接触网作业车出车前，司机应认真检查车辆和行车安全装备、防护备品齐全良好，并与作业人员检查通信工具，确保联络畅通。

第五十条 接触网作业车司机应执行作业前的待乘休息制度，充分休息，确保精神状态良好。作业前司机应掌握作业范围和内容并进行安全预想，作业和运行过程中应注意力集中。

第五十一条 接触网作业车分解作业，须提前明确每台车的作业范围，以及作业完毕后停留车列和运行连挂车辆的位置，工作领导人和司机应熟悉和掌握。接触网作业车进入封锁区间前，司机应认真核对调度命令，确认信号，按规定联控。司机和工作领导人要根据调度命令及作业地点，拟定区间返回的时刻，并严格执行。

第五十二条 使用接触网作业车作业时，应指定作业平台操作负责人，作业平台不得超载。工作领导人必须确认地线接好后，方可允许作业人员登上接触网作业车的作业平台。作业车平台应设置随车等位线，在完成作业平台和工作对象设备等位措施后，方可触及和进行作业。

第五十三条 人员上、下作业平台应征得作业平台操作负责人的同意。接触网作业车移动或作业平台升降、转向时，严禁人员上、下。

V形作业时，所有人员禁止从未封锁线路侧上、下作业车辆。作业平台应具有平台转向限位装置，作业前应将限位装置打至正确位置，作业平台严禁向未封锁的线路侧旋转。当邻线有列车通过时，应停止作业。

第五十四条　接触网作业车作业平台防护门关闭时应有闭锁装置。作业中须锁闭好作业平台的防护门，作业完毕后及时放下防护栏杆。

第五十五条　外轨超高≥125 mm 区段人员需在作业平台上作业时，作业平台应具有自动调平装置并开启调平功能。

第五十六条　作业人员的重心超出作业平台防护栏范围作业时，须将安全带系在牢固可靠的部位。

第五十七条　司机（或在平台上操纵车辆移动的人员）须精力集中，密切配合，在移动车辆前应注意作业车及作业平台周围的环境、设备、人员和机具等情况，与附近的设备保持规定的安全距离。

作业平台上的所有人员在车辆移动中应注意防止接触网设备碰刮伤人。

第五十八条　作业平台上有人作业时，作业车移动的速度不得超过 10 km/h，且不得急剧起、停车。

第五十九条　作业中作业车的移动应听从作业平台操作负责人的指挥。平台操作负责人与司机之间的信息传递应及时、准确、清楚，并呼唤应答。

第六十条　现场作业结束及作业车返回驻地后，司机应对车辆状态及随车备品进行检查，发现部件缺失等应及时查找，必要时对作业车运行的区段申请采取相应行车限制措施。

第六章　停电作业

第一节　一般规定

第六十一条　双线电化区段，接触网停电作业按停电方式分为垂直作业和V形作业。

垂直作业——双线电化区段，上、下行接触网同时停电进行的接触网作业。

V形作业——双线电化区段，上、下行接触网一行停电进行的接触网作业。

第六十二条　停电作业时，作业人员（包括所持的机具、材料、零部件等）与周围带电设备的距离不得小于下列规定：330 kV为5 000 mm；220 kV为3 000 mm；110 kV为1 500 mm；25 kV和35 kV为1 000 mm；10 kV及以下为700 mm。

第六十三条　检修各种电缆及附件前应对电缆导体、铠装层及屏蔽层两端进行安全接地，并充分放电。当断开电缆导体、铠装层、屏蔽层以及检修上网隔离开关时，应采取防止感应电及穿越电流人身伤害措施。

第六十四条　不能采用V形作业进行的停电检修作业，须利用垂直作业方式，其地点应在接触网平面图上用红线框出，并注明禁止V形作业字样。

第二节　V形天窗作业

第六十五条　进行V形作业应具备的条件：

（一）一行接触网设备距离另一行接触网带电设备间的距离大于2 m，困难时不小于1.6 m。

（二）一行接触网设备距离另一行通过的电力机车（动车）受电弓瞬时距离大于 2 m，困难时不小于 1.6 m。

（三）上、下行或由不同馈线供电的设备间的分段绝缘器其主绝缘爬电距离不小于 1.2 m。

（四）上、下行或由不同馈线供电的横向分段绝缘子串，爬电距离须保证在 1.2 m 及以上，污染严重的区段应达到 1.6 m。

（五）同一支柱（吊柱）上的设备由同一馈线供电。

第六十六条　利用 V 形停电作业时，应遵守下列要求：

（一）接触网停电作业前，须撤除向相邻线供电的馈线开关保护重合闸，断开相应可能向作业线路送电的所、亭开关。

（二）作业人员作业前，工作领导人（监护人员）应向作业人员指明停、带电设备的范围，加强监护，并提醒作业人员保持与带电部分的安全距离，确保人员、机具不侵入邻线限界。

（三）为防止动车组（电力机车）将电带入停电区段，列车调度员（车站值班员）应确认禁止动车组（电力机车）通过的限制要求。

（四）在断开导电线索前，应事先采取旁路措施。更换长度超过 5 m 的长大导体时，应先等电位后接触，拆除时应先脱离接触再撤除等电位。

（五）检修吸上线、PW 线、回流线（含架空地线与回流线并用区段）、避雷线等附加导线时不得开路，如必须进行断开回路的作业，则须在断开前使用不小于 25 mm^2 铜质短接线先行短接后，方可进行作业。

在变电所、分区所、AT 所处进行断开吸上线、电缆及其屏蔽层的检修时应采用垂直作业。

吸上线与扼流变中性点连接点的检修，不得进行拆卸，防止造成回流回路开路。确需拆卸处理时，须采取旁路措施，必要时请电务部门配合。

（六）V 形作业检修支柱下部地线、避雷引下线等，可在不停电情况下进行，但须执行第三种工作票并做好行车防护，不得侵入限界；开路作业时应使用短接线先行短接后，方可进行作业。

遇有雨、雪、雾、风力在 5 级及以上恶劣天气一般不进行 V 形作业。必须利用 V 形作业进行检修和故障处理或事故抢修时，应增设接地线，并在加强监护的情况下方准作业。

（七）检修隔离开关、电分段锚段关节、关节式分相和分段绝缘器等作业时，应用不小于25 mm^2的等位线先连接等位后再进行作业。

第六十七条 V 形停电作业接地线设置还应执行以下要求：

（一）两接地线间距大于 1 000 m 时，需增设接地线。

（二）一般情况下，接触悬挂和附加导线及同杆架设的其他供电线路均需停电并接地。但若只在接触悬挂部分作业，不侵入附加导线及同杆架设的其他供电线路的安全距离时，附加悬挂及同杆架设的其他供电线路可不接地。

（三）在电分段、软横跨等处作业，中性区及一旦断开开关有可能成为中性区的停电设备上均应接地线，但当中性区长度小于 10 m 时，在与接地设备等电位后可不接地线。

（四）接地线应可靠安装，不得侵入邻线限界，并有防风摆措施。

第三节　命令程序

第六十八条　每个作业组停电作业前，由工作领导人指定一名安全等级不低于三级的作业组成员作为要令人员，向供电调度员申请停电命令，并说明停电作业的范围、内容、时间、安全和防护措施等。

几个作业组同时作业时，每一个作业组必须分别设置安全防护措施，分别向供电调度申请停电命令。

第六十九条　供电调度员在发布停电作业命令前，要做好下列工作：

（一）将所有的停电作业申请进行综合安排，审查作业内容和安全防护措施，确定停电的区段。

（二）通过列车调度员办理停电作业的手续，对可能通过受电弓导通电流的部位采取行车封闭或限制措施，防止来电的可能。

（三）确认有关馈电线断路器、开关均已断开。

（四）进行接触网上网电缆、上网隔离开关停电作业时，确认上网电缆在变电所（亭）GIS柜侧已接地。

第七十条　供电调度员发布停电作业命令时，受令人应认真复诵，经确认无误后，方可给命令编号和批准时间。在发、受停电命令时，发令人要将命令内容等进行记录，受令人要填写“接触网停电作业命令票”（格式见附件6）。

第四节　验电接地

第七十一条　作业组在接到停电作业命令后须先验电接地，然后方可进行作业。

第七十二条　使用验电器验电的有关规定：

（一）必须使用同等电压等级的验电器验电，验电器的电压等级为25 kV。

（二）验电器具有自检和抗干扰功能，自检时具有声、光等信号显示。

（三）验电前自检良好后，现场检查确认声、光信号显示正常（有条件的，还要先在同等电压等级有电设备检查其性能），然后再在停电设备上验电。

（四）在运输和使用过程中，应确保验电器状态良好。

第七十三条 接地线应使用截面积不小于25 mm^2 的裸铜绞线制成并有透明护套保护。接地线不得有断股、散股和接头。

第七十四条 接地线应可靠接在钢轨上，且不应跨接在钢轨绝缘两侧、道岔尖轨处，必须跨接在钢轨绝缘两侧时，应封闭线路。地线穿越或跨越股道时，必须采取绝缘防护措施。

第七十五条 当验明确已停电后，须立即在作业地点的两端和与作业地点相连、可能来电的停电设备上装设接地线。如作业区段附近有其他带电设备时，按本规则第六十二条规定，并在需要停电的设备上也装设接地线。

在装设接地线时，先将接地线的一端接地；再将另一端与被停电的导体相连。拆除接地线时，其顺序相反。接地线要连接牢固，接触良好。

装设接地线时，人体不得触及接地线，接好的接地线不得侵入未封锁线路的限界。装设或拆除接地线时，操作人要借助于绝缘杆进行。绝缘杆要保持清洁、干燥。

当作业内容不涉及正馈线、回流线（保护线），及其他停电线路及设备时，对这些不涉及的线路和设备可不装设接地线，但要按照有电对待，保持规定的安全距离。

停电天窗时间内，使用接触网作业车或专用车辆进行接触网巡视或检测作业，可不装设接地线。不装设接地线时，作业过程中禁止攀登平台、车顶和支柱。

第七十六条 验电和装设、拆除接地线必须由两人进行，一人操作，一人监护。

第七十七条 接地线位置应处在停电范围之内，作业地点范围之外。在停电作业的接触网附近有平行带电的高压电力线路或接触网时，为防止感应电压，除按规定装设接地线外，还应增设接地线。

第七十八条 关节式分相检修时，除在作业区两端装设接地线外，还应在中性区上增设地线，并将断口进行可靠等位短接。

第五节 作业结束

第七十九条 工作票中规定的作业任务完成后，由工作领导人确认具备送电、行车条件，清点作业人员、机具、材料等，确认没有遗留后全部撤至安全地带，拆除接地线，通知要令人请求消除停电作业命令。

停电命令消除后，人员、机具必须与接触网设备保持规定的安全距离；作业车辆驶出封锁区间（站场）或人员及机具撤离至铁路防护栅栏以外后，方可消除行车封锁（邻线限速）命令。

几个作业组同时作业，当作业结束时，每个作业组须分别向供电调度申请消除停电作业命令。

第八十条 供电调度送电时按下列顺序进行：

（一）确认整个供电臂所有作业组均已消除停电作业命令。

（二）按照规定进行倒闸作业。

（三）通知列车调度员接触网已送电。

第七章　间接带电作业

第一节　一般规定

第八十一条　遇有雨、雪、重雾、霾等恶劣天气、或空气相对湿度大于85%时，一般不进行间接带电作业。

第八十二条　间接带电作业人员在接触工具的绝缘部分时应戴干净的手套，不得赤手接触或使用脏污手套。

第八十三条　间接带电作业时，作业人员（包括其所携带的非绝缘工具、材料）与带电体之间须保持的最小距离不得小于1 000 mm，当受限制时不得小于600 mm。

第二节　命令程序

第八十四条　每次作业前，由工作领导人指定安全等级不低于三级的作业组成员作为要令人员向供电调度员申请作业命令。在申请作业命令时，要说明间接带电作业的范围、内容、时间和安全防护措施等。

几个作业组同时作业时，每一个作业组须分别设置安全防护措施，分别向供电调度申请作业命令。

第八十五条　供电调度在发布间接带电作业命令前，要做好下列工作：

（一）将所有的间接带电作业申请进行综合安排，审查作业内容和安全防护措施，确定作业地点、范围和安全防护措施。

（二）撤除有关馈线断路器的重合闸。

（三）在发布间接带电作业命令时，经受令人认真复诵并确认无误后，方可发布命令编号和批准时间。每次进行间接带电作业时，发令人将命令内容填写在“作业命令记录”中，受令人要填写“接触网间接带电作业命令票”（格式见附件 7）。

第八十六条 在作业过程中如果发现馈电线的断路器跳闸，供电调度员在未查清作业组情况前不得送电。作业组如果发现接触网无电时，要立即向供电调度报告。

第三节 作业结束

第八十七条 作业任务完成，清点全部作业人员、机具、材料并撤至安全地带后，由工作领导人宣布结束作业，通知要令人向供电调度员申请消除间接带电作业命令。

几个作业组同时作业时，要分别向供电调度申请消除间接带电作业命令。

第八十八条 供电调度员确认作业组已经结束作业，不妨碍正常供电和行车后，给予消除作业命令时间，双方均记入记录中，整个间接带电作业方告结束。

供电调度员确认供电臂内所有的作业组均已消除间接带电作业命令，方能恢复有关馈线断路器的重合闸。

第四节 安全技术措施

第八十九条 间接带电作业工作领导人不得直接参加操作，必须在现场不间断地进行安全监护。

第九十条 工作领导人在作业前检查工具良好，确认联络员和行车防护人员已全部就位，通信联络工具状态良好，间接带电作业命令程序办理完毕，所采取的安全及防护措施全部落实后，方能向作业组下达作业开始的命令。

第九十一条 间接带电作业的项目及具体要求由各铁路局制定。

第八章 倒闸作业

第九十二条 接触网倒闸作业执行一人操作、一人监护制度。

第九十三条 接触网隔离开关、负荷开关的倒闸作业，具备远动功能的由供电调度员远动操作。不具备远动功能或远动功能失效时，由供电调度员发布倒闸命令，作业人员当地操作。

第九十四条 在高速铁路防护栅栏内进行当地倒闸作业时，必须在上、下行线路封锁或本线封锁、邻线列车限速160 km/h及以下进行。

第九十五条 从事隔离开关、负荷开关现场倒闸作业人员应由安全等级不低于三级人员担任。

第九十六条 接触网作业人员进行隔离开关、负荷开关倒闸时，必须有供电调度的命令；对动车所等单位有权操作的隔离开关，接触网作业人员倒闸作业之前，须告知该单位主管负责人，并共同确认做好相应措施。

第九十七条 在申请倒闸命令时，先由安全等级不低于三级的要令人向供电调度提出申请，供电调度员审查无误后发布倒闸命令；要令人受令复诵，供电调度员确认无误后，方可给命令编号和批准时间；每次倒闸作业，发令人要将命令内容记录，受令人要填写“隔离（负荷）开关倒闸命令票”（格式见附件 8)。

第九十八条　操作人员接到倒闸命令后，必须先确认开关位置和开合状态无误，再进行倒闸。倒闸时操作人必须戴好安全帽和绝缘手套，穿绝缘靴，操作准确迅速，一次开闭到位，中途不得停留和发生冲击。

第九十九条　倒闸作业完成，确认开关开合状态无误后，向要令人报告倒闸结束，由要令人向供电调度员申请消除倒闸作业命令。供电调度员要及时发布完成时间和编号并进行记录，要令人填写“隔离（负荷）开关倒闸完成报告单”（格式见附件 9)。

第一百条　遇有危及人身或设备安全的紧急情况，可以不经供电调度批准，先行断开断路器或有条件断开的负荷开关、隔离开关，并立即报告供电调度。但再闭合时必须有供电调度员的命令。

第一百零一条　严禁带负荷进行隔离开关的倒闸作业。严禁利用隔离开关或负荷开关对故障线路进行试送电。隔离开关可以开、合不超过 10 km（延长公里）线路的空载电流，超过时，应经过试验，并经铁路局批准。

第一百零二条　远动操作时，供电调度员应通过调度端显示的遥信信号对开关位置进行确认，现场有作业人员时，还应进行现场确认。

第一百零三条　远动系统异常时，禁止远动倒闸操作。遇开关位置信号异常时，应立即安排人员现场确认。

第一百零四条　隔离开关、负荷开关的机构箱或传动机构须加锁，钥匙应存放于固定地点并由专人保管。

第九章　作业区防护

第一百零五条　进行接触网施工或维修作业时，应在列车调度台，或车站（动车所）行车室设联络员，施工及维修地点设现场防护人员。要求如下：

（一）联络员和现场防护人员应由指定的、安全等级不低于三级人员担任。

（二）在车站行车室设驻站联络员时，区间作业，驻站联络员设在该区间相邻车站的行车室；车站作业，驻站联络员设在本站行车室。

（三）作业区段按照规定距离设置现场防护人员，防护人员担当行车防护同时可负责监护接触网停电接地封线状态。防护人员不得侵入机车车辆限界。

第一百零六条　接触网施工维修作业防护按照《铁路技术管理规程》相关规定执行。接触网维修作业，现场防护人员应站在维修地点附近、且瞭望条件较好的地点进行防护，显示停车手信号。

第一百零七条　当设备发生故障，需在双线区间的一线上道检查、处理设备故障时，须进行防护，本线、邻线可不设置防护信号，司机应加强瞭望，具体防护办法由铁路局制定。

第一百零八条　作业过程中，联络员、现场防护人员与现场工作领导人之间必须保持通信畅通并定时联系，确认通信良好。一旦联控通信中断，工作领导人应立即命令所有作业人员下道，撤至安全地带。

不同作业组分别作业时，不准共用现场防护人员。在未设好防护前不得开始作业，在人员、机具未撤至安全地点前不准撤除防护。

第一百零九条　驻调度所（驻站）联络员、现场防护人员须做到：

（一）具备基本的行车知识，熟悉有关行车防护知识，驻调度所（驻站）联络员还应熟悉列车调度台及车站行车室有关设备显示。

（二）熟悉有关防护及通信工具的使用方法及各种防护信号的显示方法，每次出工前应检查通信工具是否良好，行车防护用品携带齐全、有效。

（三）作业期间坚守岗位，思想集中，及时、准确、清晰地传递行车信息和信号，作业未销记前，不得撤离工作岗位。

（四）不得影响其他线路上列车正常运行。

第十章　附　　则

第一百一十条　本规则由中国铁路总公司运输局负责解释。

第一百一十一条　本规则自 2014 年 10 月 1 日起施行。

附件（略）

附录三

普速铁路接触网安全工作规则

（铁总运〔2017〕25 号）

第一章　总　　则

第一条　在普速铁路接触网运行和检修工作中，为确保人身、行车和设备安全，制定本规则。

第二条　从事普速铁路接触网工作各单位（包括普速铁路接触网设备管理、维修和从事普速铁路接触网施工的单位，下同）应经常进行安全技术教育，组织有关人员认真培训和学习本规则，切实贯彻执行本规则的各项规定。

第三条　各级管理部门应建立健全各岗位责任制，抓好各管理岗位、作业岗位基础工作，依靠科技进步，积极采用新技术、新工艺、新材料，不断提高和改善普速铁路接触网的安全工作和装备水平，确保人身和设备安全。

第四条　本规则适用于工频、单相、25 kV 交流，列车运行速度 200 km/h 以下铁路（仅运行动车组的线路除外）接触网的安全运行和检修工作。

各铁路局（公司）应根据本规则规定的内容，结合具体情况制定细则，并报铁路总公司运输局核备。

第二章　一般规定

第五条　普速铁路所有接触网设备，自第一次受电开始即认定为带电设备。之后，接触网上的一切作业，必须按本规则的规定严格执行。

第六条　从事普速铁路接触网运行和检修工作的人员，实行安全等级制度，经过考试评定安全等级，取得《普速铁路供电安全合格证》之后（安全合格证格式和安全等级的规定，分别见附件 1、附件 2），方准参加与所取得的安全等级相适应的工作。每年定期按表 1 要求进行一次安全考试并签发《普速铁路供电安全合格证》。

表 1

应试人员	主持考试单位和签发安全合格证部门	安全合格证签发人
单位的主管负责人和专业负责人	各单位上级业务主管部门	上级主管负责人
其他从事接触网工作人员	各单位	单位的主管负责人

第七条　各单位除按第六条规定组织从事普速铁路接触网运行和检修工作的有关现职人员每年进行一次安全等级考试外，对属于下列情形的人员，还应在上岗前进行安全等级考试：

（一）开始参加普速铁路接触网工作的人员。

（二）安全等级变更，仍从事普速铁路接触网运行和检修工作的人员。

（三）接触网供电方式改变时的检修工作人员。

（四）接触网停电检修方式改变时的检修工作人员。

(五)中断工作连续6个月以上仍继续担任普速铁路接触网运行和检修工作的人员。

第八条 参加接触网作业人员应符合下列条件:

(一)作业人员符合岗位标准要求,1～2年进行一次身体检查,符合作业所要求的身体条件。

(二)经过普速铁路接触网作业安全培训,考试合格并取得相应的安全等级。

(三)熟悉触电急救方法。

(四)职业健康体检合格。

第九条 遇有雷电时(在作业地点可见闪电或可闻雷声)禁止在接触网上作业。

普速铁路在160km/h以上区段且线间距小于6.5m的线路上进行作业时,应办理邻线列车限速160 km/h及以下申请,得到车站值班员同意作业的签认后,方可作业。

第十条 下列维修作业可在天窗点外进行,但严禁利用速度160 km/h及以上的列车与前一趟列车之间的间隔时间作业。

(一)对接触网步行巡视、静态测量、测温等设备检查作业。

(二)接触网打冰,处理鸟窝、异物。

(三)在道床坡脚以外栅栏以内的标志安装及整修、基础整修、接地装置整修、支柱基坑开挖等不影响设备正常运行的作业。

上述作业必须制定天窗点外维修作业计划,天窗点外维修作业计划由车间或段一级批准,具体审批程序由铁路局规定。上线作业时必须按规定登记,设置驻站联络员(以下简称联络员)、现场防护员,联系中断时必须停止作业。

第十一条 在普速铁路接触网上进行作业时,除按规定开具工作票外,还必须有列车调度员准许停电的调度命令和供电调度员批准的作业命令。

除遇有危及人身或设备安全的紧急情况，供电调度员发布的倒闸命令可以没有命令编号和批准时间外，接触网所有的作业命令，均必须有命令编号和批准时间。

第十二条　在进行接触网作业时，作业组全体成员须穿戴有反光标识的防护服、安全帽。作业组有关人员应携带通信工具并确保联系畅通。在夜间、隧道内或光线不足处所进行接触网作业时，必须有足够的照明灯具。

所有的工具和安全用具，在使用前均须进行检查，符合要求方准使用。

第十三条　接触网步行巡视工作要求：

（一）巡视不少于两人，其中一人的安全等级不低于三级。

（二）巡视人员应携带望远镜和通信工具，一般情况下应面向来车方向。

（三）任何情况下巡视，对接触网都必须以有电对待，巡视人员不得攀登支柱并时刻注意避让列车。

（四）必须上道查看设备时，两人必须一人防护，一人上道检查。

第十四条　新研制及经过重大改进的作业工具应由铁路局及以上单位鉴定通过，批准后方准使用。

第十五条　在有轨道电路的区段作业时，不得使长大金属物体（长度大于或等于轨距）将线路两根钢轨短接。

第三章　作业制度

第一节　作业分类

第十六条　接触网的检修作业分为三种：

（一）停电作业——在接触网停电设备上进行的作业。

（二）间接带电作业——借助绝缘工具间接在接触网带电设备上进行的作业。

（三）远离作业——在距接触网带电部分 1 m 及其以外的处所进行的作业。

第二节　工 作 票

第十七条　工作票是进行接触网作业的书面依据，填写时要字迹清楚、正确，需填写的内容不得涂改和用铅笔书写。打印方式填写的工作票，工作票签发人和工作领导人必须签字确认。

工作票填写一式两份，一份由发票人保管，一份交给工作领导人。

事故抢修和遇有危及人身或设备安全的紧急情况，作业时可以不签发工作票，但必须有供电调度批准的作业命令，并由抢修负责人布置安全、防护措施。

第十八条　根据作业性质的不同，工作票分为三种：

（一）接触网第一种工作票（格式见附件 3），用于停电作业。

（二）接触网第二种工作票（格式见附件 4），用于间接带电作业。

（三）接触网第三种工作票（格式见附件 5），用于远离作业即距带电部分1 m 及其以外的高空作业、较复杂的地面作业（如安装或更换火花间隙和地线、开挖支柱基坑）、未接触带电设备的测量等。

第十九条　工作票有效期不得超过 3 个工作日。

作业结束后，工作领导人要将工作票和相应命令票（格式见附件 6、附件 7）交工区统一保管。在工作票有效期内没有执行的工作票，须在右上角盖“作废”印记交回工区保管。所有工作票保存时间不少于 12 个月。

第二十条　工作票签发人和工作领导人安全等级不低于四级。同一张工作票的签发人和工作领导人必须由两人分别担当。

第二十一条　发票人一般应在作业 6 小时之前将工作票交给工作领导人，使之有足够的时间熟悉工作票中的内容并做好准备工作。工作领导人对工作票内容有不同意见时，应向发票人提出，经认真分析，确认无误后，签字确认。

每次作业，一名工作领导人同时只能接受一张工作票。一张工作票只能发给一名工作领导人。

第二十二条　工作票中规定的作业组成员一般不应更换，若必须更换时，应由发票人签认，若发票人不在可由工作领导人签认。工作领导人更换时，必须由发票人签认。

当需变更作业种类、作业地点、作业内容、需停电的设备、封锁或限行条件等要素之一时，必须废除原工作票，签发新的工作票。

第二十三条　工作领导人应提前组织作业组成员（含作业车司机）召开工前预备会，宣讲工作票并进行作业分工、安全预想，将本次作业任务和安全措施逐项分解落实到人，并进行针对性安全提示。作业组成员有疑问时应及时提出，工作领导人组织答疑并确认无误。

作业前，工作领导人应组织作业组成员列队点名，并确认作业安全用具准备充分、作业组人员身体及精神状态良好后，方准作业。

作业完毕，工作领导人应组织召开收工会，对当日工作完成情况、存在的问题进行总结。

第二十四条 更换火花间隙、检修支柱下部地线和避雷引下线等开路作业时，应使用短接线先行短接，设置短接线时不得影响轨道电路。

雷、雨、雪、雾天气时，不得进行更换火花间隙、检修支柱下部地线和避雷引下线等作业。

第二十五条 对接触网巡视、较简单的地面作业(如支柱培土、清扫基础帽等)可以不开工作票，由工区负责人向工作领导人布置任务和安全防护措施，说明作业的时间、地点、内容，并记入值班日志中。

第二十六条 V形停电接触网检修作业使用的工作票右上角应加盖“上行”或“下行”印记。工作票中要有针对V形停电接触网检修作业的特殊性提出的安全措施。主要是：

(一)写明上行(下行)封锁及停电，下行(上行)未封锁及有电，人员机具和作业车平台旋转不得侵入下行(上行)限界的范围。

(二)防止误触有电设备的安全措施。

(三)防止感应电伤害的安全措施。

(四)防止穿越电流伤害的安全措施。

在设备较复杂的区段作业时，应附页画出作业区段简图，标明停电作业范围、接地线位置，并用红色标记带电设备。

第三节 作业人员的职责

第二十七条 工作票签发人在安排工作时，要做好下列事项：

(一)所安排的作业项目是必要和可能的。

（二）所采取的安全措施是正确和完备的。

（三）所配备的工作领导人和作业组成员的人数和条件符合规定。

第二十八条　工作领导人在组织作业时，要做好下列事项：

（一）确认作业内容、地点、时间、作业组成员等均符合工作票提出的要求。

（二）确认作业采取的安全措施正确而完备。

（三）检查落实工具、材料准备，与安全员（安全监护人）共同检查作业组成员着装、工具、劳保用品齐全合格。

（四）监督作业组成员的作业安全。

（五）检查确认接触网设备送电及线路开通条件。

第二十九条　作业组成员要服从工作领导人的指挥、调动，遵章守纪。对不安全和有疑问的命令，要及时果断地提出，坚持安全作业。

第四章　受力工具和绝缘工具

第三十条　各种受力工具和绝缘工具应有合格证并定期进行试验，做好记录，禁止使用试验不合格或超过试验周期的工具。

第三十一条　各单位应制定受力工具和绝缘工具管理办法，专人负责进行编号、登记、整理，并监督按规定试验和正确使用。

与试验记录对应的受力工具和绝缘用具上应有统一制定的编号标记（试验标准见附件10、附件11）。

第三十二条　绝缘工具应具有良好的绝缘性、绝缘稳定性和足够的机械强度，轻便灵活，便于搬运。

第三十三条 绝缘工具应按下列要求进行试验：

（一）新购、制作（或大修）后，在第一次投入使用前进行机械和电气强度试验。绝缘工具的电气强度试验一般在机械强度试验合格后进行。机械强度试验应在组装状态下进行。

（二）使用中的绝缘工具要定期进行试验。

（三）绝缘工具的机、电性能发生损伤或对其怀疑时，应中断使用并及时进行相应的试验。

第三十四条 绝缘工具材质的电气强度不得小于3 kV/cm，间接带电作业的绝缘杆等其有效长度大于1 000 mm。

第三十五条 绝缘工具每次使用前，须认真检查有无损坏，并用清洁干燥的抹布擦拭有效绝缘部分后，再用2 500 V兆欧表分段测量（电极宽2 cm，极间距2 cm）有效绝缘部分的绝缘电阻，不得低于100 MΩ，或测量整个有效绝缘部分的绝缘电阻不低于10 000 MΩ。

第三十六条 绝缘工具应存放在室内，室内要保持清洁、干燥、通风良好，并采取防潮措施。

第三十七条 绝缘工具在运输和使用中要经常保持清洁干燥，切勿损伤。使用管材制作的绝缘工具，其管口要密封。

第五章 高空作业

第一节 一般规定

第三十八条 凡在距离地（桥）面2 m及以上的处所进行的作业均称为高空作业。

第三十九条　高空作业监护要求如下：

(一)间接带电作业时，每个作业地点均要设有专人监护，其安全等级不低于四级。

(二)停电作业时，每个监护人的监护范围不超过 2 个跨距，在同一组软(硬)横跨上作业时不超过 4 条股道，在相邻线路同时作业时，要分别派监护人各自监护；当停电成批清扫绝缘子时，可视具体情况设置监护人员。监护人员的安全等级不低于三级。

(三)作业人员及所携带的物件、作业工器具等与接触网带电部分距离小于 3 m 的远离作业，每个作业地点均要设有专人监护，其安全等级不低于四级。

第四十条　高空作业使用的小型工具、材料应放置在工具材料袋(箱)内。作业中应使用专门的用具传递工具、零部件和材料，不得抛掷传递。

第四十一条　高空作业人员作业时必须将安全带系在安全牢靠的地方。

第四十二条　进行高空作业时，人员不宜位于线索受力方向的反侧，并采取防止线索滑脱的措施。在曲线区段调整接触网悬挂时，要有防止线索滑移的后备保护措施。

第四十三条　冰、雪、霜、雨等天气条件下，接触网作业用的车梯、梯子、接触网作业车的爬梯和平台应有防滑措施。

第二节　攀杆作业

第四十四条　攀登工具应在出库前检查状态良好，安全用具完好合格。攀登支柱前要核对支柱号，检查支柱状态，观察支柱上有无其他设备，选好攀登方向和条件。

第四十五条 攀登支柱时要手把牢靠，脚踏稳准，尽量避开设备并与带电设备保持规定的安全距离。用脚扣攀登时，要卡牢系紧，严防滑落。

第三节 登梯作业

第四十六条 接触网作业用的车梯和梯子必须符合下列要求：

(一)结实、轻便、稳固。

(二)车梯的三个车轮采取可靠的绝缘措施。

(三)按附件10的规定进行试验。

第四十七条 使用车梯进行作业时，应指定车梯负责人，工作台上的人员不得超过两名。所有的零件、工具等均不得放置在工作台的台面上。

第四十八条 作业中推动车梯应服从工作台上人员的指挥。当车梯工作台面上有人时，推动车梯的速度不得超过5 km/h，并不得发生冲击和急剧起、停。工作台上人员和车梯负责人应呼唤应答，配合妥当。

第四十九条 车梯负责人和推车梯人员，应时刻注意和保持车梯的稳定状态。当车梯在曲线上或遇大风时，对车梯要采取防止倾倒的措施；当外轨超高≥125 mm或风力五级以上时，未采取固定措施禁止登车梯作业；当车梯在大坡道上时，应采取防止滑移的措施；当车梯放在道床、路肩上或作业人员的重心超出工作台范围作业时，作业人员应将安全带系在接触网上；车梯在地面上推动时，工作台上不得有人停留。

第五十条 为避让列车需将车梯暂时移至建筑限界以外时，要采取防止车梯倾倒的措施。当作业结束，车梯需要就地存放时，须稳固在建筑限界以外不影响瞭望信号的地方，并加锁或派人看守。

第五十一条　当用梯子作业时，作业人员应先检查梯子是否牢靠；要有专人扶梯，梯子支挂点稳固，严防滑移；梯子上只准有1人作业。

第四节　接触网作业车作业

第五十二条　接触网作业车出车前，司机应认真检查车辆和行车安全装备、防护备品齐全良好，并与作业人员检查通讯工具，确保联络畅通。

第五十三条　作业前接触网作业车司机应掌握作业范围和内容并进行安全预想，作业和运行过程中应注意力集中。

第五十四条　接触网作业车分解作业，须提前明确每台车的作业范围，以及作业完毕后停留车列和运行连挂车辆的位置，工作领导人和司机应熟悉和掌握。接触网作业车进入封锁区间前及作业完毕返回车站时，司机应认真核对调度命令，确认信号，按规定联控。司机和工作领导人要根据调度命令及作业地点，拟定区间返回的时刻，并严格执行。

第五十五条　使用接触网作业车作业时，应指定作业平台操作负责人，作业平台不得超载。工作领导人必须确认地线接好后，方可允许作业人员登上接触网作业车的作业平台。作业车平台应设置随车等位线，在完成作业平台和工作对象设备等位措施后，方可触及和进行作业。

第五十六条　人员上、下作业平台应征得作业平台操作负责人的同意。接触网作业车移动或作业平台升降、转向时，严禁人员上、下。

V形停电作业时,所有人员禁止从未封锁线路侧上、下作业车辆。作业平台应具有平台转向限位装置,作业前应将限位装置打至正确位置,作业平台严禁向未封锁的线路侧旋转。

第五十七条 接触网作业车作业平台防护门关闭时应有闭锁装置。作业中须锁闭好作业平台的防护门,作业完毕后及时放下防护栏杆。

第五十八条 外轨超高≥125 mm 区段人员需在作业平台上作业时,作业平台应具有自动调平装置并开启调平功能。

第五十九条 作业人员的重心超出作业平台防护栏范围作业时,须将安全带系在牢固可靠的部位。

第六十条 司机(或在平台上操纵车辆移动的人员)须精力集中,密切配合,在移动车辆前应注意作业车及作业平台周围的环境、设备、人员和机具等情况,与附近的设备保持规定的安全距离。

作业平台上的所有人员在车辆移动中应注意防止接触网设备碰刮伤人。

第六十一条 作业平台上有人作业时,作业车移动的速度不得超过 10 km/h,且不得急剧起、停车。

第六十二条 作业中作业车的移动应听从作业平台操作负责人的指挥。平台操作负责人与司机之间的信息传递应及时、准确、清楚,并呼唤应答。

第六章 停电作业

第一节 一般规定

第六十三条 双线电化区段,接触网停电作业按停电方式分为垂直作业和V形作业。

垂直作业——双线电化区段，上、下行接触网同时停电进行的接触网作业。

V形作业——双线电化区段，上、下行接触网一行停电进行的接触网作业。

第六十四条　停电作业时，作业人员（包括所持的机具、材料、零部件等）与周围带电设备的距离不得小于下列规定：500 kV为6 000 mm；330 kV为5 000 mm；220 kV为3 000 mm；110 kV为1 500 mm；25 kV和35 kV为1 000 mm；10 kV及以下为700 mm。

第六十五条　检修各种电缆及附件前应对电缆导体、铠装层及屏蔽层两端进行安全接地，并充分放电。当断开电缆导体、铠装层、屏蔽层以及检修隔离（负荷）开关、绝缘锚段关节、关节式分相、分段绝缘器、分相绝缘器时，应采取防止感应电及穿越电流人身伤害措施。

第六十六条　不能采用V形作业进行的停电检修作业，须利用垂直作业方式，其地点应在接触网平面图上用红线框出，并注明禁止V形作业字样。

第六十七条　各铁路局应制定接触网停电作业行车限制办法，防止电力机车（动车组）将电带入停电区段。

第二节　V形停电作业

第六十八条　进行V形停电作业应具备的条件：

（一）一行接触网设备距离另一行接触网带电设备间的距离大于2 m，困难时不小于1.6 m。

（二）一行接触网设备距离另一行通过的电力机车（动车）受电弓瞬时距离大于2 m，困难时不小于1.6 m。

（三）上、下行或由不同馈线供电的设备间的分段绝缘器其主绝缘爬电距离不小于 1.6 m；分段绝缘器的空气绝缘间隙不应小于 300 mm。

（四）上、下行或由不同馈线供电的横向分段绝缘子串，爬电距离不小于 1.6 m。

（五）同一支柱（吊柱）上的设备由同一馈线供电。

第六十九条 利用 V 形停电作业时，应遵守下列要求：

（一）接触网停电作业前，须撤除向相邻线供电的馈线开关保护重合闸，断开相应可能向作业线路送电的所、亭开关。

（二）作业人员作业前，工作领导人（监护人员）应向作业人员指明停、带电设备的范围，加强监护，并提醒作业人员保持与带电部分的安全距离。任何情况下作业人员及所持的机具和材料不得侵入邻线建筑限界。

（三）在断开导电线索前，应事先采取旁路措施。更换长度超过 5 m 的长大导体时，应先等电位后接触，拆除时应先脱离接触再撤除等电位。

（四）检修吸上线、PW 线、回流线（含架空地线与回流线并用区段）、避雷线等附加导线时不得开路，如必须进行断开回路的作业，则须在断开前使用不小于 25 mm^2 铜质短接线先行短接后，方可进行作业。

在变电所、分区所、AT 所处进行断开吸上线、电缆及其屏蔽层的检修时应采用垂直作业。

吸上线与扼流变中性点连接点的检修，不得进行拆卸，防止造成回流回路开路。确需拆卸处理时，须采取旁路措施，必要时请电务部门配合。

（五）遇有雨、雪、大雾、重度霾、强风及以上恶劣天气时，一般不进行V形停电作业。遇有特殊情况需停电作业时，应增设接地线，并在加强监护的情况下方准作业。

（六）检修隔离（负荷）开关、绝缘锚段关节、关节式分相和分段绝缘器等作业时，应用不小于25 mm^2 的等位线先连接等位后再进行作业。

第七十条　120 km/h以上区段且线间距小于6.5 m时，V形停电作业一般不使用车梯和梯子。特殊情况下必须使用车梯或梯子作业时，应办理邻线列车限速120 km/h及以下限制条件后，方可上道作业。当列车通过时，应停止操作。

第七十一条　V形停电作业接地线设置还应执行以下要求：

（一）两接地线间距大于1 000 m时，需增设接地线。

（二）一般情况下，接触悬挂和附加导线及同杆架设的其他供电线路均需停电并接地。但若只在接触悬挂部分作业，不侵入附加导线及同杆架设的其他供电线路的安全距离时，附加悬挂及同杆架设的其他供电线路可不接地，但须按有电对待并保持足够的安全距离。

（三）在电分段、软横跨等处作业，中性区及一旦断开开关有可能成为中性区的停电设备上均应接地线，但当中性区长度小于10 m时，在与接地设备等电位后可不接地线。

（四）接地线应可靠安装，不得侵入邻线限界，并有防风摆措施。

第七十二条　2条及以上并行股道本线作业时相邻股道（线间距小于6.5 m）接触网未停电，比照V形作业办法办理。

第三节　命令程序

第七十三条　每个作业组停电作业前，由工作领导人指定一名安全等级不低于三级的作业组成员作为要令人员，向供电调度员申请停电命令，并说明停电作业的范围、内容、时间、安全和防护措施等。

几个作业组同时作业时，每一个作业组必须分别设置安全防护措施，分别向供电调度申请停电命令。

第七十四条 供电调度员在发布停电作业命令前，要做好下列工作：

（一）将所有的停电作业申请进行综合安排，审查作业内容和安全防护措施，确定停电的区段。

（二）通过列车调度员办理停电作业的手续，对可能通过受电弓导通电流的部位采取行车封锁或限制措施，防止来电的可能。

（三）确认有关馈电线断路器、开关均已断开。

（四）进行接触网上网电缆、上网隔离（负荷）开关停电作业时，确认上网电缆在牵引变电所亭侧已接地。

第七十五条 供电调度员发布停电作业命令时，受令人应认真复诵，经确认无误后，方可给命令编号和批准时间。在发、受停电命令时，发令人将命令内容进行记录，受令人要填写“接触网停电作业命令票”（格式见附件 6）。

第四节 验电接地

第七十六条 作业组在接到停电作业命令后须先验电接地，然后方可进行作业。

第七十七条 使用抛线法验电时按下列顺序进行：

（一）检查所用抛线的技术状态，抛线须用截面积 6～8 mm^2 的裸铜软绞线做成。

（二）接好接地端。

（三）抛线时要使之不可能触及其他带电设备，抛线抛出后人体随即离开抛线，抛出的抛线不得短接钢轨。

（四）抛线的位置应在作业区两端接地线的范围内。

（五）接地线装设完毕后，方准拆除抛线。

第七十八条　使用验电器验电的有关规定：

（一）必须使用同等电压等级的验电器验电，验电器的电压等级为 25 kV。

（二）验电器具有自检和抗干扰功能，自检时具有声、光等信号显示。

（三）验电前自检良好后，现场检查确认声、光信号显示正常（有条件的，可在同等电压等级有电设备检查其性能），然后再在停电设备上验电。

（四）在运输和使用过程中，应确保验电器状态良好。

第七十九条　接地线应使用截面积不小于 25 mm^2 的裸铜绞线制成并有透明护套保护。接地线不得有断股、散股和接头。

第八十条　接地线应可靠接在同一侧钢轨上，且不应跨接在钢轨绝缘两侧、道岔尖轨处。必须跨接在钢轨绝缘两侧时，应封锁线路。地线穿越或跨越股道时，必须采取绝缘防护措施。

第八十一条　当验明确已停电后，须立即在作业地点的两端和与作业地点相连、可能来电的停电设备上装设接地线。如作业区段附近有其他带电设备时，按本规则第六十四条规定，并在需要停电的设备上也装设接地线。

在装设接地线时，先将接地线的一端接地；再将另一端与被停电的导体相连。拆除接地线时，其顺序相反。接地线要连接牢固，接触良好。

装设接地线时，人体不得触及接地线，接好的接地线不得侵入未封锁线路的限界。作业范围内加挂的接地线不得影响正常作业。装设或拆除接地线时，操作人要借助于绝缘杆进行。绝缘杆要保持清洁、干燥。

当作业内容不涉及正馈线、回流线（保护线），及其他停电线路及设备时，对这些不涉及的线路和设备可不装设接地线，但要按照有电对待，保持规定的安全距离。

停电天窗时间内，使用接触网作业车或专用车辆进行接触网巡视或检测作业，可不装设接地线。未装设接地线时，禁止攀登平台、车顶和支柱。

第八十二条 验电和装设、拆除接地线必须由两人进行，一人操作，一人监护。

第八十三条 接地线位置应处在停电范围之内，作业地点范围之外。在停电作业的接触网附近有平行带电的高压电力线路或接触网时，为防止感应电压，除按规定装设接地线外，还应增设接地线。

第八十四条 关节式分相检修时，除在作业区两端装设接地线外，还应在中性区上增设地线，并将断口进行可靠等位短接。

第五节 作业结束

第八十五条 工作票中规定的作业任务完成后，由工作领导人确认具备送电、行车条件，清点全部作业人员、机具、材料撤至安全地带，拆除接地线，宣布作业结束，通知要令人请求消除停电作业命令。

接地线拆除后，人员、机具必须与接触网设备保持规定的安全距离。作业车辆驶出封锁区间(站场进入指定位置后)或人员及机具撤离至铁路建筑限界以外后,方可申请取消行车封锁。

几个作业组同时作业,当作业结束时,每个作业组须分别向供电调度申请消除停电作业命令。

第八十六条　供电调度送电时按下列顺序进行:

(一)确认整个供电臂所有作业组均已消除停电作业命令。

(二)按照规定进行倒闸作业。

(三)通知列车调度员接触网已送电。

第七章　间接带电作业

第一节　一般规定

第八十七条　遇有雨、雪、重雾、霾等恶劣天气,或空气相对湿度大于85%时,一般不进行间接带电作业。

第八十八条　间接带电作业人员在接触工具的绝缘部分时应戴干净的手套,不得赤手接触或使用脏污手套。

第八十九条　间接带电作业时,作业人员(包括其所携带的非绝缘工具、材料)与带电体之间须保持的最小距离不得小于1 000 mm,当受限制时不得小于600 mm。

第二节　命令程序

第九十条　每次作业前,由工作领导人指定安全等级不低于三级的作业组成员作为要令人员向供电调度员申请作业命令。在申请作业命令时,要说明间接带电作业的范围、内容、时间和安全防护措施等。

几个作业组同时作业时，每一个作业组须分别设置安全防护措施，分别向供电调度申请作业命令。

第九十一条 供电调度在发布间接带电作业命令前，要做好下列工作：

（一）将所有的间接带电作业申请进行综合安排，审查作业内容和安全防护措施，确定作业地点、范围和安全防护措施。

（二）根据作业需求，撤除有关馈线断路器的重合闸。

（三）在发布间接带电作业命令时，经受令人认真复诵并确认无误后，方可发布命令编号和批准时间。每次进行间接带电作业时，发令人将命令内容进行记录，受令人要填写"接触网间接带电作业命令票"（格式见附件 7）。

第九十二条 在作业过程中如果发现馈电线的断路器跳闸，供电调度员在未查清作业组情况前不得送电。作业组如果发现接触网无电时，要立即向供电调度报告。

第三节 作业结束

第九十三条 作业任务完成，清点全部作业人员、机具、材料并撤至安全地带后，由工作领导人宣布结束作业，通知要令人向供电调度员申请消除间接带电作业命令。

几个作业组同时作业时，要分别向供电调度申请消除间接带电作业命令。

第九十四条 供电调度员确认作业组已经结束作业，不妨碍正常供电和行车后，给予消除作业命令时间，双方均记入记录中，整个间接带电作业方告结束。

供电调度员确认供电臂内所有的作业组均已消除间接带电作业命令，方能恢复有关馈线断路器的重合闸。

第四节　安全技术措施

第九十五条　间接带电作业工作领导人不得直接参加操作，必须在现场不间断地进行监护。

第九十六条　工作领导人在作业前检查工具良好，确认联络员和行车防护人员已全部就位，通信联络工具状态良好，间接带电作业命令程序办理完毕，所采取的安全及防护措施全部落实后，方能向作业组下达作业开始的命令。

第九十七条　间接带电作业的项目及具体要求由各铁路局制定。

第八章　倒闸作业

第九十八条　接触网倒闸作业执行一人操作、一人监护制度。

第九十九条　接触网隔离（负荷）开关的倒闸作业，具备远动功能的由供电调度员远动操作。不具备远动功能或远动功能失效时，由供电调度员发布倒闸命令，作业人员当地操作。

第一百条　远动操作时，供电调度员应通过调度端显示的遥信信号或视频监控对开关位置进行确认。现场有作业人员时，还应进行现场确认。

远动系统异常时，禁止远动倒闸操作。遇开关位置信号异常时，应立即安排人员现场确认。

第一百零一条　从事隔离（负荷）开关现场倒闸作业人员应由安全等级不低于三级人员担任。对车站、机务（折返）段、车辆段或路外厂矿等单位有权操作的隔离（负荷）开关的人员应经供电段培训、考试合格，签发合格证后方可担任此项工作。

第一百零二条 接触网作业人员进行隔离(负荷)开关倒闸时，必须有供电调度的命令；对车站、机务(折返)段、车辆段或路外厂矿等单位有权操作的隔离(负荷)开关，接触网作业人员在向供电调度申请倒闸命令之前，须向该站、段、厂、矿等单位主管负责人办理倒闸手续，并共同确认做好相应措施；对从接触网上引接的越级变压器的隔离开关，接触网作业人员在向供电调度申请倒闸命令之前，应确认二次侧不具备反送电条件(明显断开点或二次侧已接地)。

第一百零三条 在申请倒闸命令时，先由安全等级不低于三级的要令人向供电调度提出申请，供电调度员审查无误后发布倒闸命令；要令人受令复诵，供电调度员确认无误后，方可给命令编号和批准时间；每次倒闸作业，发令人将命令内容进行记录，受令人要填写“隔离(负荷)开关倒闸命令票”(格式见附件 8)。

当倒闸作业造成供电范围及行车限制条件发生变化时，应提前办理相关手续后，方可发布倒闸命令。

第一百零四条 操作人员接到倒闸命令后，必须先确认开关位置和开合状态无误，再进行倒闸。倒闸时操作人必须戴好安全帽和绝缘手套，穿绝缘靴，操作准确迅速，一次开闭到位，中途不得停留和发生冲击。

第一百零五条 倒闸作业完成，确认开关开合状态无误后，向要令人报告倒闸结束，由要令人向供电调度员申请消除倒闸作业命令。供电调度员要及时发布完成时间和编号并进行记录，要令人填写“隔离(负荷)开关倒闸完成报告单”(格式见附件 9)。

第一百零六条　遇有危及人身或设备安全的紧急情况，可以不经供电调度批准，先行断开断路器或有条件断开的负荷开关、隔离开关，并立即报告供电调度。但再闭合时必须有供电调度员的命令。

第一百零七条　严禁带负荷进行隔离开关倒闸作业。严禁利用隔离(负荷)开关对故障线路进行试送电。

隔离(负荷)开关可以开、合不超过 10 km(接触网延展公里)线路的空载电流，超过时，应经过试验，并经铁路局批准。

第一百零八条　要加强对带接地闸刀的隔离开关使用管理的检查，其主闸刀应经常处于闭合状态；对车站、机务(折返)段、车辆段或路外厂矿等单位有权操作的隔离开关，使用单位因工作需要断开时，当工作完毕须及时闭合。主闸刀和接地闸刀分别操作的隔离开关，其断开、闭合必须按下列顺序进行：

(一)闭合时要先断开接地闸刀，后闭合主闸刀。

(二)断开时要先断开主闸刀，后闭合接地闸刀。

第一百零九条　隔离(负荷)开关的机构箱或传动机构须加锁，钥匙不得相互通用并有标签注明开关号码，存放于固定地点并由专人保管。

第九章　作业区防护

第一百　十条　进行接触网施工或维修作业时，应在车站(机务段、机务折返段、机车检修段、车辆段等)行车室设联络员，施工及维修地点设现场防护人员。要求如下：

(一)联络员和现场防护人员应由指定的、安全等级不低于三级人员担任。

（二）在车站行车室设联络员时，区间作业，联络员设在该区间相邻车站的行车室；车站作业，联络员设在本站行车室。在机务（折返）段、机车检修段、车辆段内进行作业时，应根据现场情况，联络员可设在机务（折返）段、机车检修段、车辆段行车室或车站行车室。

（三）作业区段按照规定距离设置现场防护人员，防护人员担当行车防护同时可负责监护接触网停电接地线状态。防护人员不得侵入机车车辆限界。

第一百一十一条 接触网施工维修作业防护按照《铁路技术管理规程》相关规定执行。接触网维修作业，现场防护人员应站在维修地点附近、且瞭望条件较好的地点进行防护，显示停车信号。

第一百一十二条 在双线区段、枢纽站场进行作业时，现场防护员除按规定做好本线防护外，还应监视邻线列车运行情况并及时报告工作领导人。

第一百一十三条 作业过程中，联络员、现场防护人员与工作领导人之间必须保持通信畅通并定时联系，确认通信良好。一旦联控通信中断，工作领导人应立即命令所有作业人员下道，撤至安全地带。

不同作业组分别作业时，不准共用现场防护人员。在未设好防护前不得开始作业，在人员、机具未撤至安全地点前不准撤除防护。

第一百一十四条 联络员、现场防护人员须做到：

（一）具备基本的行车知识，熟悉有关行车防护知识，联络员还应熟悉行车室有关设备显示。

（二）熟悉有关防护工具、通信工具的使用方法及各种防护信号的显示方法，每次出工前应检查通信工具状态良好，行车防护用品携带齐全、有效。

（三）作业期间坚守岗位，精力集中，及时、准确、清晰地传递行车信息和信号，作业未销记前，不得擅离工作岗位。

（四）不得影响其他线路上列车正常运行。

第十章　附　　则

第一百一十五条　本规则由中国铁路总公司运输局负责解释。

第一百一十六条　本规则自 2017 年 4 月 1 日起施行。原铁道部印发的《接触网安全工作规程》（铁运〔2007〕69 号）同时停止执行。

附件（略）